LADAKH PLUS

Reise- und Kulturführer

über Ladakh
und die angrenzenden Himalaja-Regionen
Changthang, Nubra, Purig, Zanskar
sowie Kullu (Manali), Lahaul und Spiti
mit Stadtführer Delhi

www.himalaja.in

Verlag:
BoD · Books on Demand GmbH, In de Tarpen 42, 22848 Norderstedt, bod@bod.de
Druck:
Libri Plureos GmbH, Friedensallee 273, 22763 Hamburg

ISBN: 978-3-7583-0004-2

Bibliografische Information der Deutschen Nationalbibliothek
Die Deutsche Nationalbibliothek verzeichnet diese Publikation in der Deutschen Nationalbibliografie; detaillierte bibliografische Daten sind im Internet über http://dnb.d-nb.de abrufbar.

LADAKH PLUS

www.himalaja.in

Ralf Hellwich
LADAKH plus: **Reise- und Kulturführer über Ladakh
und die angrenzenden Himalaja-Regionen
Changthang, Nubra, Purig, Zanskar
sowie Kullu (Manali), Lahaul und Spiti
mit Stadtführer Delhi
(Indian Himalaya Series)**

15., erweiterte und aktualisierte Ausgabe 2025

erschienen bei BOD, Norderstedt

Herausgeber: Sepp Kraxel

Layout: Sepp Kraxel – Ralf Hellwich
Foto: Ralf Hellwich
Kartengrundlagen: Ralf Hellwich – Map/Service, Delhi (India)
Lektorat: Sonja Rose, Aachen – Gabriele Günther, Leipzig
Korrektorat: Gabriele Günther, Leipzig

Der Autor und der Herausgeber freuen sich über konstruktive Leserzuschriften.

Aktuelle Reisehinweise, Ergänzungen zum Buch, weiterführende Informationen sowie Auskünfte über mögliche Bezugsquellen erhalten Sie im Internet:
www.himalaja.in

Umschlagbild: Der Shanti Stupa, westlich von Leh.
Bild zum Innentitel: Hemis Gompa (um 1875).

Vorwort

Ladakh bildet – zusammen mit Changthang, Nubra, Purig und Zanskar sowie Lahaul und Spiti – den Übergang vom indischen Himalaja zum Transhimalaja und stellt damit ein wichtiges Bindeglied zwischen verschiedenen Kulturen dar: Hier treffen der südlich gelegene hinduistische Kulturkreis, die islamisch geprägten Gegenden westlich von Ladakh sowie das buddhistische Tibet aufeinander. In diesem Spannungsfeld entwickelte sich eine eigene ladakhische Identität. Die Entlegenheit dieser Region begünstigte ihre Selbständigkeit über Jahrhunderte hinweg.

Seine kulturelle Einzigartigkeit, verbunden mit einer faszinierenden Hochgebirgslandschaft, machen Ladakh zu einem überaus interessanten Gebiet, dessen Besuch nicht nur Kunsthistoriker und Trekkingfreunde reizt. Selbst zahlreiche »ganz normale« Urlauber fühlen sich mittlerweile von Ladakh magisch angezogen.

Obwohl sich das Land bereits im Jahre 1974 dem Tourismus öffnete, blieb es für die Mehrheit der Europäer noch lange Zeit danach weitgehend unbekannt. Damals kam nur ein ausgesuchtes Publikum, zum Großteil bestehend aus Abenteurern, Globetrottern und Bergfanatikern, nach Ladakh und versuchte, den äußersten Norden Indiens unter schwierigen Bedingungen zu entdecken: Die Busse waren stets überfüllt und äußerst unbequem. Sogar die Versorgung mit Nahrungsmitteln stellte bis in das neue Jahrtausend hinein regional ein Problem dar. Dafür wurden die »neuen Entdecker« von Ladakh mit unwiederbringlichen Erinnerungen an seine Bevölkerung belohnt: Sie trafen auf Menschen, die sich auf Begegnungen mit anderen freuten, sie herzlich und ohne kommerzielles Denken aufnahmen und in ihre Welt einführten.

Doch die »Globalisierung« hat auch vor Ladakh nicht haltgemacht. Inzwischen nehmen viele Touristen die Strapazen der dreitägigen Busreise von Delhi nach Leh nicht mehr auf sich und fliegen hierher. Auch den früher üblichen »Kampf« um eine Busfahrkarte kennt gegenwärtig kaum noch jemand. Dafür sieht man vielerorts moderne Jeeps, die vor allem Urlauber transportieren. Die Hauptstadt Leh ist heute eine Touristenmetropole mit – zum Teil – luxuriösen Hotels und ausgezeichneten Gaststätten.

Selbst die Auswahl an Produkten, die man auf den bunten Märkten der Innenstadt kaufen kann, hat sich den Wünschen der Urlauber angepasst. So gruppieren sich beispielsweise um die Marktstraße, über die man vor 25 Jahren noch Schafherden trieb, hauptsächlich Läden für Souvenirs und moderne Kleidung.

Und trotzdem unterscheidet sich eine Reise nach Ladakh von einem Urlaub in anderen Bergregionen dieser Welt erheblich: Nach wie vor ist dieses Land merklich ursprünglicher als vergleichbare Ziele. Die Landschaft gilt größtenteils als naturbelassen. Auf vielen Wanderrouten und bei etwas abgelegeneren Sehenswürdigkeiten ist man häufig fast alleine. Nicht nur dort haben sich die Ladakhis ihre Herzlichkeit und Aufgeschlossenheit bis heute bewahrt. Auch in Leh und anderen Touristenzentren werden Urlauber mit aufrichtiger Freude empfangen.

Plauen/Vogtland, im Januar 2025   Ralf Hellwich

Hinweise zur Benutzung

Reiseplaner
für Individual-
touristen

Dieses Buch richtet sich sowohl an Individualtouristen als auch an Teilnehmer von Kultur- und Studienreisen. Für den letztgenannten Personenkreis sind Informationen zu Fahrplänen, Hotels und Restaurants, Adressen von Trekkingagenturen usw. meist wenig hilfreich. Deshalb ist dieser Teil des Reise- und Kulturführers größtenteils ausgegliedert und wird als kostenfreier Download unter www.himalaja.in*) zur Verfügung gestellt. Nur grundlegende Verpflegungs- und Übernachtungstipps sowie die wichtigsten Verkehrsverbindungen sind in der Druckversion verblieben.

Aufbau von
»LADAKH plus«

Um eine hohe Übersichtlichkeit zu gewähren, ist »LADAKH plus« klar gegliedert: Zunächst werden dem Leser alle wichtigen Informationen über das Gebiet an die Hand gegeben. Neben Übersichten zu den Reisekosten und allgemeinen Ausführungen zu Indien findet sich Wissenswertes zu Ladakh und den angrenzenden Regionen. Auch Delhi, als wichtiger Zwischenstopp nahezu jeder Ladakh-Reise, wird berücksichtigt.
Der zweite Teil bildet den eigentlichen Kern des Buches, nämlich die ausführliche Beschreibung aller wichtigen Sehenswürdigkeiten und der Infrastruktur von Ladakh. Historisch folgerichtig wird eine Gliederung in die drei Abschnitte Leh, Oberes Ladakh und Unteres Ladakh vorgenommen, wobei die Sehenswürdigkeiten außerhalb von Leh in alphabetischer Reihenfolge aufgeführt sind.
Für Reisende, die die angrenzenden und zum »Union Territory Ladakh« gehörenden Regionen Changthang, Nubra, Purig oder Zanskar besuchen wollen, werden diese Gebiete im Teil III umfassend beschrieben.
Der vierte Teil schließlich richtet sich an diejenigen, die auf dem Landweg zwischen Delhi und Leh nach Ladakh anreisen. Dafür bieten sich mehrere spannende Routen durch die Himalaja-Regionen des indischen Bundesstaates Himachal Pradesh an. Diese sind ebenfalls mit allem Sehenswerten detailliert dargestellt.

Ausführliche
Insider-
Informationen

Da das selbständige Reisen in Indien für europäische Verhältnisse nicht ganz einfach ist, werden alle Vorgänge rund um das Organisieren von Busfahrten bzw. Hotelübernachtungen außergewöhnlich umfangreich erläutert. Auch der Umfang der Beschreibungen von Sehenswürdigkeiten ist deutlich höher als in konkurrierenden Nordindien- bzw. Indienführern, wenngleich nicht die Breite eines reinen Kulturführers erreicht wird.

Wander-
und
Trekkingtipps

Statistisch gesehen haben fast alle europäischen Besucher von Ladakh das Ziel, während ihres Urlaubes zu wandern oder zu trekken. Deshalb verweist der Autor an geeigneten Stellen auf lohnenswerte Touren. Die meisten Empfehlungen beziehen sich auf den Rother Wanderführer »Garhwal – Zanskar & Ladakh« (siehe Literaturempfehlungen).

Übersichtskarte: Indischer Himalaja

Hinweise zu Landkarten

(Buchumschlag-Rückseite)
Rot eingezeichnete Straßen und Orte mit gelb umrahmten Ortsnamen werden im Buch ausführlich beschrieben. Die Schriftgröße des Ortsnamens symbolisiert die touristische Bedeutung der Stadt.

- ◉ Stadt mit über 1 Mio Einwohnern
- ◉ Einwohnerzahl zwischen 500.000 und 1.000.000
- ◉ Einwohnerzahl zwischen 100.000 und 500.000
- ◦ Stadt mit unter 100.000 Einwohnern
- ▲ Buddhistisches Kloster
- ⚑ Hinduistischer Tempel
- △ Berg
- × Pass

Übersichtskarte: Ladakh und die angrenzenden Regionen

(Seiten 242-245)
Die Schriftgröße und das zugehörige Symbol drücken die Einwohnerzahl aus. Touristisch bedeutende Orte sind fett gedruckt. Da es sich um eine Übersichtskarte handelt, sind nur die wichtigsten Straßen und Wanderwege eingetragen. Dabei bleiben kurzzeitige Wechsel der Flussseite unberücksichtigt.

Stadtpläne

Gebrauch von Stadtplänen

Unterkünfte und Verpflegungsmöglichkeiten sind mit Buchstaben bezeichnet, alles andere mit Zahlen. Zudem wurden einprägsame Symbole eingeführt:

⌂ Unterkunft (Hotel)	▲ Buddhistisches	🚌 Busstand oder
✗ Restaurant	Kloster od. Tempel	Fahrkartenverkauf
▮ Café	⚑ Hinduistischer	🚕 Taxistand
⌐ Getränkeverkauf	Tempel	✉ Post
ⓘ Touristeninformation	⌙ Kirche	€ Geldautomat
⚒ Trekkingagentur	⚏ Moschee	⚲ Öffentliche Toilette
△ Zeltplatz	⊙ Position	✶ Sonstiges

Schreibung von Eigennamen

Die Übersetzung von Ortsbezeichnungen kann unterschiedlichen Gesichtspunkten unterliegen. Das führt dazu, dass sich z.B. die Schreibung des Namens einer Stadt von einer Literaturquelle zur nächsten möglicherweise unterscheidet.
In diesem Buch wird jeweils die vor Ort gebräuchlichste Schreibweise verwendet, sofern sie den wesentlichen internationalen Transliterierungsregeln folgt.

---

*) *Wichtiger Hinweis:* www.himalaja.in ist ein kostenfreier Service, der planmäßig mindestens solange Bestand hat, wie diese Ausgabe des Reise- und Kulturführers verlegt wird. Es besteht kein Rechtsanspruch auf diesen Service, d.h., www.himalaja.in kann jederzeit modifiziert oder sogar abgeschaltet werden. Beachten Sie bitte, dass es sich bei www.himalaja.in um eine reine Informationsseite handelt, über die nichts verkauft wird. www.himalaja.in gibt lediglich unverbindliche Auskünfte zu interessanten Inhalten oder günstigen Angeboten und leitet zum Teil dorthin weiter.
Der Kauf dieses Buches begründet keinen Anspruch auf die Nutzung von www.himalaja.in.

Teil I: Wissenswertes zum Reiseziel

Teil II: Ladakh

Teil III: Die angrenzenden Regionen Changthang, Nubra, Purig, Zanskar

Teil IV: Himachal Pradesh – unterwegs zwischen Delhi und Leh

Steckbrief: Ladakh

Lage
: Transhimalaja, in Höhen zwischen 2.500 m und 4.500 m (Hauptstadt Leh: 3.500 m); Passüberfahrten bis 5.350 m

Reisezeit
: Mitte Juni bis Anfang Oktober

Klima
: im Sommer bei klarem Wetter heiß, sonst warm; im Winter sehr kalt
ganzjährig geringe Luftfeuchtigkeit und wenig Niederschlag

Sprachen
: Ladakhisch (verwandt mit dem Tibetischen)
Englisch wird (fast) überall verstanden

Essen
: Hauptspeisen: tibetisch (ladakhisch), indisch, chinesisch, italienisch (Nudeln mit Soße und auch Fleisch), Pizzas; verschiedene Suppen
zum Frühstück: Toast, Eierspeisen etc.

Trinken
: Getränke: Mineralwasser, Tee, Kaffee, Cola, Limonaden, Säfte, Bier, auch alkoholische Getränke

Aktivitäten
: Wandern, Trekken, Bergsteigen, auch Rafting und Motorradfahren
Beschäftigung mit tibetisch-ladakhischer Kultur (Buddhismus)

Sonstiges
: Netzspannung: 230 Volt
Zeitverschiebung: Mitteleuropäische Zeit + 4½ Std.
                  Mitteleuropäische Sommerzeit + 3½ Std.

Klima-
diagramme
   Temperatur

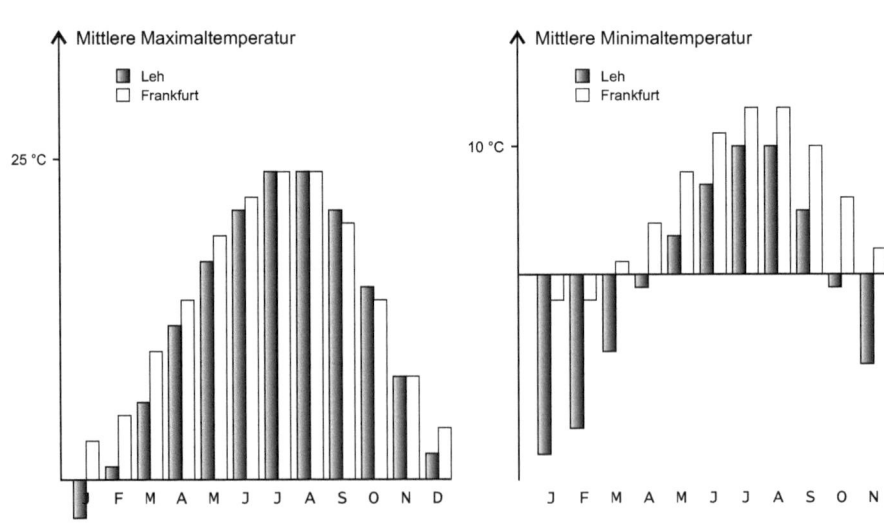

Die wichtigsten Verhaltensregeln

⇨ die ersten Tage nach Ankunft ausruhen und viel (Wasser) trinken (Höhenanpassung)
⇨ angemessene Kleidung tragen, insbesondere bei Klosterbesichtigungen (siehe Seite 59)
⇨ kein ungeschältes Frischobst oder ungekochtes Gemüse und Salate essen
⇨ kein Leitungswasser trinken (auch Eiswürfel sind gefährlich)

Checkliste

⇨ Pass, Visum, Versicherungen
⇨ Kredit- oder ec-Karte, Bargeldreserve (in Euro)
⇨ Impfungen (ärztliche Beratung notwendig)
⇨ Medikamente und Notfallmedizin
   (ständiger Bedarf sowie akute Versorgung, vor allem bei Durchfall)
⇨ Tabletten zur Wasserentkeimung (nur für Notfälle)
⇨ Toilettenartikel (Klopapier, Papiertaschentücher, Hautcremes etc.)
⇨ Sonnencreme, Sonnenbrille
⇨ Bettbezug oder Schlafsack (für Übernachtungen in Homestays oder einfachen Hotels)

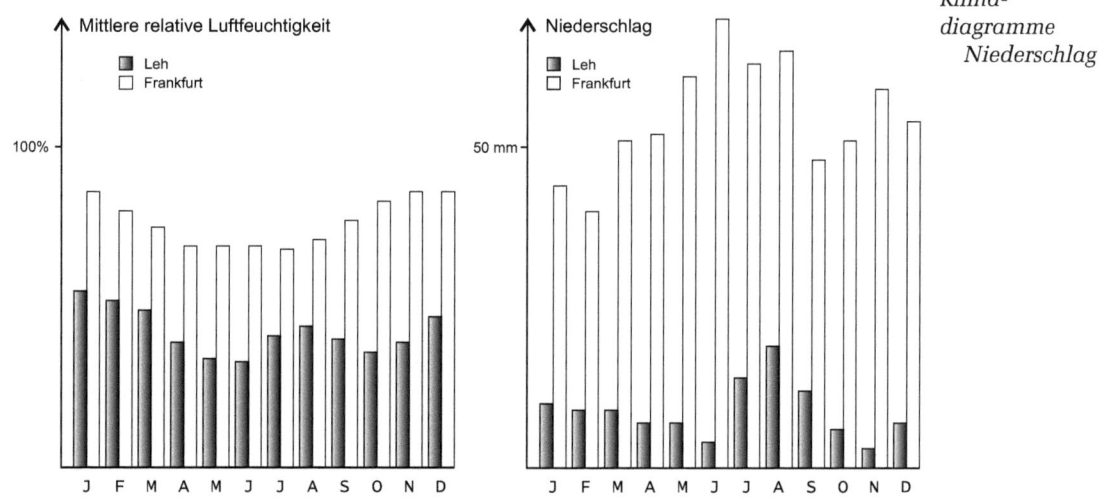

Klima-diagramme Niederschlag

Reisekostenübersicht

Übersicht

Flug nach Delhi (ab/an Deutschland)
- typischer Flugpreis   1.000 EUR
- günstiger Flugpreis   700 EUR

Flug nach Leh (ab/an Deutschland)
- typischer Flugpreis   1.200 EUR
- günstiger Flugpreis   900 EUR

Flug nach Leh (ab/an Delhi)
- typischer Preis für den einfachen Flug   75 EUR
- typischer Preis für den Hin- und Rückflug   150 EUR

Visum (12 Monate Gültigkeit)   40 EUR
Visum (30 Tage Gültigkeit)   25 EUR

Geldbedarf vor Ort
- für Einzelreisende (pro Tag)   40 EUR
- für Reisegruppen (pro Tag und Person)   30 EUR

Hinweis: Die Schätzung bezieht sich auf landestypische Unterbringung und Verpflegung auf dem Niveau der indischen Mittelschicht.

Die nachfolgenden Preisbeispiele zeigen:
Bei bescheidenem Lebenswandel kann man auch deutlich billiger angenehm und gut leben. Wer häufig mit dem Taxi fährt oder an organisierten Treks teilnimmt, muss mehr Geld einplanen.

Währungskurs 1 EUR = 89 Rs (Stand: Anfang 2025)

Bus- und Taxifahrten

Leh: Flughafen – Innenstadt	600 Rs	*Taxifahrt*
Standard	825 Rs	*Busfahrt*
Luxus	1.800 Rs	*Manali – Leh*
Alchi	100 Rs	*Busfahrt*
Dha	325 Rs	*von Leh nach …*
Diskit	250 Rs	
Kargil	500 Rs	
Khaltsi	225 Rs	
Lamayuru	250 Rs	
Sabu	25 Rs	
Padum (Chadar-Route)	1.500 Rs	*Sammeltaxi*
Manali	3.000 Rs	*von Leh nach …*
Alchi	2.350/ 3.050 Rs	*Taxifahrt*
Hemis	1.500/ 2.200 Rs	*von Leh nach …*
Lamayuru	4.550/ 5.850 Rs	

Hinweis: Diese Preisangaben beziehen sich auf die Hinfahrt bzw. Hin- und Rückfahrt.

Essen und Trinken

Restaurant Typisches Restaurant der besseren Mittelklasse in Leh

Mineralwasser (1 l)	40 Rs
Cola (0,5 l)	70 Rs
Tomatensuppe	160 Rs
indische Hauptspeise (vegetarisch)	240 Rs
indische Hauptspeise (Huhn/Lamm)	320 Rs
Reis	100 Rs
Nan (pro Stück)	60 Rs
Chowmein (mit Huhn)	230 Rs
Fried Rice (mit Huhn)	230 Rs
Thukpa (mit Lamm)	200 Rs
Momo (mit Lamm)	230 Rs
Spaghetti mit italienischer Soße	320 Rs

Hinweis: In einigen (»besseren«) Restaurants werden zusätzlich zum ausgewiesenen Preis noch Steuern und/oder Servicegebühren erhoben.

Gartencafé Für Leh typisches Gartencafé

Kaffee (1 Tasse)	60 Rs
Apfelkuchen	140 Rs
Toast mit Butter und Marmelade (2 Scheiben)	60 Rs

Tee-Zelt Tee-Zelt an einer beliebten Trekkingroute

Tee (1 Tasse)	40 Rs
Maggi-Nudeln	80 Rs
Omelett	80 Rs

Nordindische Gerichte

Cutlet: Bratklops aus Hackfleisch oder klein gehacktem Gemüse
Dopiaza: mit Zwiebeln gekochtes Gericht; mittelscharf
Kebab: eingelegte Fleischspieße (Chicken, Mutton), ohne Soße serviert
Kofta: Gemüse- oder Hackfleischbällchen in einer Curry-Soße
Korma: in einer Joghurtsoße geschmortes Fleisch (Chicken, Mutton); mild
Tikka: kleine Fleischstücke oder geschnetzeltes Fleisch (Chicken, Mutton) ohne Knochen
Tandoori: im Lehmofen zubereitetes Fleisch (Chicken), vorher in Joghurt, Kräutern und Gewürzen eingelegt; fettarm und nicht scharf
Thali: einfache, billige und reichhaltige vegetarische Mahlzeit (Reis, Chapati sowie verschiedene Gemüsesoßen; meist auf einem Metallteller serviert)

Gemüse und Käse:

Adarak – Ingwer	Alu – Kartoffeln	Bhindi – Okraschoten
Dal – Linsen	Matar – Erbsen	Palak – Spinat
Piaz – Zwiebeln	Tamatar – Tomaten	Paneer – indischer Käse

Unterkünfte

In Nordindien ist es üblich, dass man sein Hotelzimmer (unabhängig von der An-   *Check-out*
kunftszeit) um 12.00 Uhr verlassen muss.
Reist man erst später ab, checkt man aus und übergibt das Gepäck dem Hotelpersonal   *Gepäck-*
zur vorübergehenden Lagerung.   *aufbewahrung*
Benutzt man einen Ort beispielsweise als Ausgangs- und Endpunkt einer Rundreise, so
kann man sein Gepäck – meist sogar ohne Aufpreis – für mehrere Tage im Hotel zu-
rücklassen. Ein Trinkgeld (durchaus im Vorhinein) ist in diesem Falle angebracht.

Die Tarife der einzelnen Hotels hängen stark von den zeitlichen und örtlichen Gegeben-   *Preisgestaltung*
heiten ab. So steigen die Preise teilweise rasant an, wenn bestimmte Feierlichkeiten in
der Umgebung stattfinden. Auch in Ortschaften mit geringem Raumangebot oder in
Ferienorten während der Saison wird es überdurchschnittlich teuer.
Selbstverständlich gibt es – wie in vielen anderen Bereichen des indischen Alltags –
auch bei den Zimmerpreisen einen gewissen Verhandlungsspielraum. Dieser ist allerdings meist nicht allzu groß. Mehr als 20 Prozent Rabatt sind selten möglich.

Zur groben Orientierung können folgende Anhaltspunkte gegeben werden: *Kategorien*
Ein Hotelzimmer ist ab 300-400 Rs zu bekommen. Ein solcher Raum erfüllt aber nur
die einfachsten Ansprüche. Wer Wert auf ein Mindestmaß an Sauberkeit und Service
legt, muss ca. 800 Rs pro Nacht einplanen. Selbst einfacher europäischer Standard ist
in dieser Preislage jedoch noch nicht erreicht. Dafür muss man ab 1.000 Rs berappen.
Klimatisierte Zimmer (in Delhi) kann man ab 1.200 Rs beziehen.
Diese Angaben gelten für ein Doppelzimmer (in Ferienregionen außerhalb der Hochsai-
son). Einzelzimmer gibt es praktisch nicht. Manchmal kann man als Einzelreisender
noch einen kleinen Rabatt auf den Doppelzimmerpreis erhalten.

Auf viele Europäer etwas befremdlich wirkt die Tatsache, dass es in einfachen Hotels   *Hygiene*
nicht üblich ist, regelmäßig die Bettwäsche zu wechseln. Wer diesbezüglich empfind-
lich ist, muss seine eigenen Bezüge mitbringen. Auch Toilettenpapier sollte man selbst
dabeihaben. Sogar das Vorhandensein von Seife und einem Handtuch ist in der untersten Preiskategorie nicht selbstverständlich.

Tibetische Speisen und Getränke

Buttertee: tibetisch-ladakhisches Nationalgetränk; mit Salz und ranziger Butter
zubereitete Variante des schwarzen Tees; schmeckt äußerst gewöhnungsbedürftig
Chai: schwarzer Tee, meist mit viel Milch und Zucker, jedoch wenig Wasser herge-
stellt
Chang: bierähnliches Getränk, das kaum an unser Bier erinnert
Momo: mit Fleisch oder Gemüse gefüllte Teigtaschen
Thukpa: Nudelsuppe mit viel Gemüse, manchmal auch mit Fleisch
Tsampa: geröstetes Gerstenmehl; wird gerne dem Chai, Buttertee oder Chang beige-
mischt

Sehenswürdigkeiten

Eintrittspreise	Königspalast	300 Rs
in Leh	Gompa Soma	30 Rs
Klöster	Chemre, Likir, Matho, Shey	20 Rs
in Ladakh	Basgo, Diskit, Spituk, Stakna, Thikse	30 Rs
	Alchi, Lamayuru	50 Rs
	Hemis	100 Rs
Eintrittspreise	Humayun´s Tomb (Humayun-Grabmal)	500 Rs
in Delhi	Jantar Mantar (Sternwarte)	200 Rs
	Lal Quila (Rotes Fort)	500 Rs
	Purana Quila (Altes Fort)	200 Rs
	Qutab Minar	500 Rs

Trekking

Die Preise variieren nach   *Allgemeines*
 - Art des Treks (Grad der Organisation)
 - Trekkingroute
 - Anzahl der teilnehmenden Personen
 - Reiseveranstalter.

Besonders längere Trekkingtouren werden erst ab vier oder fünf Teilnehmern durchgeführt.
Vorrangig wollen die Trekkingagenturen ihr Komplettangebot verkaufen. Wer nur Pferde mieten will, muss oft hartnäckig nachfragen. Für die Organisation eines Treks benötigen die Agenturen i.Allg. mindestens zwei Tage Vorlaufzeit.
Die nachfolgend aufgeführten Preise sind Anhaltspunkte für den Fall, dass der Trek vor Ort organisiert werden soll. Vorbuchungen von Europa aus sind meist teurer. Preise hierfür können aus dem Internet oder durch Kontakt mit dem Veranstalter in Erfahrung gebracht werden. Adressen empfehlenswerter Agenturen findet man im »Reiseplaner für Individualtouristen«.

2-4 Personen, einwöchiger Trek: 10.000 Rs   *Pauschal-*
2-4 Personen, zweiwöchiger Trek: 9.000 Rs   *angebot*
2-4 Personen, dreiwöchiger Trek: 8.000 Rs
4-8 Personen: - 2.000 Rs
     (jeweiliger Nachlass pro Tag und Person)
Hinweis: Diese Preisangaben (pro Tag und Person) für die komplette Organisation eines Treks veröffentlicht eine Reiseagentur aus Leh im Internet.
Vor Ort gibt es meist noch etwas Verhandlungsspielraum.

Teilnehmerzahl: 5 Personen   *Anmieten*
dafür benötigte Pferde: 3-5   *von Pferden*
Preis pro Pferd (inkl. Führer):   1.200 Rs
Hinweis: Die eigene Ausrüstung und Verpflegung müssen selbst organisiert werden.

Teilnehmerzahl: beliebig   *Himalayan*
Preis pro Tag und Person: 1.500 Rs   *Homestays*
Hinweis: In Leh kann man Treks mit Übernachtungen bei Einheimischen buchen.
Der Preis beinhaltet die Unterkunft, eine (einfache) Halbpension sowie etwas Essen für unterwegs.

Zeltgebühr pro Person: 300 Rs   *Eigenständiges*
Hinweis: Diese Gebühr wird für das Aufstellen des eigenen Zeltes erhoben.   *Trekken*

Wissenswertes zum Reiseziel

Indien von A bis Z

Allgemeines
Indien ist nach wie vor anders als die meisten touristischen Ziele innerhalb und außerhalb Europas. Viele Reisende berichten von einem »Kulturschock«, den sie in Indien erlebt haben.

Dem vorzubeugen, ist vor allem Individualtouristen dringend anzuraten. Als beste »Medizin« gegen diesen Kulturschock gilt das Wissen über die Verhältnisse im Land. Demzufolge ist es sinnvoll, vielfältige Informationen einzuholen. In diesem Zusammenhang empfiehlt sich insbesondere das intensive Studium dieses Reiseführers. Speziell die Kapitel, die sich mit dem Reisen durch Indien beschäftigen, sollten unbedingt schon vor der Buchung des Urlaubes genau gelesen werden.

Bakschisch
Indien gilt gemeinhin als das Land, in dem Bakschisch zum Alltag gehört. Dabei hat dieses Wort eine vielfältige Bedeutung:

Es meint sowohl eine Gabe für Bettler als auch ein Trinkgeld für eine Dienstleistung oder auch eine Bestechung.

Betteln
Das Betteln konzentriert sich in Indien vorrangig auf die Touristenzentren. In der Provinz oder auf Wanderungen durch das Gebirge wird man davon relativ wenig mitbekommen. Das Verhalten gegenüber Bettlern ist umstritten. Ziemlich eindeutig scheint jedoch festzustehen, dass man Kindern generell nichts geben sollte. Kinder sollen zur Schule gehen und nicht für den Unterhalt der Familie sorgen!

Leider passiert es auf stark frequentierten Trekkingrouten immer wieder, dass Kinder um ein kleines Geschenk (oft Kugelschreiber) bitten. Dieses Verhalten wurde ihnen von den Touristen in den vergangenen Jahren förmlich anerzogen. Im Interesse der Kinder sollte jeder Trekker dazu beitragen, dass diese Unsitte nicht flächendeckend überhandnimmt.

Trinkgeld
Wenn man mit einer Dienstleistung zufrieden ist, sollte man sich nicht scheuen, ein Trinkgeld zu geben.

In einfachen Gaststätten sind Trinkgelder eigentlich nicht üblich, in gehobenen Restaurants hingegen eine Selbstverständlichkeit. Im mittleren Preissegment ist das Trinkgeld oft eine Mentalitätsfrage des Gastes.

Auch nach organisierten Trekkingtouren ist es nicht unüblich, der Mannschaft eine zusätzliche Anerkennung zukommen zu lassen. In Indien ist das jedoch keineswegs eine (unausgesprochene) Pflicht.

Bestechung
Das Zahlen von Bakschisch im Sinne eines Bestechungsgeldes ist (zum Glück) nicht jedermanns Sache. Wenngleich es richtig ist, dass man damit viele Dinge in Bewegung bringen kann, sollte man wissen, dass es problemlos auch ohne den geht. Mit freundlichem Auftreten kann man oft sogar mehr erreichen als mit Bestechung.

Bekleidung
Aus vielerlei Gründen ist es ratsam, seine Kleidung den Gepflogenheiten vor Ort anzupassen.

Demnach kann man Touristinnen eine Bluse als Oberteil (auch kurzärmlig) und einen langen Rock oder eine lange Hose empfehlen.

Der typische indische Mann hingegen trägt ein langärmliges Baumwolloberhemd und eine lange, dünne Baumwollhose.

Sowohl hinduistische Tempel als auch buddhistische Klöster dürfen von Nichtgläubi- *Besuch von*
gen begangen werden. Eine angemessene (lange) Kleidung und respektvolles Verhalten *Heiligtümern*
sollten selbstverständlich sein. Außerdem sind vor dem Betreten jedes Tempels (hin-
duistisch und buddhistisch) die Schuhe auszuziehen.
In Sikh-Tempeln (Gurudwara) muss man zudem eine Kopfbedeckung tragen. Ledergür-
tel oder gar Lederbekleidung sind abzulegen.
Beim Besuch eines hinduistischen Tempels gilt es zu beachten, dass in Indien Tempel-
besichtigungen (im Gegensatz zu bei uns gängigen Kirchenbesichtigungen) nicht üblich
sind. Wer in das Tempelgebäude eintritt, wird als Gläubiger verstanden und als solcher
auch behandelt: D.h., ein Priester führt eine religiöse Zeremonie durch, in die er jeden
»Gläubigen« einbezieht. Er erwartet hierfür eine Spende. Touristen, die das nicht mit
ihren Überzeugungen in Einklang bringen können, sollten draußen bleiben! Da die
Tempel innen meist schlicht ausgestaltet sind, verpasst man sowieso nur wenig, wenn
man nicht darin gewesen ist.

Alle wichtigen Reisedokumente, dazu gehören neben dem Reisepass auch verschiedene *Dokumente*
Genehmigungen (Permit) sowie Geld- und Kreditkarten, müssen absolut sicher aufbewahrt werden. Man trägt sie am besten immer (auch in der Nacht) am Körper. Dafür
eignen sich ein Brustbeutel oder ein Bauchgürtel. Zudem kann ein Geldgürtel, der
»eiserne« Devisenreserven beinhaltet, sinnvoll sein.
Unabhängig aller Sicherheitsvorkehrungen sollte man von den wichtigsten Dokumen-
ten (auch vom Visum) eine Kopie erstellen und diese an anderer Stelle (z.B. im Ruck-
sack oder noch besser bei Bekannten, auch anderen Reiseteilnehmern) aufbewahren.

In einigen Regionen Indiens werden offenkundig Hanfpflanzen (Cannabis) zur nachfol- *Drogen*
genden Produktion von Drogen angebaut.
Der Konsum von »Charas« (handgeriebenes Haschisch) hat in Indien eine lange Tradition. Doch sein »Genuss« ist nur zu »religiösen Zwecken« erlaubt (also dem Touristen
verboten).
Je nach Menge und Art des Drogenbesitzes kann dieser mit Haftstrafen von über zehn
Jahren geahndet werden!
In diesem Zusammenhang sollte man bedenken, dass indische Gefängnisse »landesty-
pisch« eingerichtet und meist überfüllt sind. Das kann auch bedeuten, dass sich
mehrere Häftlinge (mit abwechselndem Schlafrhythmus) ein Bett teilen. Selbst von
Misshandlungen sowie ungewöhnlich vielen unnatürlichen Todesfällen (z.B. durch
Selbstmord) wird verschiedentlich berichtet.

Die Elektrifizierung des Landes ist inzwischen weit vorangeschritten. Im Regelfall kann *Elektrizität*
man davon ausgehen, dass Orte, die ans Straßennetz angeschlossen sind, auch mit
Strom versorgt werden. Fernab der wichtigen Städte ist die Stromversorgung oft auf die
Morgen- und Abendstunden beschränkt. Nennenswerte Spannungsschwankungen
können überall und zu jeder Tageszeit auftreten.
Die in Mitteleuropa üblichen Flachstecker, die man beispielsweise an Haartrocknern,
Ladegeräten oder Rasierapparaten findet, sind mit allen Sorten indischer Steckdosen
kompatibel. Wer Geräte mit einem Schukostecker im Gepäck hat (z.B. Notebook), sollte
sicherheitshalber einen Adapter mitnehmen.

Essen, *Trinken*	Wenn man bereit ist, etwas mehr fürs Essen auszugeben, kann man in den großen indischen Städten sowie in den Ferienorten vielfältige und schmackhafte Gerichte genießen.
Übersicht	Die typische Speisekarte Nordindiens ist nach verschiedenen Geschmacksrichtungen in mehrere Kategorien eingeteilt. Am weitesten verbreitet sind neben den nordindischen Gerichten (Vegetarian/Non-Vegetarian) die chinesischen und (in Ladakh) die tibetischen Speisen.
	Das vegetarische Essen ist typisch für Indien. Manche Inder sind aus religiösen Gründen Vegetarier, andere verzichten vor allem deshalb auf Fleisch, weil sie es sich nicht leisten können.
Nordindische *Gerichte*	Kern einer nordindischen Mahlzeit ist eine mehr oder weniger scharf gewürzte Soße, die entweder Gemüse-, Käse- oder Fleischstücke enthält.
	Bis auf wenige Ausnahmen verarbeitet man in Indien ausschließlich Hühner- (Chicken) oder Lamm- bzw. Ziegenfleisch (Mutton).
	Als Beilage bevorzugen die Inder Fladenbrot (Chapati/Nan/Roti) oder Reis (Rice).
	Eine Besonderheit Nordindiens ist die Tanduri-Küche (meist englisch »Tandoori« geschrieben). Hier werden die Gerichte in einem Lehmofen zubereitet. Empfehlenswert ist das »Chicken Tandoori« (vergleichbar mit einem Brathähnchen) in Kombination mit Butter Nan.
Chinesische *Gerichte*	Bis in die entlegensten Ortschaften Indiens hat sich inzwischen das chinesische Essen durchgesetzt. Häufig gibt es davon jedoch nur gebratenen Reis (Fried Rice) oder gebratene Nudeln (Chowmein).
Tibetische *Gerichte*	Vom chinesischen Essen klar zu unterscheiden ist das tibetische (siehe Textkasten, Seite 15). In Zanskar und Ladakh steht es praktisch auf jedem Speiseplan. Im restlichen Nordindien ist es in der Regel nur dort zu bekommen, wo eine größere Gruppe Exiltibeter beheimatet ist.
Südindische *Gerichte*	In der Rubrik »Südindische Gerichte« findet man ausschließlich vegetarische Speisen. Besonders beliebt sind hierbei die Dosas. Das sind knusprige, aus Reis zubereitete Pfannkuchen, die zusammengerollt werden und meist mit einer Füllung (aus Kartoffeln und Gemüse) verkauft werden.
Sizzlers	Eine sehr willkommene Abwechslung zum typisch indischen Angebot stellen die Sizzlers dar. Hierbei werden Gemüse und kurzgebratenes Fleisch auf einer heißen Metallplatte serviert. Die Beilage ist im Gericht integriert. Leider gibt es Sizzlers nur in den etwas teureren Restaurants.
Italienische *Gerichte*	Insbesondere in den Orten, die von europäischen Touristen rege besucht werden (Delhi, Manali, Leh), ist es inzwischen gängig, gekochte Nudeln mit italienischen Soßen oder Pizzas anzubieten.
Einfache *Gerichte*	So reichhaltig, wie gerade dargestellt, ist das Angebot lediglich in Metropolen oder Touristenzentren. Je weiter man aufs Land vordringt, umso spärlicher ist die Auswahl und umso einfacher wird die Zubereitung.
	Ein wenig warnen muss man vor dem Essen in entlegenen Dörfern. Hier gibt es praktisch nur Vegetarisches. Mancher »Koch« scheint zudem ausschließlich Salz und (vor allem) Pfeffer als Würzmittel zu kennen.
Fertig- *gerichte*	Dort sind die Fertignudeln eine ernsthafte Alternative zu traditionellen Speisen. Man erhält sie unter der Bezeichnung »Maggi«, wenngleich sie seit einigen Jahren auch von Nachahmerfirmen produziert werden.

Da diese Nudeln lange haltbar sind und keine Kochzeit benötigen, gehören sie heute *Dhaba*
zum Standardangebot jeder Imbissbude (Dhaba). Derartige einfache Verpflegungsein-
richtungen gibt es in Indien vielerorts: Sowohl an befahrenen Hauptstraßen als auch
entlang beliebter Pilger- und Trekkingrouten haben sie sich inzwischen gut etabliert. In
Zanskar und Ladakh bezeichnet man Dhabas i.Allg. als »Tea Tent«.

Das Trinken von Wasser sehen die Inder als eine Art Grundrecht an. In jeder Gaststätte *Wasser*
wird Wasser kostenfrei zum Essen gereicht. Obwohl es sich – nach Meinung der
Gastwirte – um Trinkwasser handelt, sollte dieses unter keinen Umständen getrunken
werden. Da das inzwischen auch viele (gut verdienende) Inder so sehen, gibt es praktisch überall Mineralwasser (in Plastikflaschen) zu kaufen.

Ebenfalls flächendeckend zu erhalten sind die sogenannten »Cold Drinks« (verschiede- *Kaltgetränke*
ne Cola- und Limonadensorten).

Das Nationalgetränk der Inder ist schwarzer Tee (Chai), der überwiegend mit Milch und *Tee*
viel Zucker zubereitet wird.

Kaffee hingegen war noch vor wenigen Jahren in Nordindien kaum zu bekommen. *Kaffee*
Nunmehr haben sich in Touristenzentren einige Cafés etabliert.

In Regionen mit einem besonders hohen Anteil europäischer Besucher (Leh, Manali) *German*
wird in »German Bakerys« zum Tee und Kaffee auch wohlschmeckender (oft frisch *Bakery*
gebackener) Kuchen angeboten.

Alkoholische Getränke werden in Indien sehr hoch besteuert und sind daher ausge- *Alkoholische*
sprochen teuer. Zudem braucht jeder, der sie verkaufen will, eine spezielle Genehmi- *Getränke*
gung. Sowohl daher als auch aus religiösen Gründen ist es vielerorts schwer, Bier oder
Alkoholika zu bekommen. In Ladakh hingegen gibt es gegenwärtig eine so große
Anzahl von westlichen Touristen, dass insbesondere Bier in vielen Gaststätten serviert
wird. Die Qualität der indischen Brauereierzeugnisse ist jedoch ernüchternd.

Hinweis: Die vorangestellte Auswahl enthält die Bezeichnungen (auf Hindi oder Englisch) so, wie sie
üblicherweise vor Ort verwendet werden.

Das Fotografieren auf Flughäfen, von Brücken, Eisenbahnanlagen oder militärischen *Fotografieren*
Einrichtungen ist prinzipiell verboten.

Bei wichtigen Sehenswürdigkeiten sowie in verschiedenen Naturparks (z.B. Tal der
Blumen) werden teilweise Fotogebühren erhoben.

Wenn man archäologische Denkmäler (z.B. Taj Mahal in Agra) mit Stativ und/oder
Blitzlicht fotografieren will, ist eine Genehmigung des Archaeological Survey of India
notwendig. In der Praxis finden diesbezüglich nur wenige Kontrollen statt. Wichtig ist
dieser Hinweis jedoch für all diejenigen, die an organisierten Ausflügen teilnehmen, da
einige Reiseleiter auf die Einhaltung dieser Vorschrift achten.

An Empfehlungen für eine geeignete Fotoausrüstung scheiden sich die Geister, da die
Bedürfnisse sehr stark von den Ansprüchen an die Fotoqualität abhängen.

Möchte man nach der Reise lediglich ein Fotoalbum gestalten oder die Bilder am
Bildschirm betrachten, genügt eine einfache Kompaktkamera. Wer Wert auf Aus-
schnittsvergrößerungen legt, Poster oder Wandkalender anfertigen will, benötigt einen
Fotoapparat mit größerem Sensor (im MFT-, APS-C- oder sogar Vollformat).

Großen Wert sollte man in jedem Fall auf das Vorhandensein eines elektronischen oder
optischen Suchers legen, da die Bildschirmanzeigen bei intensiver Sonneneinstrahlung
(wie in Indien vorherrschend) meist nur schlecht erkennbar sind.

Flugbuchung	Bei rechtzeitiger Planung (ca. drei Monate vor Reisebeginn) sollte es kein Problem sein, einen preiswerten Flug nach Indien (Delhi, Leh) zu bekommen. Dazu kann man sein Reisebüro aufsuchen oder online buchen. Schon bei der Buchung sollte man beachten, dass viele günstige Angebote nicht storniert werden können.
Geldtausch	Die Indische Rupie ist das einzige übliche Zahlungsmittel in Indien. Am leichtesten erhält man sie durch Barabhebung an einem Geldautomaten (Quittungen aufheben, z.B. für den Rücktausch). Die höchste Akzeptanz haben hierbei die ec-Karten mit Maestro-Symbol, gefolgt von den Kreditkarten von Visa und Mastercard. Da es zuletzt häufiger zu Problemen bei der Bargeldabhebung an Automaten kam, sollte man seine Bank vor Antritt der Reise kontaktieren und abklären, dass die Karte vor Ort dann auch einsatzfähig ist.
Bargeld	Die Mitnahme von Bargeld, das auf Euro oder Dollar lautet, ist nur bedingt (z.B. als »eiserne« Reserve) sinnvoll, da man mit diesen Währungen normalerweise nichts bezahlen kann. Der Bargeldumtausch ist nur am internationalen Flughafen, in größeren Städten oder in ausgesprochenen Touristenzentren möglich.
Gesundheit	Menschen mit gesundheitlichen Beschwerden sollten schon vor der Planung einer Indienreise ihren Hausarzt aufsuchen und sich beraten lassen. Ausdrücklich jedem muss empfohlen werden, vor Reiseantritt seinen Impfschutz für Indien zu ergänzen und eine individuelle Notfallapotheke zusammenzustellen. Um in Indien vom Durchfall verschont zu bleiben, sollte man generell auf ungekochte Nahrung (Eis, Salat, frische Säfte etc.) verzichten. Eine Ausnahme stellen lediglich selbst geschälte Früchte sowie industriell abgepackte Lebensmittel (Mineralwasser o.Ä.) dar.
Klima, Reisezeit	Das indische Tiefland (z.B. Delhi) kann ganzjährig besucht werden. Wegen der hohen Temperaturen empfehlen sich jedoch insbesondere die Monate Oktober bis März. Die restliche Zeit des Jahres eignet sich nicht zuletzt für Besichtigungsreisen in die Himalajaregionen (Uttarakhand, Himachal Pradesh). Beispielsweise die wichtigen Tempel im Inneren Garhwal (Yamunotri, Gangotri, Kedarnath, Badrinath) öffnen Ende April oder Anfang Mai und schließen im Oktober oder November. Wer zum Trekken nach Garhwal oder in die Gegend um Manali kommt, sollte die Monsunzeit zwischen Anfang Juli und Mitte September meiden. Aufgrund der enormen Höhenlage, die einige Trekkingtouren erreichen, sind teilweise zusätzliche Einschränkungen notwendig. Weiterführende Informationen hierzu kann man im Rother Wanderführer »Garhwal – Zanskar & Ladakh« (siehe Literaturempfehlungen) nachlesen. Wenn es im Himalaja lange anhaltend regnet, hat man im Transhimalaja (Ladakh und die angrenzenden Regionen sowie Lahaul & Spiti) die besten Trekkingbedingungen. Die Wege sind schneefrei und die Temperaturen tagsüber angenehm warm. Obwohl diese Gebiete vergleichsweise trocken sind, muss man mit gelegentlichen Niederschlägen rechnen. Die Passstraßen, die nach Zanskar und Ladakh führen, sind normalerweise lediglich von Juni bis maximal Oktober befahrbar. (Offiziell sind die Pässe vom 15. Juni bis zum 15. September geöffnet.) Sonst ist eine Anreise nach Leh nur über Srinagar oder mit dem Flugzeug möglich.

Selbst in Indien sterben die öffentlichen Telefonzellen (meist an gelben Schildern mit *Kommunikation* der schwarzen Aufschrift »STD – ISD – PCO« erkennbar) langsam aus. Auch Internetcafés gibt es fast nur noch in den Touristenzentren.

Inzwischen hat sich das Mobiltelefon überall durchgesetzt. Das Netz deckt mittlerweile *Mobilfunk* sogar entlegene Himalajaregionen weitgehend ab (sofern eine Straßenverbindung dorthin existiert).

In den Grenzgebieten zu Tibet sowie im gesamten Ladakh muss man allerdings Restrik- *Ladakh* tionen beachten, die nur Einheimischen einen uneingeschränkten Verbindungsaufbau ermöglichen. Ausländer können in Leh SIM-Karten kaufen, die in Teilen von Ladakh funktionieren. Darüber hinaus bieten zahlreiche Hotels in Leh einen kostenfreien WLAN-Zugang an.

Wer es eher traditionell mag und eine Postkarte nach Hause schicken will, findet *Post* vielerorts (rotlackierte) Briefkästen oder Postfilialen. Obwohl die Beschäftigten der Post allgemein recht zuverlässig sind, ist es sicherer, den Brief persönlich in der Filiale abzugeben und gleich abstempeln zu lassen.

Trotz der stellenweise erdrückenden Armut ist Indien ein relativ sicheres Reiseland. *Sicherheit* Die Mordrate liegt unter der in Mitteleuropa. Auch Überfälle sind weitgehend unbekannt. Diebstahlgefährdet ist man – wie überall auf der Welt – vor allem dort, wo es viele Menschen gibt, d.h. in Großstädten und entlang der gängigen Touristenrouten.

Neben der Kriminalität stellt der indische Straßenverkehr ein nicht zu unterschätzendes Sicherheitsrisiko dar. Das fängt an mit rücksichtslosen Fahrern in Delhi, die auf Fußgänger praktisch nicht achten, und geht hin bis zu Busfahrern, die auf einer mehrspurigen Autobahn in der falschen Richtung unterwegs sind, nur um eine bestimmte Raststätte anzufahren.

Insbesondere in einigen eher ländlichen Regionen des Tieflandes muss man sich auch vor Affen in Acht nehmen. Es kommt durchaus vor, dass sie »plündernd« über Gemüsemärkte herfallen oder durch offene Fenster in Hotelzimmer eindringen. Mit Affen (vor allem Pavianen) ist nicht zu spaßen, insbesondere bei Tieren mit Nachwuchs. Man sollte unbedingt Abstand halten (gegebenenfalls sogar ausreißen) und keinesfalls versuchen, sie zu streicheln!

Die wichtigste Sprache in Indien ist Hindi. Dazu gibt es 21 regionale registrierte Spra- *Sprache* chen sowie zahlreiche Dialekte. Englisch ist weit verbreitet und gilt nach Hindi als die zweite Amtssprache. Die Verständigung mit Einheimischen funktioniert normalerweise problemlos, da fast jeder ein paar Worte Englisch spricht. Etwas schwierig könnte es lediglich auf Wanderungen durch entlegene Bergregionen werden.

In Indien herrscht überall Linksverkehr, wobei die Art der verwendeten Verkehrsmittel *Verkehr* recht vielfältig ist. Neben den bei uns üblichen Fahrzeugen sind durchaus noch Ochsenkarren und Fahrradrikschas anzutreffen; und das nicht nur auf dem Lande, sondern möglicherweise sogar auf Autobahnen.

Verkehrsregeln existieren, obwohl sich keiner daran zu halten scheint.

Eine Besonderheit des Landes sind die Tiere (vor allem Rinder), die ein wichtiger Bestandteil des Straßenbildes sind. Sie »schlendern« durch die Gassen der Altstädte genauso selbstverständlich, wie sie auf Fernverkehrsstraßen liegen und sich sonnen.

Eisenbahn	Die indische Eisenbahn gilt als einer der größten Arbeitgeber der Welt. Mit über 65.000 Kilometern verfügt die Bahn zudem über das längste Schienennetz Asiens und das zweitlängste der Erde. Tatsächlich ist das Reisen mit dem Zug etwas gewöhnungsbedürftig (geringe Geschwindigkeit, enorme Verspätungen, kompliziertes Buchungssystem), hingegen für lange Strecken durchaus empfehlenswert (Nachtfahrten). Ins Gebirge gibt es allerdings so gut wie keine Zugverbindungen.
Staatliche Busse	Staatliche Busse erreichen (nahezu) jeden befahrbaren Winkel des Landes. Die Fahrzeuge sind oft alt und unbequem, aber dennoch relativ zuverlässig. Sie sind vollkommen unkompliziert benutzbar. Wenn man einen Bus sieht, kann man ihn einfach anhalten. Die Bezahlung erfolgt i.Allg. im Bus.
Luxusbusse	Luxusbusse werden von einigen staatlichen Verkehrsgesellschaften auf beliebten Strecken eingesetzt. Die Qualität erreicht keineswegs europäischen Standard. Sie sind etwas bequemer als die Standardbusse.
Touristenbusse	Zwischen Großstädten und ausgesuchten Ferienorten fahren auch staatliche und private Touristenbusse. Ein Platz muss in der Regel vorab gebucht werden. Mittlerweile sind die meisten klimatisiert.
Sammeltaxis	Sammeltaxis verkehren entweder in Ergänzung zu Bussen oder auf Strecken, auf denen Busse nur selten oder nicht fahren. Hier sitzen mehrere Personen (bis zu 12) völlig zusammengedrängt in einem Fahrzeug. Meist werden jeepähnliche Autos verwendet. Sie stellen die unbequemste Art zu reisen dar: Man sitzt sehr eng und hat oft keinerlei Ausblicke.
Mietwagen	Mietwagen gibt es in Indien nur vereinzelt. Wer ein Fahrzeug mieten will, muss i.Allg. den Fahrer gleich mitbuchen, also ein Taxi nehmen. Bei den indischen Verkehrsverhältnissen (insbesondere in Städten) ist von eigenen Fahrversuchen auch dringend abzuraten.
Taxis	Taxis stehen jedoch meist nur in den größeren Orten zur Verfügung. Sie sind vergleichsweise teuer, insbesondere für Ausländer, die sich im hiesigen Preisgefüge nicht auskennen. Viele Reisebüros besitzen eigene Fahrzeuge, die sie (gerade Kleingruppen) für Ausflüge anbieten.
Visum	Für deutsche, österreichische und schweizer Staatsbürger ist zur Einreise nach Indien normalerweise ein Touristenvisum erforderlich. Hierbei gibt es zwei Varianten: Das e-Tourist-Visum besitzt eine relativ kurze Gültigkeit und wird papierlos beantragt. Das traditionelle Touristenvisum ist länger gültig (mehrfache Einreise möglich) und muss bei der für den jeweiligen Wohnort zuständigen indischen Behörde beantragt werden. Da sich die Bedingungen in den letzten Jahren häufig geändert haben, sollte man sich unmittelbar vor Reiseantritt im Internet, am besten direkt auf der Seite der Indischen Botschaft, über die aktuellen Bestimmungen kundig machen. Dort erhält man auch Hinweise zur Beantragung des Visums sowie die dafür notwendigen Formulare.
Zeit	Trotz der enormen Ausdehnung des Landes gibt es in Indien nur eine Zeitzone. »Indian Standard Time« liegt 4½ Stunden vor der mitteleuropäischen Zeit bzw. 3½ Stunden vor unserer Sommerzeit.

Die Ein- und Ausfuhr der Indischen Rupie ist nicht gestattet. Für frei konvertierbare *Zoll- und* Währungen gilt bei Bargeld eine Einfuhrgrenze von 5.000 USD. *Devisen-* Nahezu alle persönlichen Gegenstände sind zollfrei. Darunter fallen auch Schmuck *bestimmungen* sowie kleine Geschenke. Für die Mitnahme von Alkohol und Zigaretten existieren Obergrenzen.

Professionelles Material und Artikel, die einen hohen Wert besitzen, können nur dann zollfrei importiert werden, wenn der Reisende eine schriftliche Erklärung abgibt, dass er diese Sachen wieder zurückführt.

Die Einfuhr von Lebensmitteln ist hingegen nicht (bzw. nur mit besonderer Genehmigung) gestattet. Dies sollten sich vor allem diejenigen bewusstmachen, die ausgedehnte Trekkingtouren planen (und daher lange haltbare Nahrung mitnehmen wollen).

Entsprechende Einfuhrkontrollen finden auf den internationalen Flughäfen (am Ausgang) statt, sind allerdings ausgesprochen selten.

Ausrüstungstipp: Fotografie

Als guter Kompromiss zwischen Gewicht und Qualität haben sich Systemkameras mit MFT-Sensor erwiesen (Panasonic sowie OM System, ehemals Olympus). Aufgrund der überwiegend guten Lichtbedingungen in Indien erreicht man praktisch ähnliche Ergebnisse wie mit gängigen Spiegelreflexsystemen (mit einem Sensor im APS-C-Format). Da für MFT-Sensoren kleinere Objektive verwendet werden können, spart man hier deutlich an Gewicht. Dies gilt insbesondere für Zoomobjektive mit großem Brennweitenbereich (z.B. 28-300 mm KB).

Da es in Indien unterwegs oft staubig und dreckig ist, sollte man durch eine geeignete Auswahl dafür sorgen, möglichst selten das Objektiv wechseln zu müssen. Auch unter diesem Gesichtspunkt können folgende Empfehlungen gegeben werden:

Für die Landschafts- und Architekturfotografie hat sich das extrem leichte (155 Gramm) Weitwinkel-Zoomobjektiv M.Zuiko Digital 9-18 mm (18-36 mm KB) – auch wegen seiner hohen Abbildungsleistung – bewährt.

Wer hingegen seinen Fokus mehr auf das Ablichten von Menschen, Tieren und Pflanzen legt oder universell unterwegs sein will, kann beispielsweise das M.Zuiko Digital 14-150 mm (28-300 mm KB) oder das LUMIX G Vario 14-140 II (28-280 mm KB) nutzen. Bei Objektiven mit derart großem Zoombereich müssen allerdings gewisse Abstriche bezüglich der Abbildungsqualität hingenommen werden.

Als Kamera-Gehäuse benötigt man nicht unbedingt das neueste Modell, da es hier in den letzten Jahren bezüglich der möglichen Bildqualität entwicklungsseitig nur relativ geringe Fortschritte gegeben hat. Vielmehr sollte man auf eine angenehme Handhabung (und vor allem auf den elektronischen Sucher) Wert legen.

Hinweise: Dieser Ausrüstungstipp richtet sich ausdrücklich nicht an erfahrene Hobby-Fotografen oder gar Profis. Er ist vielmehr für unschlüssige Touristen gedacht, die eine »große Reise« planen und ohne nennenswerte Kenntnisse (bei geringem Gewicht und akzeptablem Preis der Fotoausrüstung) möglichst gute Fotos mit nach Hause bringen wollen. Die Empfehlungen beruhen auf den Erfahrungen des Autors, der in keinerlei geschäftlichen Abhängigkeiten zu Olympus, OM Digital Solutions oder Panasonic steht. Die Angaben in Klammern beziehen sich auf die dem Kleinbildformat (KB) entsprechenden Brennweiten.

Die Gliederung von Ladakh

Ladakh

Ladakh, das »Land der hohen Pässe«, bezeichnet einen kleinen Landstrich im äußersten Norden Indiens. Das Obere Ladakh, das ursprüngliche Kernland, umfasst das Indus-Tal ungefähr von Upshi bis zur Einmündung des Zanskar-Flusses in den Indus. Später kam das Untere Ladakh hinzu, das sich bis Khaltsi und darüber hinaus den Indus entlang hinzieht.

Angrenzende Regionen

Folgt man diesem mächtigen Strom noch weiter flussabwärts, erreicht man zunächst die Dha-Hanu-Region, die hauptsächlich von Darden bewohnt ist, und später das heute unter pakistanischer Verwaltung stehende Baltistan.

Rund um das historische Ladakh existierten über Jahrhunderte hinweg selbständige Fürstentümer, die nach und nach zu Vasallengebieten der ladakhischen Könige wurden. Dazu gehörten Zanskar im Süden, Purig im Westen sowie Nubra im Norden. Östlich von Ladakh liegt das karge Changthang, dessen Südteil man als Rupshu bezeichnet.

Aksai Chin

Aksai Chin, zurzeit unter chinesischer Verwaltung, gehörte in der Vergangenheit nur zeitweise zu Ladakh. Vor dem Einmarsch der Chinesen (1962) war das Land ein eigenständiges Fürstentum.

Politische Gliederung

Politisch gesehen war Ladakh bis 2019 ein Bestandteil des 1954 gegründeten indischen Bundesstaates Jammu & Kashmir. Jetzt bildet Ladakh ein sogenanntes Unionsterritorium (Union Territory) und ist damit direkt der indischen Regierung in Delhi unterstellt.

Ladakh ist in die Distrikte Leh und Kargil unterteilt. Zu Leh gehören das alte Ladakh, Nubra, Changthang (inkl. Rupshu), Aksai Chin und Baltistan, wobei die beiden letztgenannten Regionen von Indien aus momentan nicht zugänglich sind. Kargil umfasst Purig und Zanskar.

Außerhalb Indiens ist Ladakh umgangssprachlich meist anders definiert: Hier klammert man die Gebiete Baltistan und Aksai Chin überwiegend aus.

Die politische Gliederung von Ladakh

Westlicher Teil: Distrikt Kargil	**Östlicher Teil: Distrikt Leh**
Kargil besteht aus 7 Blocks:	Leh umfasst 6 Blocks:
- *Kargil* (Purig)	- *Leh* (im Wesentlichen westlicher und mittlerer Teil des Oberen Ladakh)
- *Chiktan* (Purig; islamisch geprägte Gebiete östlich von Kargil)	- *Karu* (östliches Oberes Ladakh)
- *Shergol* (Purig; buddhistisch geprägte Gebiete südöstlich von Kargil)	- *Khaltsi* (im Wesentlichen Unteres Ladakh)
- *Dras* (Purig; Gebiete westlich von Kargil)	- *Nyoma* (südliches Changthang, d.h. Tso-Moriri-Gebiet)
- *Sanku* (Purig; unteres Suru-Tal)	- *Darbuk* (nördliches Changthang, d.h. Pangong-Tso-Gebiet)
- *Tai-Suru* (Purig; oberes Suru-Tal)	- *Nubra* (Shyok- und Nubra-Tal)
- *Padum* (Zanskar)	

Hinweis: Jeder Verwaltungsbezirk eines Distriktes wird als »Block« bezeichnet.

Ladakh

Über die frühe ladakhische Geschichte ist sehr wenig bekannt, da keinerlei schriftliche *Frühgeschichte* Aufzeichnungen existieren. Man geht aber inzwischen davon aus, dass Teile dieser Region schon vor vier- oder fünftausend Jahren in den Sommermonaten von Nomaden durchstreift wurden. Noch vor Beginn unserer Zeitrechnung wanderte die als »Mon« *Mons* bezeichnete indogermanische Volksgruppe buddhistischen Glaubens nach Ladakh ein. Später, vermutlich ab dem vierten Jahrhundert, kamen verstärkt die indoiranischen Darden hinzu, die dann vorübergehend die Bevölkerungsmehrheit bildeten.

Im siebten Jahrhundert begann der tibetische Ein- *Tibetischer* fluss auf Ladakh. Infolge eines kriegerischen Feldzu- *Einfluss* ges geriet das Land unter die Herrschaft Tibets, die sich zeitweise bis hin nach Baltistan erstreckte. Doch schon bald zerbrach das mächtige tibetische Reich und zerfiel in mehrere Fürstentümer. Im Jahre 930 schließlich wurde Ladakh ein eigenständiges König- reich.

Obwohl zeitweise erbitterte Kämpfe gegeneinander geführt wurden, bestand bis zur chinesischen Beset- zung Tibets stets eine enge kulturelle und wirtschaft- liche Verflechtung zwischen Ladakh und Tibet.

Besonders deutlich wird das an den Klosterbauten, die sowohl im Aufbau als auch in ihrem Erschei- nungsbild einander zum Verwechseln ähneln.

Auch das Aussehen der Menschen, die dünne Besiedlung und die karge Landschaft erinnern an Tibet.

Das gesamte Land ist von mächtigen, nahezu vegetationslosen und teils weißen Berg- *Klima* ketten gekennzeichnet. Da der indische Monsun nicht bis hierher vordringt und deshalb Niederschläge vergleichsweise selten sind, beschränkt sich der Lebensraum der Menschen auf einige wenige Täler, deren Flüsse überwiegend vom abtauenden Eis gespeist werden.

Die Felder liegen entweder in einer Flussaue oder an einem Hang, wo ausgeklügelte oberirdische Grabensysteme ihre Bewässerung sicherstellen.

Interessant ist hierbei die Tatsache, dass die Nordhänge eine deutlich reichhaltigere Vegetation aufweisen als die Südhänge. Das liegt in der extremen Trockenheit begrün- det: An den Südhängen fehlt oft schlichtweg das Wasser zum Wachsen. Die Nordhänge hingegen sind teilweise fast ganzjährig schneebedeckt, wodurch sich über einen längeren Zeitraum Schmelzwasser bilden kann.

Ladakh ist von zwei Gebirgsketten begrenzt, der schneereicheren Ladakh-Kette im *Lage* Norden und der trockeneren Zanskar-Kette im Süden.

Diese Tatsache erklärt die Kargheit des Landes eindrucksvoll: Von den Nordhängen der Zanskar-Kette fließt im Sommer kaum Wasser ab, weil es dort relativ wenig Schnee gibt, von den Hängen der Ladakh-Kette aber auch nicht, da nur ihre Südseiten nach Ladakh zeigen.

Nubra

Vegetation

Ein bisschen anders ist es mit der sich nördlich an die Ladakh-Kette anschließenden Nubra-Region bestellt. Fast ganzjährig werden die Passübertritte dorthin durch Schnee und Eis erschwert. Dieses taut bis in den Sommer hinein und ermöglicht so in Nubra eine deutlich reichhaltigere Vegetation als in Ladakh. Der Name des Gebietes soll auf Ldumra zurückgehen, was so viel wie »Blumengarten« bedeutet.

Lage

Nördlich wird das Nubra-Tal vom Karakorum begrenzt. Der größte Fluss der Region ist der Shyok, der im Norden dem Siachen-Gletscher entspringt und von zahlreichen Nebenflüssen, einer davon heißt Nubra, gespeist wird. Am Zusammenfluss von Nubra und Shyok weist das Tal eine beachtliche Breite auf. Hier befinden sich die wichtigsten Orte der Region, darunter das Verwaltungszentrum Diskit.

Shyok

Der Shyok ist insgesamt über 500 Kilometer lang. Er fließt zunächst streng nach Süden und bildet dort die ungefähre Grenze zu Aksai Chin. Später, unweit des Pangong-Sees, macht er eine scharfe Wendung und bahnt sich in nordwestliche Richtung seinen Weg nach Baltistan, wo er dann kurz vor Skardu in den Indus mündet. Früher verlief an seinen Ufern in diesem Bereich eine Handelsroute. Seit Beginn der Grenzstreitigkeiten mit Pakistan ist diese jedoch nicht mehr benutzbar.

Permit

Touristen, die für den Besuch der Region eine in Leh beantragbare Genehmigung benötigen, kommen derzeit nur bis Turtuk. Die nördliche Route, die früher über den Karakorum-Pass nach China führte, ist bis Panamik frei.

Zanskar

Wie das Nubra-Tal, so ist auch Zanskar merklich grüner als Ladakh. Dies hat aber *Lage*
andere Gründe: Zanskar (»Land des weißen Kupfers«) grenzt direkt an den Himalaja-
Hauptkamm (auch Himalaja-Kette genannt), der den indischen Monsun von Ladakh
weitgehend abschirmt. Durch seine südlichere Lage kommt es in Zanskar zu deutlich
mehr Niederschlägen als weiter im Norden.

Kulturell gibt es zwischen Ladakh, Nubra und Zanskar kaum Unterschiede. In allen *Landwirtschaft*
drei Regionen leben die Menschen (abgesehen von Leh) fast ausschließlich in Dörfern,
in denen sie Ackerbau (vor allem Gerste, aber auch Weizen und Hülsenfrüchte) und
Viehzucht (Yaks, Dzos, Rinder, Schafe, Ziegen) betreiben.

Im Sommer werden auch entfernte Hochalmen zum Weiden der Tiere genutzt. Dazu *Sommer-*
schließen sich i.Allg. mehrere Familien zusammen, d.h., es werden einige Menschen *weiden*
aus dem Dorf ausgesucht, die mit den Yaks, Dzos, Schafen und Ziegen der Gemeinschaft im Frühjahr das Dorf verlassen und dann, meist in einer behelfsmäßigen Steinhütte (lad.: Duksa), auf einer Alm (lad.: Phu) den Sommer verbringen. Dabei müssen
sie insbesondere in der Nacht aufpassen, dass nicht Wölfe oder Schneeleoparden die
Jungtiere im Schlaf überraschen.

Durch den vergleichsweise hohen Wasserreichtum gelang es Zanskar immer wieder, *Handel*
sogar einen Überschuss an Agrarprodukten zu erwirtschaften. Daher unterhielt das
Land früher intensive Handelsbeziehungen zu seinen Nachbarn. Aus dieser Zeit
stammen die zahlreichen Handelswege (heute teils beliebte Trekkingrouten), die in
Zanskar zusammenlaufen. Im Winter sind diese allerdings tief eingeschneit und somit
nicht oder nur mit starken Einschränkungen begehbar.

Um dennoch nicht vom Rest der Welt abgeschnitten zu sein, kamen die Menschen auf *Tourismus*
eine verblüffende Idee: Sie nutzen im Winter den überwiegend zugefrorenen Zanskar-
Fluss, um Transporte nach Leh zu organisieren. Diese grandiose Unternehmung wird
inzwischen touristisch vermarktet: Es gibt derzeit mehrere Spezialanbieter, bei denen
man den sogenannten Chadar-Trek buchen kann.

Geschichtliche Informationen über Zanskar liegen seit ungefähr zweitausend Jahren *Geschichte*
vor. Damals gehörte das Gebiet nachweislich zum Kuschana-Reich, das sich zu Beginn
unserer Zeitrechnung auf weite Gebiete Zentralasiens und Nordindiens erstreckte. Aus
dieser Zeit soll der Kanikha Chörten in Sani stammen. Ab dem zehnten Jahrhundert
existierte Zanskar dann als eigenständiges Königreich mit engen Verbindungen zu
Ladakh. Vermutlich am Ende des 15. Jahrhunderts wurde Zanskar in zwei kleine
Reiche mit den Hauptorten Padum und Zangla aufgespalten und 1638 schließlich von
Sengge Namgyal, dem berühmten ladakhischen Löwenkönig, annektiert.

Zusammen mit dem restlichen Ladakh wurde Zanskar im Jahre 1834 von den Dogras *Islamisierung*
(Volksstamm mit eigener Sprache, deren Angehörige hauptsächlich in der Region um
Jammu leben) überrollt und später in ihr Reich integriert. Bis zur indischen Unabhängigkeit verwalteten externe, von den Dogra-Herrschern eingesetzte Beamte, vorwiegend
moslemischen Glaubens, das Land. Diese ließen sich fast ausschließlich in Padum
nieder. Daher stellen die Moslems hier inzwischen die Bevölkerungsmehrheit. Die
kleine bunte Jama Masjid im Herzen der »Hauptstadt« gilt als äußerer Beleg dafür. In
den umliegenden Dörfern hingegen gibt es bis heute keine einzige Moschee.

Purig

Religion

Anders verhält es sich in der Region Purig: Reist man von Padum in die Distriktshauptstadt Kargil, so erreicht man nach der Überquerung des Pensi La, der die Zanskar-Kette vom Himalaja-Hauptkamm trennt, das stark moslemisch geprägte Suru-Tal. Seine Bewohner sind überwiegend strenggläubige Schiiten.

Lage

Gleiches gilt für die angrenzenden Täler des Wakha- bzw. Dras-Flusses sowie die Gegend um Chiktan. Die genannten Gebiete, in deren Zentrum Kargil liegt, fasst man häufig unter der Bezeichnung »Purig« zusammen.

Region Dras

Früher bestand dieser Landstrich aus mehreren kleinen Hoheitsgebieten mit teilweise unterschiedlichen politischen Interessen. So pflegte die Region um Dras lange Zeit enge Kontakte mit Kaschmir. Dies führte dazu, dass sich beispielsweise die in Kargil und Dras gesprochenen Dialekte merklich voneinander unterscheiden. Als Konsequenz bezeichnen sich die Leute um Dras i.Allg. nicht als Bewohner von Purig, sondern sehen sich eher eigenständig. Der Einfachheit halber werden Dras und Purig in diesem Buch aber nicht unterschieden.

Kargil

In Kargil, der wichtigsten Stadt von Purig, herrscht heute ein buntes Völkergemisch vor. Früher lebten hier in der Mehrheit Menschen dardischer Abstammung. Sie kamen ursprünglich aus der Gegend um Gilgit (einst als Dardistan bezeichnet).

Darden

Wie bereits erwähnt, stellten vor dem siebten Jahrhundert die Darden auch in Ladakh die Bevölkerungsmehrheit, wurden dann jedoch zurückgedrängt. Als Kennzeichen ihrer Macht errichteten die dardischen Herrscher Burganlagen, die zumeist hoch über den Flusstälern thronten. Inzwischen sind alle zerstört. Eine der am besten erhaltenen

Chiktan

Ruinen kann man in Chiktan, der langjährigen »Hauptstadt« von Purig, besichtigen. Chiktan liegt im Tal des Kanji-Flusses, etwas abseits der Srinagar-Leh-Straße.

Dha-Hanu-Region

Ein paar Kilometer weiter nördlich von Chiktan mündet der Kanji in den Indus. Dort *Lage* erstreckt sich die sogenannte Dha-Hanu-Region (zum Unteren Ladakh gehörendes Restricted Area, Genehmigung in Leh erhältlich).

Ihre Einwohner sind ebenfalls dardischen Ursprunges. Während die Menschen in Purig *Religion* im 16. und 17. Jahrhundert größtenteils zum Islam übertraten, hat sich im Umland der Dörfer Dha und Hanu der Buddhismus gehalten. Darüber hinaus existierten hier bis in die Neuzeit hinein Bräuche, die weder in Purig noch in Ladakh üblich waren. Ihre Religion zum Beispiel unterliegt noch stark schamanistischen Einflüssen.

Die Besonderheiten der Region führten mit dem Aufkommen des Tourismus dazu, dass *Tourismus* Ausflüge hierher als »Attraktion« vermarktet wurden und daher viel Ursprüngliches verlorengegangen ist. Auch findet mehr und mehr eine Vermischung mit den angrenzenden Kulturen statt.

Changthang

Der Begriff Changthang stammt aus dem Tibetischen und bedeutet »Nördliche Ebene«. *Lage* Um diese Bezeichnung zu verstehen, muss man sich Tibet auf der Landkarte ansehen und Lhasa, die tibetische Hauptstadt, als Ausgangspunkt seiner Betrachtungen wählen: Dann liegen im Nordwesten riesige Hochebenen, die immer wieder von einigen Gebirgszügen durchbrochen werden. Sie sind karg, eisig kalt und außerordentlich dünn besiedelt.

Die äußersten westlichen Ausläufer von Changthang befinden sich in Indien und *Changpas* begrenzen Ladakh im Osten. Sowohl auf tibetischer als auch auf indischer Seite leben hier fast ausschließlich Nomaden bzw. Halbnomaden, die sich vorwiegend vom Handel und der Viehzucht ernähren. Man bezeichnet sie als Changpas, frei übersetzt »Menschen aus dem Norden«. Diese Volksgruppe lebt in Ladakh schon sehr lange. Man geht davon aus, dass sie sozusagen die Ureinwohner dieser Gegend sind. Sie sprechen einen tibetischen Dialekt (Changkyet), der gewisse Unterschiede zum Ladakhischen aufweist.

Ackerbau ist in weiten Teilen von Changthang aufgrund der ungünstigen klimatischen *Lebensweise* Verhältnisse nicht möglich. Das Land ist so karg, dass nicht einmal genügend wächst, um die Tiere ganzjährig an einem Ort weiden zu lassen. Deshalb ziehen die Menschen umher. Währenddessen leben sie – in Gruppen bis zu zwölf Personen – in Zelten mit einer kreisrunden Grundfläche, den sogenannten Rebos. Diese sind nicht besonders *Rebos* hoch und wurden früher ausschließlich aus schwarzem Yak-Haar gefertigt. Aufgrund des natürlichen Fettgehaltes von Fellen gelten die Zelte der Changpas als weitgehend wind- und wasserfest. Neuerdings kommt bei der Herstellung der Rebos auch Baumwolle zum Einsatz.

Die Lebensweise der Menschen ist sehr flexibel: Sie verfügen über bestimmte Weide- *Nomadentum* gründe, die sie der Reihe nach nutzen. Der Aufenthalt an einem Ort wird maßgeblich von der dort zur Verfügung stehenden Menge an Futter für die Tiere bestimmt. Ist die Fläche abgeweidet, ziehen sie weiter. Dazu verladen sie ihr gesamtes Hab und Gut auf die Rücken ihrer Pferde und Yaks und steuern den nächsten Weidegrund an.

Winterquartiere	Den Winter verbringen die meisten Changpas in saisonalen Siedlungen, wie z.B. Korzok. Dort verfügen sie über einfache Steinhütten, die auch als Lagerplatz, z.B. für Wolle, dienen. Einige ihrer Familienangehörigen verbleiben dort sogar ganzjährig, um »die Stellung zu halten« und etwas Gerste und Gemüse anzubauen.
Polyandrie	Aufgrund der stark begrenzten Ressourcen leben die Changpas traditionell in Polyandrie (früher auch in Nubra, Zanskar und Ladakh gebräuchlich), d.h., eine Frau heiratet üblicherweise mehrere Brüder. Das hat zur Folge, dass die Bevölkerung nicht übermäßig wächst und der Besitz einer Familie nicht aufgeteilt werden muss.
Brennstoffe	Die Brennstoffe, getrockneter Dung und ein paar Äste, neuerdings aber auch Benzin, sind sehr knapp, so dass die Menschen äußerst sparsam damit umgehen müssen. Daher werden ihre Zelte und Häuser nur selten beheizt.
Nahrungsmittel	Auch ein warmes Mahl steht nicht jeden Tag zur Verfügung. Die meisten leisten sich allerdings regelmäßig etwas heißen Tee mit gerösteter Gerste (lad.: Tsampa). Ansonsten nehmen sie Fleisch und Milchprodukte zu sich. Diese liefern ihnen ihre Tiere (vor allem Yaks, Dzos, Schafe und Paschmina-Ziegen), die nach wie vor die Lebensgrundlage der Changpas bilden.
Yaks	Yaks haben den Vorteil, dass sie im Hochgebirge hervorragend zurechtkommen und von sich aus ihren Standort nur wenig ändern. So können sie, meist in Herden, ohne besondere Beaufsichtigung gehalten werden. Die weiblichen Yaks, Dri genannt, werden täglich gemolken und daher in der Nähe der Menschen geweidet. Die Tiere geben neben Milch auch Fleisch, Fell und Wolle ab.
Paschmina-Ziegen	Die Paschmina-Ziegen dienen vor allem der Wollgewinnung. Ihr Bauchhaar, das sie vor tiefen Temperaturen gut schützt, bildet sich in kalten Gegenden, wie in Changthang, bedeutend stärker aus als anderswo. Tatsächlich verhält es sich gar so, dass ihr Fell umso dichter wird, je kälter der Winter ist. Daher hoffen die Nomaden auf eisige Temperaturen, so dass sie eine besonders hochwertige Wolle gewinnen können und somit ein wertvolles Tauschgut besitzen.
Tibetische Changpas	Eine gewisse Verschärfung der Lebensbedingungen setzte mit der Besetzung Tibets durch China ein. Im Zuge dessen flohen ca. 3.500 tibetische Changpas nach Ladakh, was die knappen Ressourcen noch wertvoller machte. Zunächst kam es dadurch zu Streitigkeiten um Weidegründe zwischen der »alten« und der »neuen« Bevölkerung. Daraufhin wurden für die Tibeter neun Flüchtlingszentren, verteilt über die gesamte Fläche von Changthang, eingerichtet. Im Umkreis dieser Siedlungen bekamen sie dann Land zugesprochen.
Landflucht	Inzwischen gibt es eine gegenläufige Tendenz: Immer mehr junge Changpas wollen das Land ihrer Vorfahren verlassen, um in Leh ein angenehmeres Leben zu führen.
Gliederung	Das riesige Changthang ist beinahe genauso groß wie der restliche Distrikt Leh. Daher unterteilt man das Land zusätzlich in mehrere Regionen: Den Süden, insbesondere das Gebiet um den Tso Moriri, bezeichnet man als Rupshu, der westliche Teil von Rupshu, die Grenzregion zu Zanskar bzw. Ladakh, heißt Karnak. Hinzu kommt der nördliche Teil um den Pangong Tso. Die Übergänge zwischen den genannten Gebieten sind eher fließend, d.h., festgelegte Grenzen existieren nicht.

Die Geschichte von Ladakh

Im 9. Jahrhundert kam es zum Zerfall des zuvor mächtigen tibetischen Großreiches in *Tibetische* mehrere Fürstentümer. Daraufhin errang Nyima Gon zwischen 900 und 930 die Macht *Ursprünge* über Teile Westtibets. Als er starb, wurde die Herrschaft unter seinen Söhnen aufgeteilt: Tashi Gon erhielt Purang (tibetische Provinz), Detsug Gon wurden neben Guge (tibetische Provinz) auch Zanskar und Spiti zugesprochen, und Palgyi Gon bekam Ruthog (tibetische Provinz mit reichhaltigen Goldvorkommen) sowie das Obere Ladakh. Er gilt daher als erster König von Ladakh. Das Untere Ladakh war damals zwischen mehreren dardischen Fürsten aufgeteilt.

In der ladakhischen Geschichte gab es lediglich zwei Königsdynastien, die Yarklun- *Ladakhische* und die Namgyal-Dynastie. Die Zeittafeln ermöglichen einen Überblick zu den bekann- *Herrscher-* testen Herrschern von Ladakh sowie den wichtigsten Ereignissen der damaligen Zeit. *geschlechter* Die angegebenen Jahreszahlen können nur als Richtwerte verstanden werden, da sich diese von Quelle zu Quelle zum Teil beträchtlich unterscheiden, manchmal sogar um Jahrzehnte.

Anmerkung: Verschiedene Literaturangaben rühren insbesondere daher, dass die ladakhische Geschichts-schreibung früher sehr lückenhaft war. Viele Geschehnisse mussten aus Aufzeichnungen anderer Herrscherge-schlechter rekonstruiert werden. Das führte vereinzelt sogar zu Widersprüchen, die bis heute nicht geklärt sind. Erschwerend kam hinzu, dass häufig der Sohn die Macht (zumindest teilweise) schon zu Lebzeiten des Vaters übernahm. Die Tafeln geben in Klammern die vermutlichen Regierungszeiten der Könige an (bis zum Tode des Regenten).

Die Yarklun-Dynastie (930-1470)

Palgyi Gon (930-960)
- ⇨ erster ladakhischer König

Lhachen Chang Chub Sempa (1020-1050)
- ⇨ zahlreiche Tempel- und Klostergründungen im Großraum Ladakh von Rinchen Zangpo (956-1055) und anderen
- ⇨ Verbreitung der (heute nicht mehr existierenden) Kadampa-Schule durch Atisha (982-1054), einen indischen Gelehrten (ab 1042)

Lhachen Gyalpo (1050-1080)
- ⇨ Umwandlung alter Bön-Heiligtümer in buddhistische Klöster

Lhachen Utpala (1080-1110)
- ⇨ beträchtliche Ausdehnung des Reiches durch Eroberung von Kullu (heute Himachal Pradesh), Mustang (jetzt zu Nepal) und Baltistan

Lhachen Ngorub (1290-1320)
- ⇨ engere Bindung an Tibet wegen des zunehmenden islamischen Einflusses auf Kaschmir (ab 1339 islamisches Herrscherhaus)

Lhachen Tritsug De (1380-1420)
- ⇨ Gründung der Gelbmützen-Schule in Tibet durch Tsongkhapa (1357-1419)
- ⇨ Beginn der »Reformierungen« in Ladakh, d.h., mehrere Rotmützen-Klöster wurden in Gelbmützen-Klöster umgewandelt

Lhachen Drags Bum De und Lhachen Dragspa Bum (1420-1460)
- ⇨ Teilung des Reiches in ein Oberes und ein Unteres Ladakh; Drags Bum De (1420-1460) regierte in Shey bzw. Sabu, Dragspa Bum (1420-1460) in Basgo bzw. Temisgam

Die Namgyal-Dynastie (1470-1834)

Lhachen Bhagan (1470-1495)
- ⇨ Einigung des Reiches durch Inbesitznahme des Oberen Ladakh durch Lhachen Bhagan, dem Herrscher über das Untere Ladakh
- ⇨ Leh wurde erstmals königliche Residenz (nachfolgende Könige regierten zeitweise wieder in Basgo bzw. Temisgam oder Shey)

Tashi Namgyal (1555-1575)
- ⇨ Machtergreifung von Tashi Namgyal durch ein Komplott gegen seinen älteren Bruder (ließ ihm die Augen ausstechen und verbannte ihn nach Lingshed)
- ⇨ Eroberung von Purig und Teilen Tibets (Guge)
- ⇨ beträchtlicher Ausbau der Burg zu Leh sowie Gründung der Klöster am oberen Palasthügel
- ⇨ zunächst mehrere kleinere Gefechte mit turk-mongolischen Truppen auf ladakhischem Boden, begleitet von Plünderungen und Brandschatzungen; später wichtiger Sieg gegen einfallende Turk-Mongolen, am Ende aber schwere Niederlage

Tsewang Namgyal (1575-1595)
⇨ Erstarkung des ladakhischen Reiches nach mehreren Jahren Fremdherrschaft
⇨ erneute Einverleibung angrenzender Gebiete und des Kullu-Tales
⇨ Ausbau der Burg von Basgo
⇨ Verlegung der Residenz nach Basgo
⇨ Bau eines Reitweges über Hanupatta nach Padum
⇨ zeitweise florierender Handel mit Zentralasien

Jamyang Namgyal (1595-1616)
⇨ verlustreiche Kämpfe gegen Baltistan
⇨ Frieden durch Heirat des Königs mit einer baltistanischen Prinzessin
⇨ Anerkennung der Oberhoheit von Baltistan
⇨ Übertritt zahlreicher tributpflichtiger Darden-Fürsten zum Islam;
  drohende Islamisierung von Ladakh konnte aber weitgehend verhindert werden

Sengge Namgyal (1616-1642)
⇨ Zurückeroberung von Purig sowie Teilen Baltistans
⇨ Einnahme von tibetischen Gebieten (Guge)
⇨ stärkere Bindung der Darden-Fürsten und der zanskarischen Könige an Ladakh
  (später Einverleibung von Zanskar)
⇨ Abkoppelung vom Islam zugunsten des Buddhismus
⇨ Förderung des Rotmützen-Ordens, um zu starke tibetische Einflussnahme zu vermeiden
⇨ Gründung mehrerer Drukpa-Klöster durch Tagtsang Repa (1573-1651)
  (Hanle in Rupshu, Hemis, Chemre)
⇨ Ausbau des Handels mit Zentralasien (Yarkand)
⇨ Errichtung des Königspalastes in Leh (um 1640) in nur drei Jahren Bauzeit
  und Verlegung der Residenz nach Leh

Deldan Namgyal (1642-1670)
⇨ Ergreifung der weltlichen Macht über Tibet durch Ngawang Lobsang Gyatso (1617-1682),
  dem fünften Dalai Lama (somit der erste Dalai Lama, der nicht nur religiöses Oberhaupt war)

Delegs Namgyal (1670-1694)
⇨ Krieg gegen Tibet (ab 1681)
⇨ zeitweise Verlegung des Herrschaftssitzes in das besser zu verteidigende Basgo
  und später nach Temisgam
⇨ Abwehr der tibeto-mongolischen Armee mit Unterstützung indischer Moguln
  (»Schlacht von Basgo«)
⇨ Verlust von Territorien an Tibet (Guge, Purang, Ruthog), Tributzahlungen an Tibet und
  Kaschmir, Errichtung der ersten Moschee in Leh und Übertritt der Königsfamilie zum Islam als
  Folgen des »Friedens von Temisgam« (1684)
⇨ Einschränkung der Selbständigkeit;
  Ladakh wurde de facto ein Vasallenstaat von indischen Moguln

Tsepal Namgyal (1802-1834)
⇨ fast kampflose Niederlage (1834) gegen das von Zorawar Singh geführte Dogra-Heer
⇨ endgültiger Verlust der Eigenständigkeit von Ladakh
⇨ Eingliederung von Ladakh in den Fürstenstaat Jammu & Kashmir

Das traditionelle Leben in Nubra, Zanskar und Ladakh

Traditionen   Während in den Städten, vorwiegend in Leh, die Einflüsse des Westens unübersehbar sind, haben sich in den Dörfern teilweise noch alte Traditionen erhalten.

Paspun   So konnten die Menschen früher ihre Existenz nur dadurch sichern, dass sie zusammen wirtschafteten. Dazu bildeten mehrere Familien eine Gemeinschaft (lad.: Paspun), um gewisse Arbeiten (Vieh hüten, Acker bestellen, Haus bauen etc.) effektiver zu erledigen.

Erbfolge   Prinzipiell wird der landwirtschaftliche Besitz einer Familie nicht unter den Erben aufgeteilt, da sonst die Flächen zu klein würden und das Überleben nicht mehr gesichert werden könnte. Deshalb ist festgelegt, dass der älteste Sohn erbt, oft schon zu Lebzeiten der Eltern. Diese verlassen dann das Haupthaus und wohnen in einem Nebengelass (lad.: Kangu). Der zweite Sohn wird meist ein Mönch. Weitere Söhne und Töchter versucht man, geschickt zu verheiraten. Dabei zählen weniger das Aussehen oder der Charakter des künftigen Partners. Vielmehr ist es wichtig, dass dieser ordentlich anpacken und somit einen wertvollen Beitrag für das gemeinschaftliche Leben bzw. Überleben leisten kann.

Polyandrie   Ebenfalls wirtschaftlich begründet ist die früher weitverbreitete, heute aber nur noch selten praktizierte Polyandrie. Sie dient der Geburtenregulierung und verhindert, dass zu viele Menschen von dem wenigen Vorhandenen leben müssen.

Ladakhisches Dorf   Traditionell wohnen die Menschen mehrheitlich in kleinen Dörfern, bestehend aus 20 bis 30 Haushalten, zusammen. Dabei sind nicht unbedingt alle gleichgestellt. Oft gibt es einige, die deutlich mehr Land besitzen als der Durchschnitt und dann auch Landarbeiter anstellen. Außerdem existieren ein paar Landlose, meist Mons, die sich beispielsweise als Zimmermann, Hufschmied oder auch als Musikant ihr Überleben sichern.

Ackerbau   In Ladakh beschränkt sich die harte Feldarbeit im Wesentlichen auf die Monate Mai bis September. Sonst ist aufgrund der Witterung kein Ackerbau möglich. Im Sommerhalbjahr muss also so viel produziert werden, dass es für das ganze Jahr reicht. Das geht nur, wenn man bei Sonnenaufgang mit der Arbeit beginnt und sich bis zum Sonnenuntergang nur wenige Pausen gönnt.

Festlichkeiten   Mehr Freizeit steht dann im Winter zur Verfügung. Jetzt genießen die Menschen ihre Gemeinschaft. Dies ist die Zeit für verschiedene Festlichkeiten: Zu wichtigen Anlässen, wie zum Beispiel Hochzeiten, versammeln sich die Großfamilien und sitzen um den heißen Ofen in der Küche, um zu erzählen oder zu singen und dabei reichlich Buttertee und Chang (bierähnliches Getränk) zu trinken. Im Winter finden häufig auch die Klosterfeste mit den beliebten Maskentänzen statt.

Literaturhinweis   Wer mehr über das traditionelle Leben in Ladakh erfahren möchte, sollte sich das Buch »Faszination Ladakh« von Helena Norberg-Hodge besorgen. Die Autorin ist Ladakh-Aktivistin der ersten Stunde. Im ersten Teil schildert sie in einer hervorragenden Art und Weise das Leben in Ladakh, wie sie es zum Zeitpunkt der Öffnung des Landes für Touristen (Mitte der siebziger Jahre des vergangenen Jahrhunderts) vorgefunden hat. Im zweiten und dritten Teil beschreibt sie Veränderungen, die seither stattfanden, und zieht Schlussfolgerungen für die Menschen vor Ort, aber auch für uns. Wenngleich viele Leser nicht allen ihrer Schlüsse zustimmen werden, so liefern diese zumindest wertvolle Denkanstöße.

Handelswege durch Ladakh

Man kann es sich heute vor dem Hintergrund seiner Abgeschiedenheit kaum noch *Bedeutung* vorstellen: In früheren Zeiten war Ladakh ein überregionales Handelszentrum, da sich *von Ladakh* hier mehrere wichtige Handelsrouten trafen.

Die wohl bedeutendste war sicherlich die Kaschmir-Route. Sie gilt als einfachster *Kaschmir-Route* Zugang von Indien nach Ladakh, da der höchste Pass, der Zoji La, mit 4.325 Metern eine vergleichsweise niedrige Höhe besitzt. Noch heute ist diese Verbindung die am besten ausgebaute Straße nach Ladakh (Srinagar-Leh-Straße).

Auch die Manali-Leh-Straße war früher ein wichtiger Handelsweg. Auf der sogenann- *Mandi-Route* ten Mandi-Route wurde vor allem Wolle in Richtung Punjab transportiert.

Aber auch mit Tibet (Lhasa-Route, *Weitere* Ost-Route), China (Khotan-Route) *Handelsrouten* und natürlich Baltistan und Dardistan (Skardu-Route) wurde reger Handel getrieben.

Die Khotan-Route führte über den *Handel* Khardung-Pass und den Karakorum- *mit Zentralasien* Pass (heute Sperrgebiet) innerhalb von 35 bis 40 Tagesmärschen ins fast 600 Kilometer entfernte Yarkand.

Alten Berichten kann man entnehmen, dass die Wege über die hohen Pässe kurioserweise deshalb als nahezu unverfehlbar galten, weil überall tierische und menschliche Knochen am Wegrand lagen. Das ist auch durchaus nachvollziehbar, da durch das knappe Zeitfenster, welches das Klima zur Verfügung stellt, und die Armut der Händler keine Gelegenheit bestand, die toten Menschen oder gar die verendeten Tiere ordnungsgemäß zu begraben. Vollkommen undenkbar wäre es gewesen, die Toten mitzunehmen, um sie in ihrer Heimat zu bestatten.

Leh war schon damals die wichtigste Stadt in dieser Gegend und profitierte sehr stark *Leh* vom florierenden Handel. Man sagt, dass ungefähr ein Dutzend Karawanen im Jahr Leh ansteuerten. Dazu gesellten sich zahlreiche Händler aus ganz Ladakh und den angrenzenden Gebieten.

Zu den wichtigsten Handelswaren zählten Wolle und Seide sowie Produkte, die man *Handelswaren* daraus fertigte. Aber auch Salz, das an den Salzseen von Rupshu gewonnen wurde, war ein wichtiges Handelsgut.

Häuser in Ladakh

Anordnung der Räume

Besonders augenfällig ist die spezielle Bauweise der Häuser auf dem Lande: Die Gebäude sind meist zweistöckig oder dreistöckig (bei wohlhabenderen Familien). Um im Winter vor Kälte und im Sommer vor Wärme zu schützen, weisen die Mauern oft eine Dicke von bis zu einem Meter auf. Das Erdgeschoss wird u.a. als Viehstall genutzt. Darüber befinden sich dann die Küche, ein Wohnraum und Schlafräume. Trotz der harten Winter baut man überall nur Flachdächer. So gewinnt man zusätzlichen Lagerraum. Sollte es einmal stark geschneit haben, müssen allerdings die Dächer freigeschaufelt werden, um sie von der großen Schneelast zu befreien.

Viehhaltung

Durch die Viehhaltung im Haus (nur im Winter; im Sommer sind die Tiere draußen) entsteht zusätzliche Wärme, die hilft, Brennmaterialien (im fast baumlosen Ladakh meist Kuhfladen) zu sparen.

Toilette

Die Toilette ist i.Allg. zweistöckig: In der ersten Etage befindet sich die eigentliche Toilette, d.h. ein kleiner dunkler Raum mit einem Loch im Fußboden. Im Erdgeschoss werden dann die Fäkalien gesammelt und vor der Aussaat als Felddünger verwendet.

Das meistgenutzte Zimmer im Haus ist die Küche. Sie ist fast immer riesengroß: An *Küche*
den Wänden sind Regale angebracht. Zentral befindet sich der Ofen zum Kochen, der
im Winter gleichzeitig als einzige Heizung im Haus fungiert. In vielen Fällen besteht
gleich neben der Küche eine Vorratskammer.

Das Wohnzimmer gilt hingegen als eine Art »gute Stube«. Es ist der schönste Raum der *Wohnzimmer*
Familie, und seine Nutzung bleibt Gästen oder besonderen Anlässen vorbehalten. In
vielen Fällen besitzt er eine große Fensterfront (in Richtung Süden), damit er hell und
freundlich wirkt. Die anderen Räume haben meist kleine Fenster, um die Wärmedäm-
mung zu verbessern.

Selbst das Dach wird noch vielfältig genutzt. Es dient nicht nur als Lagerraum, sondern *Dachgeschoss*
auch zum Trocknen von Gemüse und Aprikosen (nur in einigen sonnenverwöhnten
Gegenden). Manchmal existiert dort sogar noch ein kleiner Zusatzraum.

Für den Hausbau verwendet man fast ausschließlich Materialien, die in der Gegend *Baumaterialien*
vorkommen. Einzig die langen Holzbalken (meist Pappelholz) für die Dachkonstruktion
werden antransportiert, wenn im Umkreis keine Bäume wachsen.

Die Art und Weise der Herstellung der Lehmziegel und deren Weiterverarbeitung *Lehmziegel*
unterscheiden sich oft von Dorf zu Dorf, weil die jeweils zur Verfügung stehenden
Materialien andere sind. Beispielsweise variieren die Ziegel in ihrer Größe und ihren
Größenverhältnissen. Manchmal ist es auch sinnvoll, den Lehm mit Stroh zu vermischen. In jedem Fall werden die Lehmziegel aber erst mit bloßen Händen geformt und
dann ausgiebig an der Sonne getrocknet, bevor sie verbaut werden.

Sehr ähnlich ist hingegen das äußere Erscheinungsbild der Häuser: Die Außenmauern *Äußeres*
sind mit Ton verputzt und anschließend mit Kalk geweißt. Sie verjüngen sich leicht *Aussehen*
nach oben, so dass das Haus nicht allzu klotzig wirkt. Die Fenster sind überwiegend
klein und mit einem schwarzen oder rotbraunen Fensterrand versehen. Reichere
Familien haben zusätzlich schmuckvolle Holzbalkone angebaut. Die Dachabdeckung
besteht aus Weidenästen und getrocknetem Strauchwerk, das mit Lehm zusammenge-
halten wird. Diese Konstruktion ist nicht immer wasserdicht. Bei starken Regenfällen
kommt es regelmäßig zu Wassereinbrüchen. In früheren Zeiten war das jedoch kaum
ein Problem, da es fast nie kräftige Schauer gab.

Aufgrund des Klimawandels hat sich die Situation in den letzten Jahren deutlich *Klimawandel*
geändert: Das Wetter ist extremer. Insgesamt regnet es merklich häufiger als früher.
Andererseits wird aber auch von überlangen Trockenperioden berichtet, was wiederum
die Landwirtschaft vor große Probleme stellt.

Der Hinduismus – die Religion der Inder

Hinduismus

Der Hinduismus ist eine Religion, die den meisten von uns schwer verständlich ist. Das liegt vor allem daran, dass es den Hinduismus (im Sinne einer einheitlichen Religion) eigentlich gar nicht gibt. Der Begriff steht als Bezeichnung für die Religionen der Inder. Ein zweites Problem taucht auf: Der Hinduismus kennt keinen Begründer, d.h., es gibt kein Buch, das eindeutig das Wesen dieser Religion darlegt. Im Gegenteil: Innerhalb des Hinduismus kursieren mehrere Schriften, die teilweise nur von bestimmten Strömungen anerkannt werden und die sich in ihren Aussagen auch widersprechen.

Die dritte Schwierigkeit, diese Religion zu begreifen, liegt in ihrer Tendenz, nie zu reformieren. Alles bleibt gültig. Neues wird aufgenommen, auch wenn es im Gegensatz zum Alten steht.

Die Veden

Die Veden, die ältesten heiligen Schriften der Welt, gelten den Gläubigen als göttliche Offenbarung. Sie sind bis heute im vollen Umfang anerkannt und gültig, obwohl deren Inhalte (aus unserer Sicht) zum Teil vollkommen überholt sind. Sie beschreiben beispielsweise Anweisungen zu Ritualen, die seit langer Zeit nicht mehr durchgeführt werden, oder Zauberformeln zum Abwenden von Krankheiten usw.

Die Veden sind inhaltlich schwer zu verstehen. Die wenigsten Inder haben sie – oder zumindest größere Teile davon – jemals gelesen. Und doch bilden sie die Grundlage zum Verständnis der Religion. Der letzte Teil der Veden, die Upanishaden, erklärt den Sinn und das Ziel des menschlichen Lebens:

Brahman und Atman

Die zentrale Stellung nimmt dabei der Begriff des Brahman ein. Das Brahman ist das Ursprüngliche, das Allumfassende. Auch das, was für uns, die Menschen, nicht wahrnehmbar ist, gehört dazu. Jedes Lebewesen trägt einen Teil des Brahman, das Atman, in sich. Als höchstes Ziel gilt die Vereinigung der individuellen Seele, des Atman, mit der Weltseele, dem Brahman. In späteren Schriften wird dieser Sachverhalt mit dem Ruhen der Seele des Menschen in Gottesnähe beschrieben. Das Erreichen dieses Zieles bedeutet Erlösung, Erlösung aus dem Kreislauf der Wiedergeburten.

Karma

Die Upanishaden begründen die Karma-Lehre. Sie besagt, dass der Mensch für all seine Taten bestraft oder belohnt wird. Hat er für seine Taten noch nicht vollständig gebüßt, so trifft ihn das Schicksal der Wiedergeburt, im schlechten Fall als Tier oder Pflanze.

In den Puranas wird der für viele Gläubige unverständliche, sehr abstrakte Begriff des *Brahma, Vishnu* Brahman auf vielfältige Art und Weise veranschaulicht. Drei Götter gelten fortan als *und Shiva* Mittler zwischen dem Brahman und den Menschen. Diese spiegeln wesentliche Elemente des Brahman wider. Durch die Erzählungen über die Götter, die alle auf unserer Erde handeln, wird das Brahman auch für den einfachen Menschen begreifbar. Es sind die Götter Brahma, Vishnu und Shiva, die bis heute (neben Devi) als die wichtigsten Gottheiten des Hinduismus gelten. Brahma ist der Schöpfer der Welt, Vishnu der Erhalter und Shiva ihr Zerstörer. Man muss beachten, dass die Zerstörung im Leben der Inder eine vollkommen andere Dimension besitzt als bei uns: Zerstörung wird auch positiv gesehen. Sie gilt als Voraussetzung für die Schaffung von Neuem.

Auf der Suche der Gläubigen nach Wegen zur Erlösung entstanden die sogenannten *Mahabharata* Smirti-Schriften. Diese spiegeln Erfahrungen von Menschen mit Gott wider, sind also – *und Ramayana* im Gegensatz zu den Veden – menschlichen Ursprunges. Sie begründen die moderne Götterwelt der Hindus. Zwei Teile dieser Schriften, die Puranas und die beiden Epen Mahabharata und Ramayana, sind von zentraler Bedeutung.
Krishna, eine Inkarnation des Gottes Vishnu, ist die Hauptfigur im Mahabharata, dem *Krishna* wahrscheinlich längsten Gedicht aller Zeiten. Durch die Worte von Krishna werden dem Gläubigen drei Wege zur Erlösung aus dem Kreislauf der Wiedergeburten aufgezeigt:
1. der Pfad des Wissens, 2. der Pfad des Handelns und 3. der Pfad der Hingabe an Gott. Dieser dritte Weg wurde mit der Zeit äußerst populär. Er besagt, dass der Mensch durch bedingungslose Hingabe an Gott der Gnade Gottes teilhaftig werden kann. Die Gnade Gottes wiederum kann zur Minderung oder Löschung des Karma und damit zur Erlösung führen.
Im zweiten großen Epos, dem Ramayana, werden gesellschaftliche Werte thematisiert. *Dharma-Lehre* Diese bilden einen Teil des Dharma, das mit Norm, Ordnung, Recht oder Pflicht übersetzt werden kann. Dahinter steht die Vorstellung von einer übermächtigen Weltordnung, mit der man in Harmonie leben muss. Alles im Universum hat eine spezifische Aufgabe, die im Einklang mit dieser Urharmonie steht. So hat der Fluss das Dharma zu fließen. Damit gehören sowohl das Reinigen (Wegspülen von Schmutz) als auch das Vernichten (Überflutungen) zur Aufgabe eines Flusses. Das Dharma eines Herrschers ist es – wenn nötig auch streng – zu regieren, das des Händlers zu handeln und das des Kriegers zu töten. So ist die Pflichterfüllung, d.h. die persönliche Harmonie mit der Weltordnung, dem Dharma, eine weitere unabdingbare Voraussetzung für die Erlösung.
Das zeigt, dass das Leben in Übereinstimmung mit dem Dharma wichtiger ist als die *Orthopraxie* exakte Einhaltung von Glaubensritualen. Kurz gesagt, geht Orthopraxie vor Orthodoxie, d.h. vereinfacht, rechtes Handeln ist wichtiger als rechter Glaube.
Diese Grundeinstellung bildet die Grundlage zum hinduistischen Götterverständnis. *Vorzugsgott* Demnach hat jeder Mensch die Möglichkeit, sich den Gott zu wählen, der ihm am geeignetsten erscheint, sein Dharma zu erfüllen. Dabei besteht keine Verpflichtung, sich auf seinen Vorzugsgott dauerhaft festzulegen. Auch das Anbeten mehrerer Götter ist erlaubt.

Reformbewegungen im Hinduismus

Krise im
Hinduismus

Vor gut 2.500 Jahren entwickelte sich der Hinduismus in eine für ihn verhängnisvolle Richtung. Die Gräben zwischen den verschiedenen Gesellschaftsschichten, den sogenannten Kasten, wurden immer tiefer, und die Priester vereinigten immer mehr Macht auf sich. Diese beiden Tatsachen lösten Reformbewegungen aus.

Buddhismus
und Jainismus

Aus dem Hinduismus heraus entstanden zwei neue Religionen, der Buddhismus und der Jainismus. Zumindest der Buddhismus ist bis heute zu einer Weltreligion, weit über die Grenzen Indiens hinaus, aufgestiegen.

Neue und alte
Gedanken

Beide Religionen lehnen das Kastenwesen ab. Auch Götter gibt es weder im Buddhismus noch im Jainismus.
Alle drei Religionen existieren nunmehr seit Jahrhunderten auf dem indischen Subkontinent nebeneinander. Zu den einenden Merkmalen gehören die Lehren vom Karma, vom Schicksal der Wiedergeburten und von der Suche nach Erlösung.

Wichtige Begriffe aus dem Hinduismus

Brahma: wichtiger Gott im hinduistischen Pantheon (Erschaffer)
Brahmane: Angehöriger der obersten Kaste (Priesterkaste)
Darshan: Kontaktaufnahme mit Gott (durch Ansehen eines Götterbildes)
Devi: weibliche Gottheit, die in verschiedenen Aspekten (mit jeweils unterschiedlichen Namen) auftritt
Ganesha: elefantenköpfiger Gott, Sohn von Shiva und Parvati
Ghat: an einen heiligen Fluss hinabführende Treppen
Mahabharata: wichtiges religiöses Epos
Mandir: Tempel (Hindi)
Puja: Anbetung eines Gottes
Ramayana: wichtiges religiöses Epos
Shiva: wichtiger Gott im hinduistischen Pantheon (Zerstörer)
Vishnu: wichtiger Gott im hinduistischen Pantheon (Erhalter)
Veden: heilige Schriften (die Grundlage der hinduistischen Religion)

Der Buddhismus

Der Gründer des Buddhismus ist Siddharta Gautama. Er wurde um 560 v.Chr. in *Siddharta* Lumbini (Nepal), als Sohn eines hinduistischen Königs geboren. *Gautama*

Seine Kindheit verbrachte er wohlbehütet im Palast seines Vaters. Es fehlte ihm an *Leben* nichts. Im Alter von 16 Jahren heiratete er eine hübsche Frau und bekam mit ihr einen *im Palast* Sohn. Die folgenden Jahre genoss er sein Familienglück im Hause des Vaters. Im Palast lernte Gautama nur die schönen und angenehmen Seiten des Lebens kennen.

Doch mit der Zeit kam in ihm der Wunsch auf, mehr von der Welt zu entdecken. Mit 29 *Erkennen* Jahren verließ er erstmals den Palast. Hier sah er das wirkliche Leben, mit all seinem *des »wahren«* Leid. In den folgenden Tagen erhielt er drei Zeichen, die sein Leben beträchtlich *Lebens* verändern sollten:

Am ersten Tag erblickte er einen alten, gebrechlichen Mann, der sich auf einen Stock stützte. Er fragte seinen Kutscher, warum der Mann so schwach ist. Der antwortete ihm, dass der Mann schon alt ist und sein Alter ihn schwächt.

Am nächsten Tag begegnete dem Prinzen ein kranker Mann, und ihm wurde bewusst, dass Krankheit stets Leid bedeutet.

Als drittes Zeichen erlebte er den Tod in Form einer Einäscherung.

Durch diese drei Zeichen (Alter, Krankheit, Tod) erfuhr er die Vergänglichkeit. Sie zeigten ihm, dass das Leben nicht von Dauer und stets mit Leiden verbunden ist.

Von Zweifeln geplagt verbrachte er die folgenden Tage im Palast, bis er sich dazu entschloss, einen Weg zu suchen, wie man die Leiden überwinden kann. Er verkleidete sich als Wanderasket und verließ den Palast und die Stadt.

Mehrere Jahre verbrachte er in Waldeinsiedeleien. Durch strenge Askese suchte er die *Auf der Suche* Quelle der Erlösung. Aufgrund des Fastens war er so weit abgemagert, dass sein Bauch- *nach Erlösung* nabel fast die Wirbelsäule berührte. Doch der Erkenntnis nach Erlösung kam er da- durch nicht näher. So beschloss er, das Fasten zu beenden. Mit der Einsicht, dass der Körper vom Geist beherrscht wird und deshalb nicht der Körper, sondern der Geist unter Kontrolle gebracht werden muss, verließ er die anderen Asketen in Richtung Bodhgaya (Bihar).

Hier setzte er sich unter einen Bodhi-Baum, der seitdem als Baum des Lebens gilt, und *Meditation* schwor erst dann wieder wegzugehen, wenn er die Erleuchtung gefunden hat. Während *und Erleuchtung* er 49 Tage meditierte, musste er schlimmsten Versuchungen standhalten. Vielköpfige Dämonen und nackte Frauen versuchten, ihn an seinem Vorhaben zu hindern. Zu- nächst erlangte Gautama Wissen über all seine früheren Leben und erkannte die Notwendigkeit des Mitleids, da alle Lebewesen im Kreislauf der Leiden und Wiederge- burten gefangen sind. Auch die Ursache der Leiden, nämlich das Karma, das die Wiedergeburten verursacht, wurde ihm bewusst. Als er schließlich noch die »vier edlen Wahrheiten« erfuhr, wurde ihm vollkommene geistige Erleuchtung zuteil. Seit diesem Moment war er ein »Erwachter«, ein Buddha, der Buddha Shakyamuni, wie Siddharta Gautama nach seiner Erleuchtung in religiösen Schriften genannt wird.

Buddha Shakyamuni und seine Lehren	Die ersten zwei Wahrheiten besagen, dass alles Leben Leiden ist und die Ursache des Leidens im Begehren der Menschen liegt. Die dritte Wahrheit nennt die Möglichkeit und die vierte zeigt den Weg zur Erlösung von allen Leiden. Wem es gelingt, das Verlangen und damit die Leiden abzulegen, kann erlöst werden und das sogenannte Nirvana erreichen.
Achtfacher Pfad	Der Weg dorthin liegt in der Einhaltung des »achtfachen Pfades«. Er bildet das Kernstück seiner Lehre und umfasst die Einhaltung folgender Lebensweisen: rechte Ansicht, rechtes Denken, rechte Rede, rechte Tat, rechte Lebensführung, Anstrengung, Achtsamkeit und Meditation.
Sittenkodex	Im Folgenden präzisiert Gautama diesen Weg durch einen Sittenkodex, der unter anderem Töten, Stehlen, Ehebruch, Lügen, Verleumden, Beschimpfen, Leichtsinn, Gier und Bosheit verbietet und zum Geben und Teilen aufruft.
Buddha Shakyamuni als Prediger	In seinem weiteren Leben zog Buddha Shakyamuni als Prediger im Lande umher, um seine Erleuchtung anderen Menschen mitzuteilen. Am bekanntesten ist seine erste öffentliche Predigt im Wildpark von Sarnath, einem Dorf in der Nähe von Varanasi (Uttar Pradesh).
	Er lehrte den »mittleren Weg« zur Erlösung, den zwischen Askese und Beliebigkeit. Er bedeutete den Menschen, dass es ein weiter Weg – oft mehrere hundert Menschenleben lang – bis zur Erleuchtung ist. Wiedergeboren wird man jeweils seinem Karma entsprechend. Ein möglicher Versuch, sein Karma zu verbessern, besteht im Leben nach dem »achtfachen Pfad«.
Mönche im Buddhismus	Gautama erklärte das Leben als Mönch für besonders erlösungsverheißend. So gründeten sich bereits zu seinen Lebzeiten die ersten Mönchsorden. Ein Mönch hat keinen weltlichen Besitz mehr, außer seiner Kutte, einer Almosenschale und einem Rasiermesser. Deshalb sind die Mönche auf andere Menschen angewiesen, die ihnen Nahrung und Kleidung geben. Die Spender können sich – so Shakyamuni – durch diese Unterstützung günstige Voraussetzungen für die Erleuchtung in einem späteren Leben schaffen.
Götter im Buddhismus	Götter kennt der Buddhismus nicht, obwohl sich Buddha Shakyamuni selbst nie gegen die Verehrung von Göttern aussprach. Er warnte lediglich vor deren gedankenloser Anerkennung.
	Buddha wandte sich mit seiner Lehre, die er als die einzig richtige erklärte, an alle Menschen ohne Ansehen ihrer Kaste. Das war damals eine revolutionäre Ansicht in einem Land, das ganz vom gottgewollten Kastenwesen ausging.
Buddhistische Strömungen	Im Laufe der Jahrhunderte entwickelten sich verschiedene Richtungen des Buddhismus: Die Hinayana-Schule, auch »kleiner Wagen« genannt, lehrt, dass nur der Mensch alleine seine Erlösung herbeiführen kann. Im Mahayana-Buddhismus, dem sogenannten »großen Wagen«, stehen dem Menschen Helfer, die Bodhisattvas, zur Seite. Das sind erleuchtete Wesen, die um der Menschenseele willen nicht in das Nirvana eingehen, sondern auf der Erde bleiben.
Verbreitung des Buddhismus	Zu einer wichtigen Religion für den gesamten Subkontinent wurde der Buddhismus, nachdem der indische König Ashoka (268-227 v.Chr.) zu diesem Glauben übertrat. Er gilt den Indern noch heute als Vorbild des gütigen und gerechten Herrschers.

Ashoka lebte seinen Untertanen den Buddhismus vor, baute Stupas (reishaufenförmige, *Ashoka* geschlossene Bauten, in denen eine Reliquie aufbewahrt wird), Klöster für die Mönche, künstliche Felsgrotten für die Pilger und ließ im ganzen Lande Steintafeln mit den Lehren des Buddhismus aufstellen.

Mit dem achten Jahrhundert begann der Niedergang des Buddhismus in Indien. Die *Buddhismus* Religion wurde vom Hinduismus assimiliert. In der Gegenwart leben indische Buddhis- *in Indien* ten, die hauptsächlich dem Mahayana-Buddhismus angehören, im äußersten Norden des Landes sowie in Ceylon.

Trotz seiner geringen indischen Anhängerschaft sieht man in Indien recht häufig *Buddha als* Bildnisse von Buddha. Der Hinduismus hat auch hier wieder seine große Fähigkeit, *Inkarnation* Gegensätze zu vereinen, gezeigt: Buddha gilt den Hindus als die neunte Inkarnation *von Vishnu* ihres Gottes Vishnu.

Der Jainismus

Das Wort »Jain« leitet sich vom Sanskritwort »Jina« ab. Es bedeutet »Sieger« und ist eine *Jain* Ehrenbezeichnung für die 24 Furtbereiter der Religion.

Die Furtbereiter, Tirthankaras genannt, sind Wegweiser für die Gläubigen und damit *Tirthankaras* Verkünder der Religion. Die ersten 22 Tirthankaras sind mythologische Gestalten, die teilweise mehrere Millionen Jahre auf der Erde verbrachten. Der letzte Jina, der Begrün- der des modernen Jainismus, lebte dagegen nur ein Menschenleben lang.

Er, Mahavira, der »Große Held«, wurde um 550 v.Chr. in der östlichen Gangesebene als *Mahavira* Angehöriger der Kriegerkaste geboren. Ebenso wie Buddha Shakyamuni waren ihm das starre Kastensystem und die Stellung der Brahmanen zuwider.

Als Dreißigjähriger verließ er seine Familie und wurde Asket. Nach zwölf Jahren fand er die Erleuchtung. Diese verkündete er fortan als Wanderprediger.

Mahavira lehrte die Erlösung vom Kreislauf der Wiedergeburten durch strenge Askese *Lehren* und forderte Mitgefühl und Mitleid mit allen Lebewesen sowie den unbedingten *des Jainismus* Schutz allen Lebens. Daher tragen einige strenggläubige Jains Mundtücher, um keine Insekten einzuatmen, oder kehren fortwährend die Wege, um keine Tiere zu zertreten.

Wie im Buddhismus gibt es auch im Jainismus keine Götter. Hingegen werden Lebewe- *Götter* sen verehrt, die auf einen höheren Bewusstseinsstand gelangt sind.

Eine eigene Karma-Lehre beschreibt das Karma als eine Art Staub, der an jedem Men- *Karma* schen haftet. Durch böse Taten in Gedanken, Worten und Werken häuft sich Karma an, durch Askese kann man es abbauen. Die Einhaltung eines mittleren Weges – wie von *Askese* Buddha Shakyamuni propagiert – ist für die Jains nicht ausreichend. Ziel eines Jain ist es, das Karma zu beseitigen. Das gelingt ihm nur in mehreren Menschenleben. Das Dasein eines jainistischen Laien gilt als Vorbereitung für ein späteres Leben als Mönch, welches für jeden Jain die unabdingbare Voraussetzung zur Erleuchtung darstellt.

Bemerkenswert ist die Digambara-Schule, ein Zweig des Jainismus, der absolute *Digambara-* Weltentsagung befürwortet. Ihre Mönche sind luftgekleidet, also nackt, da ihrer Mei- *Schule* nung nach schon Kleidung den Wunsch nach Besitz nährt.

Der Sikhismus

Guru Nanak

Der Gründer der Religion war Guru (dt.: Lehrer) Nanak (1469-1539). Er wurde als Sohn eines Regierungsbeamten in der Nähe von Lahore (Punjab) geboren. Er folgte seinem Vater und wurde Beamter im Sultanat Delhi. Dabei wurde er Zeuge grausamer Brutalitäten bei der Invasion der späteren Mogulherrscher. Fortan setzte er sich für die Gleichheit aller vor Gott und die Versöhnung zwischen Hindus und Moslems ein.
Nachdem er zu wichtigen hinduistischen und islamischen Heiligtümern gepilgert war, gründete er eine Religionsgemeinschaft. Seine Anhänger werden mit dem Sanskritwort Sikh (dt.: Jünger) bezeichnet.

Lehren des Sikhismus Gott

Seine Lehre könnte man als islamisch beeinflussten Hinduismus bezeichnen. Sie ist streng monotheistisch. Der einzige Gott ist transzendent (vergleichbar mit dem Brahman) und bildlos (wie Allah). Nanak predigte Erlösung durch Gotteshingabe (Bhakti) und Meditation.

Karma Kastenwesen

Von den Hindus hat der Sikhismus Vorstellungen vom Karma und den daraus folgenden Wiedergeburten übernommen. Das Kastenwesen hingegen lehnt er strikt ab. Alle Menschen sind vor Gott gleich. Deshalb haben die männlichen Sikhs den einheitlichen Nachnamen Singh (dt.: Löwe), alle weiblichen Sikhs heißen seitdem Kaur (dt.: Prinzessin).

Besondere Vorschriften

Äußerlich erkennt man die Männer am Turban. Des Weiteren tragen alle die fünf »K´s«, nämlich ungeschnittenes Haupt- und Barthaar (Kesh), einen Kamm (Kangha), ein Schwert oder Dolch (Kirpan), einen eisernen Armreif (Kara) sowie eine kurze Kniehose (Kacha). Außerdem rauchen sie nicht, trinken keinen Alkohol und essen kein Fleisch.

Granth Sahib

Der Sohn von Nanak, der zweite Guru der Sikhs, schrieb die Lehren seines Vaters im »Buch des Herren« (Granth Sahib) nieder. Das Buch ist in Punjabi, der Volkssprache der Region, verfasst. Eigens dafür entwickelte er eine neue Schrift.
Der vierte Guru legte den Grundstein für den Goldenen Tempel von Amritsar, dem heutigen religiösen Zentrum der Sikhs.

Weitere Gurus

Ab dem fünften wurden mehrere Gurus von den islamischen Herrschern gefoltert und umgebracht. Seither entwickelte sich diese Religionsgemeinschaft zu einem militant geprägten Orden, der notfalls auch mit Waffengewalt seinen Glauben verteidigt.

Govind Singh

Der zehnte und zugleich letzte Guru, Govind Singh (1675-1708), bestimmte, dass es fortan keine weiteren Gurus mehr geben und statt dessen das »Buch des Herren« als »Guru Granth Sahib« verehrt werden soll.

Nächstenliebe

Trotz zahlreicher Konflikte mit den jeweiligen Herrschern zeichnen sich die Sikhs durch Gastfreundschaft, Nächstenliebe, Toleranz und Dankbarkeit aus. Ihre Tempel kann jedermann betreten, und auch jeder kann dort Nahrung erhalten. Diese Besonderheit geht noch auf Guru Nanak zurück, der schon unmittelbar nach Religionsgründung für seine Jünger gemeinsame Speisestätten eingerichtet hat.

Verbreitung der Religion

Der Sikhismus besteht aus einer kleinen, aber relativ wohlhabenden und einflussreichen Schicht von Gläubigen. Inzwischen verteilt sich die Gemeinschaft über ganz Indien. Die meisten Sikhs jedoch leben nach wie vor in Punjab. Mit gut 50 Prozent stellen sie hier die Bevölkerungsmehrheit.

Der Islam

Der Islam (»Hingabe an Gott«) ist eine streng monotheistische Religion, die von Mo-   *Mohammed*
hammed (570-632) gestiftet wurde. Dieser fühlte sich durch visionäre Erlebnisse zum
Propheten des einzigen Gottes (Allah) berufen. Er erkannte Moses und Jesus als vorläu-
fige Propheten an, jedoch Jesus nicht als Sohn Gottes.

Es gibt nur Allah (auch wenn er 99 Namen trägt), und es ist eine Sünde, ihn durch ein   *Glaubens-*
Bildnis darzustellen. Der Islam versteht sich als Vervollkommnung des Juden- und   *grundsätze*
Christentums.
Als Anhänger des Islams muss man als Mindestvoraussetzung das Glaubensbekenntnis   *Besondere*
sprechen können. Es beinhaltet – frei übersetzt – die Worte:»Es gibt keinen Gott außer   *Vorschriften*
Allah und Mohammed ist sein Prophet«. Des Weiteren haben die Gläubigen bestimmte
Regeln zu befolgen, wie zum Beispiel: fünfmal täglich gen Mekka gewandt beten, den
Ramadan (Fastenmonat) einhalten, den Armen Almosen geben, kein Schweinefleisch
essen, keinen Wein trinken und sich nicht am Glücksspiel beteiligen.

Bereits unmittelbar nach der Religionsgründung haben sich zwei islamische Hauptrich-   *Schiiten*
tungen, die schiitische und die sunnitische Glaubensgruppe herausgebildet: *und Sunniten*
Die Schiiten berufen sich auf Mohammeds Schwiegersohn Ali, der von einem Gegner
ermordet wurde. Sie nehmen an, dass nur ein direkter Nachkomme Mohammeds
oberster Imam sein kann. Die Sunniten erkennen dagegen auch die indirekten Nachkommen als rechtmäßig an. Sie beziehen sich auf die Sunna, ein Werk, in dem alles von
Mohammed Überlieferte, seine Aussagen, Entscheidungen etc., niedergeschrieben ist.

Nach dem Koran ist die islamische Glaubensgemeinschaft zum Glaubenskrieg (Dschi-   *Dschihad*
had) angehalten. Ziel des Dschihads ist nicht nur die Bekehrung der Ungläubigen,
sondern auch die Ausdehnung der Herrschaft der islamischen Staats- und Gesell-
schaftsordnung. So brachten die Kalifen den Islam mit »Feuer und Schwert« im elften
und zwölften Jahrhundert nach Indien.

Die Mogulherrscher (17./18. Jahrhundert) schufen dann später eine islamische Hoch-   *Architektur*
kultur. Bedeutende Bauwerke, wie die riesigen Moscheen (z.B. Jama Masjid in Delhi   *unter der*
und Lahore), das Taj Mahal (in Agra) und die Forts (von Mauern umgebene Paläste mit   *Mogul-*
ausgedehnten Wohn- und Parkanlagen) in Delhi, Agra oder Lahore, wurden von ihnen   *herrschaft*
erbaut.
Unter dem indischen Volk erhielt der Islam lange Zeit keinen entscheidenden Zulauf.   *Islam in Indien*
Nur Kastenlose und Niedrigkastige traten zu ihm über.
Dem hinduistischen Denken ist der Islam sehr wesensfremd (Verbot der Darstellung
von Gott, Ablehnung der Wiedergeburt). Dennoch gab es Versuche, den Hinduismus
und den Islam zusammenzubringen (Guru Nanak).
Nach dem Zweiten Weltkrieg wurde Britisch-Indien unter englischer Führung geteilt,   *Teilung Indiens*
um Staaten mit weitgehender religiöser Identität zu schaffen und eventuellen religiösen
Auseinandersetzungen vorzubeugen. Daher lebt die Mehrheit der indischen Moslems
heute in Pakistan oder Bangladesh.

Das Christentum

Apostel Thomas

Nach dem Tode Christi hatten die Apostel die Aufgabe, das Wort Gottes in aller Welt zu verkünden. Dem Apostel Thomas kam es zu, Indien zu missionieren.

Im Jahre 52 n.Chr. ging Thomas in der Nähe von Cochin (Kochi, Kerala) an Land. Hier errichtete er auch die erste Kirche Indiens. Seine Missionierungen waren im indischen Süden zunächst sehr erfolgreich, so dass bald weitere Gemeinden entstanden. Im Jahr 72 starb der Apostel in der Nähe von Madras (Chennai, Tamil Nadu).

Vasco da Gama

Seinen Höhepunkt hatte das Christentum zur Zeit des Portugiesen Vasco da Gama, der sich 1498 in Calicut (Kozhikode, Kerala) niedergelassen hatte, um die Gewürzroute zwischen Indien und Europa zu sichern. Besonderen Erfolg hatten die Portugiesen beim Missionieren von Kastenlosen. Allerdings kam dem Christentum nur an der Westküste eine nennenswerte Bedeutung zu. Im übrigen Indien hatte der christliche Glaube keine Chance. Er wurde vom Hinduismus integriert: Viele Hindus betrachten auch Jesus Christus als eine Inkarnation von Vishnu.

Britische Herrschaft

In Nordindien wurden während der britischen Kolonialisierung einige Kirchen erbaut. England verfolgte jedoch in erster Linie wirtschaftliche Ziele in Indien. Die Briten nahmen an, dass die bestehende soziale Struktur, die ihren Interessen entgegenkam, ihre Wurzeln in der hinduistischen Religion hatte. Daher unternahmen sie keinerlei Bemühungen zu Bekehrungen. So konvertierten durch die Engländer nur sehr vereinzelt Einheimische zum Christentum.

Sonstige Religionen

Parsen

Die Parsen, die heute hauptsächlich in und um Bombay (Mumbai) leben, bilden eine kleine, überwiegend wohlhabende und einflussreiche Gemeinschaft. Nicht zuletzt durch ihr ausgeprägtes soziales Engagement spielen sie trotz geringer Bevölkerungsanzahl in der indischen Gesellschaft eine wichtige Rolle. In Europa sind sie durch ihre Bestattungsgepflogenheiten bekannt: Sie bauen die sogenannten »Türme des Schweigens«, um dort den Geiern die Leichen ihrer Verstorbenen zum Fraß vorzuwerfen.

Adivasi

Die Ureinwohner des Subkontinentes (Adivasi) widersetzten sich oft den Missionsversuchen der großen Religionen und behielten teilweise ihre eigenen Religionen. Sie haben einiges mit dem Hinduismus gemeinsam, so etwa den Glauben an die Reinkarnation, eine äußere Vielfalt von Göttern und eine Art von Kastenwesen. Nicht selten werden lokale Gottheiten oder Stammesgottheiten einfach in das hinduistische Pantheon integriert – eine Herangehensweise, die historisch zur Ausbreitung des Hinduismus beigetragen hat. Besonders heute besteht eine starke Tendenz der »Hinduisierung«; gesellschaftliche Sitten der Hindus und deren Formen der Religionsausübung werden teilweise übernommen.

Religiöse Konflikte

Die Trennung von Staat und Religion zählt zu den wesentlichsten Grundsätzen des *Friedliches* indischen Staates und ist in seiner Verfassung verankert. Seit Jahrhunderten bestehen *Miteinander* verschiedene Glaubensrichtungen zumeist friedlich nebeneinander. Dennoch kommt es vereinzelt zu zeitlich und regional begrenzten religiös motivierten Auseinandersetzungen.

Schwierig ist die Situation in den Grenzgebieten zu Pakistan, vor allem in der Gegend *Zanskar* um Jammu und in Kaschmir. Hier sickern immer wieder islamistische Terroristen aus *und Ladakh* dem Nachbarland ein. Sie verunsichern die Bevölkerung und verüben von Zeit zu Zeit Attentate. Auch Ladakh war von diesem Problem in der Vergangenheit zeitweise betroffen.

Die Schulen des tibetischen Buddhismus

Verbreitung   Obwohl die tibetische Ausprägung des Buddhismus – bedingt durch die Popularität des Dalai Lama – die in Europa bekannteste Form ist, zählt dieser Zweig zu den jüngeren und zahlenmäßig kleineren buddhistischen Richtungen. Sein Verbreitungsgebiet reicht heute über Tibet hinaus. Dazu gehören insbesondere die Himalaja-Regionen Indiens, Nepal und die Mongolei.

Bön-Religion   Die Geschichte des Buddhismus in Tibet begann im siebten Jahrhundert. Zu dieser Zeit dominierte im Land die sogenannte Bön-Religion. Das ist ein Volksglaube, der insbesondere auf schamanistischen Vorstellungen beruht. Vorkehrungen zur Vertreibung böser Geister, magische Rituale zur Götterbesänftigung sowie vielfältige Opferzeremonien prägen das äußere Erscheinungsbild dieser Religion.

Padma-sambhava   Zu ersten weitreichenden friedlichen Missionierungen kam es im achten Jahrhundert. Damals lud der tibetische König Trisong Detsen den indischen Meister Padmasambhava (Guru Rinpoche) nach Tibet ein. Dieser begeisterte den König derart von seinen religiösen Vorstellungen, dass er von ihm den Auftrag erhielt, den Buddhismus im ganzen Land zu verbreiten. Padmasambhava unternahm daher zahlreiche Missionierungsreisen, auch nach Zanskar und Ladakh. Der Überlieferung zufolge bestand er mehrere Kämpfe mit bösen Dämonen und konnte diese bändigen. Es gelang ihm, Teile der Bevölkerung von der Kraft des Buddhismus zu überzeugen. Es kam zu einer ersten Gründungswelle von Klöstern.

Nyingmapa-Schule   Der von Padmasambhava praktizierte Buddhismus berücksichtigte vor allem tantrische Aspekte. Dies bedeutet, dass es dem Meister um die Befolgung esoterischer Stufenwege ging, worin er eine wichtige Voraussetzung für die Erleuchtung sah. Padmasambhava legte außerdem besonderen Wert auf die Einhaltung bestimmter Rituale.
Aufgrund der zahlreichen tief verwurzelten Traditionen Tibets ergab es sich zwangsläufig, dass Elemente der alten Bön-Religion in das System integriert werden mussten.

Buddhistische Orden in Ladakh

Nyingmapa-Schule
Trakthok Gompa (Sakti)

Sakyapa-Schule
Matho

Gelugpa-Schule
Alchi, Diskit, Ensa, Karsha, Likir,
Lingshed, Mune, Phuktal Gompa,
Rangdum Gompa, Rizong Gompa,
Sabu, Samstang Ling Gompa, Sankar,
Spituk, Thikse, Tongde

Drigungpa-Schule
(Zweig der Kargyüpa-Schule)
Lamayuru, Phyang, Wanla

Drukpa-Schule
(Zweig der Kargyüpa-Schule)
Chemre, Hanle, Hemis, Korzok

Lho-Drukpa-Schule
(Zweig der Kargyüpa-Schule)
Bardan Gompa, Dzongkhul Gompa,
Sani, Stagrimo, Stakna

Damit war die Grundlage einer speziellen tibetischen Ausprägung des Buddhismus geschaffen. Bis zur Jahrtausendwende war diese Schule die einzige in Tibet und den angrenzenden Regionen. Heute spricht man von der Nyingmapa-Tradition (wörtlich: »die Alten«). *Tibetischer Buddhismus*

Im elften Jahrhundert kam der indische Gelehrte Atisha (982-1054) nach Tibet. Er brachte die Ideen des Mahayana mit und leitete so eine neue Phase der religiösen Entwicklung ein. Der für Ladakh überaus bedeutende Rinchen Zangpo (956-1055), genannt der »große Übersetzer«, gehört auch in diese Zeit. Ihm sind zahlreiche Übersetzungen buddhistischer Schriften ins Tibetische zu verdanken. Der Legende zufolge gründete er 108 (Anzahl der durch Buddha Shakyamuni verkündeten Lehren) Tempel, viele von ihnen in Ladakh. *Mahayana-Buddhismus* *Atisha* *R. Zangpo*

Infolge des Wirkens von Rinchen Zangpo bildeten sich im tibetischen Einflussbereich zwei weitere buddhistische Strömungen heraus, die Sakyapa-Schule und die Kargyüpa-Schule. Um zu verstehen, worin sich diese Richtungen unterscheiden, muss man etwas tiefgründiger in die buddhistische Lehre einsteigen, als das in diesem Rahmen sinnvoll ist. *Sakyapa-Schule*

Fest steht, dass die Kargyüpa-Tradition in Ladakh nach und nach an Einfluss und Macht gewann. Ihre Grundlagen gehen auf Tilopa (988-1069), Naropa (1016-1100), Marpa (1012-1097) sowie Milarepa (1040-1123) zurück. In vielen ladakhischen Klöstern findet man noch heute kleine Statuen dieser großen Meister. Gemäß der Farbe ihrer Kopfbedeckung fasst man alle bisher genannten Strömungen auch unter der Bezeichnung »Rotmützen« zusammen. *Kargyüpa-Schule* *Tilopa* *Naropa* *Marpa* *Milarepa*

Im 14. Jahrhundert bekamen die Rotmützen-Orden Konkurrenz von einer durch Tsongkhapa (1357-1419) eingeleiteten Reformbewegung. Ihm erschien die religiöse Praxis inzwischen schon als zu sehr verweltlicht. Er gründete seine Überzeugungen auf die unverfälschten Lehren von Atisha und legte deshalb besonderen Wert auf die strenge Einhaltung von Mönchsregeln. Das Zölibat war für ihn eine unabdingbare Voraussetzung des Mönchseins. Er gründete die Gelugpa-Schule, die »Schule der Tugendhaften«. Als äußeres Unterscheidungsmerkmal wurde eine gelbe Kopfbedeckung gewählt. Geistiges Oberhaupt der Gelbmützen ist der Dalai Lama. *Gelugpa-Schule* *Tsongkhapa*

Nach und nach erlangte der Gelugpa-Orden in Tibet eine Vormachtstellung. Seine Lehren verbreiteten sich dort so nachhaltig, dass sich bereits der fünfte Dalai Lama im Jahre 1642 zum Staatsoberhaupt von Tibet erklärte. Vorausgegangen war eine militärische Niederlage des tibetischen Königs gegen die Mongolen. *Machtergreifung des Dalai Lama*

Da Ladakh zu dieser Zeit unter einem starken tibetischen Einfluss stand, eroberte die neue Glaubensrichtung auch das Indus-Tal. Ihre Anhänger »reformierten« zahlreiche Klöster. Schließlich gewannen sie überhand. Der damit verbundene Machtgewinn des Dalai Lama erschien dem damaligen ladakhischen König sehr riskant. Daher unterstützte er zunehmend die Rotmützen-Klöster. Er half sogar dem zur Kargyüpa-Schule gehörenden Drukpa-Orden aus Bhutan, in Ladakh Fuß zu fassen. *Tibetischer Einfluss auf Ladakh*

Im heutigen Ladakh gibt es im Wesentlichen zwei Glaubensrichtungen: die Gelugpa- und die Kargyüpa-Schule, wobei die erstgenannte zahlenmäßig deutlich überwiegt.

Ikonografie

Buddhas	Das Wort Buddha ist aus dem Sanskrit abgeleitet und bedeutet »der Erwachte«. Damit sind Wesen gemeint, denen die vollkommene Erleuchtung, d.h. die absolute Erkenntnis, zuteilwurde.
Adi-Buddha	Unter dem Ur-Buddha (Adi-Buddha) versteht man eine transzendente Gestalt, die als Verkörperung der absoluten Wahrheit gilt.
Dhyani-Buddhas	In ihrer Bedeutung direkt nach dem Adi-Buddha stehen die fünf Dhyani-Buddhas. Sie versinnbildlichen die fünf menschlichen Sinne. Der populärste unter ihnen ist Vairocana (dt.: der Sonnengleiche).
Manushi-Buddhas	Des Weiteren gibt es menschliche Buddhas (Manushi-Buddhas). Das sind Buddhas, die aus Mitleid mit den Menschen auf die Erde kamen bzw. kommen werden, um die rechte Lehre zu verbreiten. Die wichtigsten sind Buddha Shakyamuni, der Buddha des jetzigen Weltzeitalters, sowie Buddha Maitreya, der Buddha des künftigen Weltzeitalters. Nach buddhistischer Vorstellung gab es vor Shakyamuni bereits sechs weitere Manushi-Buddhas, die jeweils ihr Weltzeitalter verkörperten.
Shakyamuni	Buddha Shakyamuni sitzt häufig mit verschränkten Beinen (asiatische Sitzhaltung) auf einer Lotusblüte. Sein Körper ist goldgelb, die Haare blau.
Maitreya	Maitreya hingegen sitzt meist auf einem Stuhl und lässt seine Beine herabhängen (europäische Sitzhaltung). Die anderen Manushi-Buddhas sehen alle relativ ähnlich aus. Sie unterscheiden sich vor allem durch verschiedene Gesten.
Bodhisattvas	Von den Buddhas (deren Aufzählung hier nicht vollständig ist) sind die Bodhisattvas zu unterscheiden: Das sind Wesen, die selbst nach höchster Erkenntnis streben, aber den Buddha-Status (noch) nicht erreicht haben. Nach theologischer Auffassung streben sie auch nicht nach vollkommener Erleuchtung. Dann würden sie nämlich ins Nirvana übergehen und könnten den anderen Lebewesen nicht mehr helfen, sich aus dem Kreislauf der Wiedergeburten zu befreien. In Ladakh werden am häufigsten die verschiedenen Erscheinungsformen von Avalokiteshvara, Vajrapani und Tara verehrt.
Avalokiteshvara	Im tibetischen Buddhismus unterscheidet man 108 Aspekte von Avalokiteshvara (dt.: Herr, der die Welt betrachtet). Da er als die Verkörperung von Güte, Barmherzigkeit und Mitleid gilt, erfreut er sich außerordentlicher Beliebtheit. Die Zahl seiner Arme reicht von zwei bis tausend. Dazu kann er zwischen einem und elf Köpfen besitzen. Der elfköpfige Avalokiteshvara (tib.: Chu Chik Shal), von dem es wiederum verschiedene Ausprägungen gibt, ist in Ladakh besonders populär. Seine Köpfe sind neben- und übereinander angeordnet sowie häufig unterschiedlich (weiß, grün, blau, rot) gefärbt. Dabei vermittelt das zweithöchste Haupt (blau) einen zornigen Ausdruck.
Vajrapani	Eine Art Gegenstück zu Avalokiteshvara bildet Vajrapani, der als Verkörperung der Tatkraft aller Buddhas gilt. In Skulpturen und Bildern wird meist sein zornvoller Aspekt versinnbildlicht. In Vajrapani sehen Religionswissenschaftler die tibetische Form des alten indischen Regen- und Gewittergottes Indra. Als solcher sowie als Beschützer vor Schlangenbissen wird er von der ladakhischen Bevölkerung hoch verehrt.

Auch die weibliche Bodhisattva Tara (dt.: *Tara*
Retterin) hat indische Wurzeln. Wie Avalo-
kiteshvara wird sie oft in ihrer friedvollen
Manifestation dargestellt. In Tibet gilt sie
als höchste Mutter und als Göttin der
Askese und der Weisheit.

Unterschieden werden die Grüne Tara, die
Weiße Tara sowie die Blaue, die Gelbe und
die Rote Tara. Zu diesen fünf Grundformen
kommen 21 regenbogenfarbene Taras. Die
beiden erstgenannten Verkörperungen gehören zu den beliebtesten und auch mächtigsten Gottheiten im tibetischen Buddhismus.

Keine Verbindung zu indischen Göttern *Manjushri*
erkennt man hingegen bei Manjushri, dem
Bodhisattva der Weisheit. Er wird sitzend
oder stehend dargestellt und trägt häufig
das Buch der transzendenten Weisheit oder
das Schwert der Erkenntnis.

Die Beschützer der Lehre Buddhas, die sogenannten Dharmapalas (dt.: Dharma- *Schutzgottheiten*
Beschützer), haben in der Regel ein furchterregendes Aussehen. Sie sollen die Feinde
des Buddhismus bekämpfen und seine Angehörigen vor Bösem bewahren. Es handelt
sich meist um Formen hinduistischer Götter oder Gestalten aus der alten Bön-Religion,
die beispielsweise von Padmasambhava bezwungen wurden und danach zu Befürwor-
tern Buddhas wurden. In ladakhischen Klöstern ist ihnen ein besonderer Raum vorbehalten: Der Tempel der Schutzgottheiten (tib.: Gonkhang) ist äußerlich an seiner
dunkelroten Färbung zu erkennen.

Mahakala, die buddhistische Form vom hinduistischen Shiva, gehört zu den wichtigs- *Mahakala*
ten Schutzgottheiten. Auch er tritt in verschiedenen Manifestationen auf, wobei der
Schwarze Mahakala der bekannteste ist. Dem Glauben nach erfüllt er alle Wünsche, die
dem Ziel der Erleuchtung dienen. Dabei geht er teilweise äußerst kompromisslos in der
Wahl seiner Mittel und Methoden vor.

Palden Lhamo, oft als Gefährtin von Mahakala bezeichnet, ist die einzige weibliche *Palden*
Schutzgöttin. In ihr verschmolz die schreckliche Kali (hinduistische Göttin) mit Ele- *Lhamo*
menten von Gottheiten aus der Bön-Religion. Palden Lhamo reitet meist auf einem
Pferd oder einem Maultier. Sie gilt als spezielle Schutzgöttin des Dalai Lama. Daher
wird sie in Gelbmützen-Klöstern besonders verehrt.

Einen äußerst grausamen Eindruck hinterlassen Yama (Gott des Todes) und Yamantaka *Yama und*
(Henker des Todes). Beide werden oft stierköpfig dargestellt, wobei Yama ein Rad auf *Yamantaka*
der Brust trägt. Der Legende nach soll einst der Todesgott Yama durch Tibet gezogen
sein und die Menschen in Angst und Schrecken versetzt haben. In ihrer Verzweiflung
beteten sie zu Manjushri. Dieser manifestierte sich in Yamantaka und bekämpfte Yama.
Yamantaka gilt als spezieller Schutzpatron der Gelugpa-Schule und nimmt dort sogar
den Rang eines Buddhas ein.

Religiöse Symbole

Chörten

Zu den auffälligsten Bauwerken in Ladakh zählen die Chörten (sanskrit: Stupa). Sie sind meist nur wenige Meter hoch und überwiegend weiß angestrichen. Die Chörten versinnbildlichen den buddhistischen Kosmos: Der Unterbau symbolisiert die Erde, der gewölbte Mittelteil den Urozean und die Allgegenwart des Adi-Buddha. Die Spitze, die aus 7 bis 13 Ringen besteht, stellt verschiedene Erleuchtungsstufen dar. Hinzu kommen (am oberen Ende der Spitze) ein Schirm, der vor Übel bewahren soll, sowie ein Kopfjuwel, das stellvertretend für die höchste Stufe der Erkenntnis steht. Früher enthielten die Chörten (dt.: Behälter für Opfergaben) üblicherweise verschiedene Reliquien. In der heutigen Zeit werden auch leere Chörten errichtet.
Aus Respekt vor den Gläubigen sollte man darauf achten, Chörten stets im Uhrzeigersinn zu umwandeln.

Mani-Mauern

Insbesondere auf dem Weg zu einem Kloster findet man sogenannte Mani-Mauern. Das sind langgestreckte Steinhaufen, die zum Teil aufwendig verzierte Steine enthalten. (Diese dürfen keinesfalls entwendet werden!) Wie bei den Chörten ist darauf zu achten, dass man links an ihnen vorbeigeht. Das religiöse Bauwerk muss stets zur Rechten liegen!

Cha-Cha

In Klöstern, bei Chörten oder auf dem Hausaltar verwahren die Ladakhis gerne kleine Votivtafeln, sogenannte Cha-Cha. Auf den Lehmtäfelchen sind Buddhas oder andere Heilige dargestellt.

Gebetsfahnen

Viel auffälliger als Votivtäfelchen sind die Gebetsfahnen. Man sieht sie nicht nur in der Umgebung von Klöstern, sondern auch an privaten Häusern oder öffentlichen Gebäuden. Selbst auf Bergspitzen und Pässen dürfen sie keineswegs fehlen. Die kleinen, meist zu einer Girlande angeordneten Stofffähnchen haben verschiedene Farben und sind meist mit religiösen Versen beschriftet. Man glaubt, dass sie in Windeseile die Gebete in alle Welt verbreiten.

Gebetsmühlen

Eine andere Form des Betens ist das Betätigen von Gebetsmühlen. Sie enthalten kleine Schriftrollen mit heiligen Mantras (Gebeten). Gebetsmühlen gibt es in verschiedenen Größen: An Klöstern oder im Dorfzentrum sind sie oft übermannshoch. Ihre kleine handliche Form kann benutzt werden, um »nebenher« um Beistand zu bitten. Insbesondere einige ältere Menschen laufen durch die Gegend oder sitzen im Bus und drehen dabei ständig ihre Gebetsmühle.

Thankas

Ursprünglich diente ein Thanka (Rollbild) dem Gläubigen auf einer Pilgerreise zum Schutze vor Dämonen. Am Pilgerziel wurde der Thanka dann einem Kloster gespendet oder als Gastgeschenk überreicht.
Heute sind diese Rollbilder in Ladakh allgegenwärtig. In den Klöstern, aber auch in den Souvenirläden von Leh kann man eine reichhaltige Auswahl bestaunen.
Bei der Herstellung malt der Künstler das religiöse Motiv zunächst auf eine Leinwand. Anschließend wird das Bild durch einen Rahmen aus Stoff gefasst.

Der Aufbau eines ladakhischen Klosters

Die meisten Klosteranlagen (tib.: Gompa) in Ladakh sind an einem Hang errichtet. Im *Wohnungen* unteren Bereich befinden sich die Wohnungen der Mönche. Üblicherweise leben die *der Mönche* Brüder zusammen oder alleine in kleinen Häuschen.
Oberhalb des Wohntraktes verteilen sich dann die verschiedenen Tempel und Gebetsräume. Diese haben – je nach Verwendung – unterschiedliche Namen:

Der Dukhang (dt.: Versammlungsraum) wird für religiöse Zusammenkünfte der Kloster- *Dukhang* gemeinschaft genutzt. In ihm findet man Sitzgelegenheiten für die Mönche und davor (häufig instabile) kniehohe Tische. Sie dienen vorwiegend der Ablage von Schriften oder Ritualgegenständen. (Auf die Tische darf man sich keinesfalls setzen!) An der Wand gegenüber dem Eingang steht ein Altar, der oft fast die gesamte Breite des Raumes einnimmt.
In größeren Gelugpa-Klöstern befindet sich dahinter noch ein schmales Zimmer, der *Tsankhang* Tsankhang (dt.: Figurenraum), der in erster Linie der Aufbewahrung von religiösen Statuen dient.

Chokhang	In den ladakhischen Zentralklöstern existiert i.allg. ein weiterer großer Versammlungsraum, der Chokhang (dt.: Raum der Lehre). Er beinhaltet meist einen prunkvollen Sitz für einen inkarnierten Abt und einen zusätzlichen für das Oberhaupt des jeweiligen Ordens. Im Falle der Gelbmützen wäre der zweite Thron dem Dalai Lama vorbehalten.
Lhakhang	Außerdem enthält jedes Gompa mindestens einen Lhakhang (dt.: Tempel). Dieser ist einem Buddha, einem Bodhisattva, einer bestimmten Gottheit oder einem wichtigen religiösen Führer geweiht.
Gonkhang	Fast alle Klöster verfügen über einen Gonkhang. Das ist der Tempel, in dem speziell die zornigen Schutzgottheiten verehrt werden. Äußerlich erkennt man ihn an seinem braunroten Anstrich. Innen ist es stets dunkel. Das soll den furchterregenden Charakter der Figuren, deren Köpfe manchmal mit Tüchern verhängt sind, nachdrücklich verstärken.
Zimchung	Meist im ersten Obergeschoss und mit Blick auf den Klosterhof liegt der Zimchung (dt.: kleines Zimmer). Die sogenannte Abtsresidenz ist ein gesonderter Raum, der nur für den Fall vorgehalten wird, dass der Abt des betreffenden Klosters dem Gompa einen Besuch abstattet.
Klosterhof	In vielen Gompas ist es üblich, dass man den zentralen Versammlungsraum über den Klosterhof betritt.
Klosterfeste	Der meist große Platz wird für die alljährlichen Klosterfeste mit den traditionellen Maskentänzen genutzt. Ihre Daten richten sich nach den Mondphasen und variieren daher von Jahr zu Jahr. Sie finden jedoch überwiegend im Winter statt. Nur einige wenige der größeren Klöster verzichten auf eine solche Zeremonie.

Wichtige Figuren im tibetischen Buddhismus

Die folgende Übersicht enthält eine Aufzählung der in Ladakh am häufigsten zu sehenden buddhistischen Figuren. Zuerst sind ihre Sanskrit-Namen genannt, dahinter die tibetischen Bezeichnungen.

Manushi-Buddhas:	Buddha Shakyamuni	Shakya Thubpa
	Buddha Maitreya	Chamba od. Jampa
Bodhisattvas:	Avalokiteshvara	Chenresig
	(Ekadashamukha)	(Chu Chik Shal)
	Vajrapani	Channa Dorje
	Tara	Dölma
	Manjushri	Jampal Yang
Schutzgottheiten:	Mahakala	Nagpo Chenpo od. Gönpo
	Shridevi	Palden Lhamo
	Yama	Shinje
	Yamantaka	Dorje Jigje

Der Besuch eines Klosters

Auch wenn man in einigen Klöstern mehr Touristen als Mönche trifft, dürfen die *Richtlinien* Gompas nicht als Museen missverstanden werden. Sie sind nach wie vor in erster Linie Orte des Glaubens. Das verlangt von ihren Besuchern die Einhaltung der üblichen religiösen Gepflogenheiten. Dazu gehören folgende Richtlinien:

Die Bekleidungsvorschriften erfordern das Tragen von Hosen oder (für Frauen) von *Respektvolle* mindestens knielangen Röcken. Auch die Oberteile dürfen nicht zu weit ausgeschnit- *Kleidung* ten sein.

Bei Rundgängen auf dem Klostergelände kann man Schuhe tragen. Direkt vor dem *Schuhe* Eingang eines Tempels müssen diese jedoch ausgezogen werden. *ausziehen*

Im Tempelinneren sollten laute Gespräche, Scherze aller Art sowie das öffentliche *Ruhe* Verlesen von Klosterbeschreibungen unterbleiben. Unterhaltungen in gedämpfter Lautstärke sind möglich, sofern keine religiösen Veranstaltungen im Gange sind.

Das Fotografieren von Gebäuden ist im Regelfall erlaubt und bedarf keiner gesonderten *Fotografieren* Nachfrage. Vor dem Ablichten von Personen muss hingegen das Einverständnis des Betreffenden eingeholt werden. (Das gilt natürlich nicht nur in einem Kloster.) Wer in einem Tempel fotografieren will, sollte immer um Erlaubnis fragen. In einigen Klöstern sind Schilder angebracht, die die Verwendung von Blitzlicht verbieten. Daran muss man sich unbedingt halten, da das grelle Licht Schaden an wertvollen Malereien anrichten kann.

Aufenthalt in Delhi

Ankunft

Ladakh ist auch für indische Verhältnisse immer noch ein relativ exotisches Reiseziel, weshalb nur wenige Flugverbindungen dorthin existieren.

Zudem besitzt Leh lediglich einen regionalen Flughafen (ohne Pass- und Zollkontrolle). Daher sind alle Einreiseformalitäten in Delhi durchzuführen. Das bedeutet, dass man beim Umsteigevorgang in jedem Falle sein Gepäck entgegennehmen und später wieder abgeben muss.

Praktisch alle Passagiermaschinen, die die Strecke Delhi – Leh bedienen, starten am frühen Morgen in Richtung Norden und kehren schon nach kurzem Aufenthalt wieder zurück.

Aus diesem Grund hat fast jeder Reisende, der von Europa nach Leh fliegt, mindestens einmal einen längeren Aufenthalt in Delhi. In vielen Fällen wird sogar eine Übernachtung in der Hauptstadt Indiens erforderlich.

Kurzaufenthalt

Wer bloß ein paar Stunden in Delhi warten muss, kann diese Zeit relativ angenehm auf dem Flughafen verbringen.

Der erst 2010 fertiggestellte Terminal 3 des Indira Gandhi International Airport gehört momentan zu den angenehmsten der Welt. Er ist durchweg modern ausgestattet, sauber und aufgrund seiner Weitläufigkeit verhältnismäßig ruhig. Die sanitären Anlagen sind gut in Schuss und werden regelmäßig gereinigt.

In den Aufenthaltsbereichen finden sich sowohl vor als auch nach der Passkontrolle Verpflegungsmöglichkeiten und Sitzgelegenheiten. In unmittelbarer Umgebung der »Gates« kann man mit etwas Glück sogar eine Liege ergattern.

Im Vergleich zu anderen großen Flughäfen sind die Restaurantpreise sehr moderat.

Fahrt in die Innenstadt

Sollte der Zwischenstopp etwas länger dauern, ist es denkbar, der Innenstadt einen kurzen Besuch abzustatten. Dazu gibt man seine Koffer an der Gepäckaufbewahrung (»Left Luggage Room«) am Flughafen ab. Der Weg dorthin ist beschildert, sobald man die Ankunftshalle verlässt.

Metro

Für Einzelreisende oder Zweiergruppen erweist es sich als preiswert, mit der Metro ins Zentrum zu fahren. Ihr Bahnhof ist ebenfalls ausgeschildert (»Airport Metro Express«). Er befindet sich direkt am Flughafen unweit der Gepäckaufbewahrung. Der große Nachteil der Metro besteht allerdings darin, dass ihre Haltepunkte eher etwas abseits der für Touristen interessanten Orte liegen.

Taxi

Wer sich in Delhi nicht auskennt, sollte deshalb lieber ein Taxi nehmen und sich z.B. am Connaught Place absetzen lassen.

Übernachtung in Delhi

Fluggäste, deren Aufenthalt womöglich eine Übernachtung beinhaltet, sollten sich dringend überlegen, ein Hotel in der Innenstadt zu beziehen. Dort lässt es sich wesentlich besser entspannen als auf dem Flughafen.

Vielleicht möchte der eine oder andere bei dieser Gelegenheit sogar Delhi etwas kennenlernen.

In diesem Fall hat man eigentlich nur die Möglichkeit, mit einem Taxi zum Hotel zu fahren. Die sicherste und preisgünstigste Variante ist hierbei das »Prepaid-Taxi«:

Unmittelbar nach dem Passieren der letzten Kontrolle (Zoll), erreicht man eine großzü- *Prepaid-Taxi*
gig angelegte Halle mit mehreren Verpflegungsmöglichkeiten, Verkaufsständen und
Schaltern (z.B. von Reisebüros). Hier existieren auch einige Geldautomaten, die sich für
eine erste Versorgung mit Bargeld anbieten.
Dann orientiert man sich auf die rechte Seite der Halle und sucht nach dem Schalter
der Delhi Traffic Police. Hier ist es möglich, ein sogenanntes Prepaid-Taxi in die Innen-
stadt zu buchen. Es empfiehlt sich, »Paharganj« oder »Metro Station Ramakrishna
Ashram Marg« als Reiseziel anzugeben. Noch vor Antritt der Fahrt bezahlt man am
Schalter die Gebühr und erhält dafür einen Fahrausweis. Direkt vor dem Gebäude
bekommt der Reisende dann ein Taxi zugewiesen. Erst am Ziel wird dem Fahrer das
Ticket ausgehändigt. Zusätzliche Trinkgelder sind eher unüblich.
Die Fahrdauer beträgt ungefähr eine halbe Stunde.

Für die Rückfahrt von der Innenstadt zum Flughafen erteilt man am besten seinem *Rückfahrt*
Hotel den Auftrag, ein Taxi zu besorgen. Das klappt in der Regel reibungslos. Der Preis *zum Flughafen*
hierfür orientiert sich an der Gebühr von Prepaid-Taxis. Nennenswerte Aufschläge
sollten nicht akzeptiert werden.

Chuna Mandi
Delhi

Legende

Unterkünfte/Verpflegung

- ✗ A Leo's
- ⌂ B Metropolis
- ⌂ C Superb
- ⌂ D White Klove
- ⌂ E Surya Plaza
- ⌂ F India International
- ⌂ G Jyoti Mahal
- ⌂ H New Hindustan
- ⌂ J Centra Inn
- ⌂ K Sun Village
- ⌂ L Vanson Villa

- ⌂ M Snow White
- ⌂ N Le Benz
- ⌂ O Heritage Inn
- ⌂ P Chanakya
- ⌂ Q Pearl Plaza
- ⌂ R Anoop
- ⌂ S Vivek
- ✗ T Sam's Rest. & Bar
- ✗ U Diamond

Sonstiges

- ⛩ 1 Chitragupta-Tempel
- ⛩ 2 Hanuman-Tempel
- ★ 3 Imperial (ehem. Kino)
- ★ 4 The New Shop
  (Supermarkt)

Hinweis: Es existieren
mehrere Geldautomaten.

Position
  N 28.6398°
  O 77.2088°

Höhe
  225 m

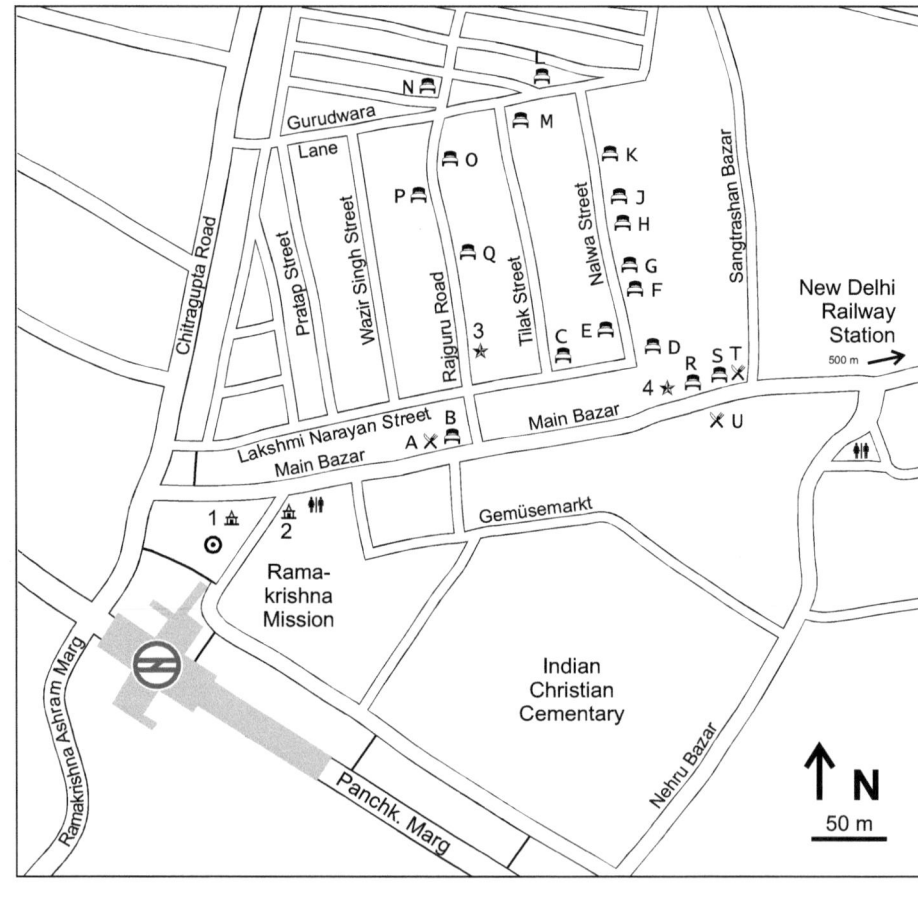

Unterkünfte und Verpflegung in Delhi

Aufgrund der fast ganzjährig enorm hohen Temperaturen in der Stadt kann man *Paharganj* eigentlich nur klimatisierte Hotels empfehlen. Eine Reihe von verhältnismäßig preis-günstigen und zudem ordentlich ausgestatteten Unterkünften gibt es im Stadtteil Paharganj in der Nähe der Metrostation Ramakrishna Ashram Marg. Sie sind von dort aus leicht zu Fuß erreichbar (3-5 Min.):

Dazu geht man vom Ausgang der Metrostation (Gate 2) in Richtung Ramakrishna Mission. Die erste Querstraße (Main Bazar Road) läuft man nach rechts, die nächste, gleich hinter dem Metropolis Tourist Home, links.

In diesem Bereich existiert eine große Anzahl von Unterkünften mit vergleichbarem *Hotels* Standard (siehe Einzeichnungen im Stadtplan »Chuna Mandi«). Sie sind relativ neu, *in Paharganj* haben angenehm eingerichtete Räume und preiswerte Hotelrestaurants (oftmals nur Zimmerservice). Die Betreiber können Taxis für Stadtrundfahrten oder zum Flughafen zu regulären Preisen vermitteln.

Obwohl jedes Hotel auch Mahlzeiten anbietet, wollen viele Touristen außerhalb essen. *Restaurants* Auch hierfür sind einige empfehlenswerte Adressen im Stadtplan verzeichnet. *in Paharganj*

Im Stadtzentrum von Neu-Delhi findet man eine Vielzahl guter bis sehr guter Restau- *Connaught* rants. Sie sind klimatisiert und bieten hervorragende Speisen bei gutem Service an. Die *Place* Preise liegen fast auf europäischem Niveau.

Connaught Place
Delhi

Legende

Cafés und Bäckereien
- 🍵 A Wenger's
- 🍵 B Barista
  Lavazza Espression
- 🍵 C Coffee Day
- 🍵 S Starbucks

Restaurants
- 🍴 D Anand
- 🍴 E Kwality
- 🍴 F The Host
- 🍴 G United Coffee House
- 🍴 H Sagar Ratna
- 🍴 J Zen

Schnellimbisse
- 🍴 K KFC
- 🍴 L Pizza Hut
- 🍴 M Mc Donald's
- 🍴 N Domino's (Pizzas)
- 🍴 O Subway

Hotels
- 🏠 P Alka Classic
- 🏠 Q Radisson Blu Marina
- 🏠 R Sunny Guest House

Sehenswürdigkeiten
- ★ 1 Jantar Mantar
- ⛩ 2 Hanuman Mandir

Öffentliche Einrichtungen
- ✉ 3 Post
- ⓘ 4 Goverment of India
  Tourism
- ⓘ 5 Delhi Tourism
- ★ 6 Shivaji-Stadion
- ★ 7 Polizei

Fluggesellschaft
- ★ 8 Air India
  (Check-in-Schalter)

Sonstiges
- ★ 9 Metrostation Shivaji
- ★ 10 Metrostation Janpath
- 🚖 11 Prepaid-Rikschas
- 🚌 12 Shivaji Stadium
  Bus Station
- ★ 13 Amrit Book Depot
- ★ 14 Jain Book Agency
- ★ 15 Jain Book Depot
- ★ 16 Geldwechsler

Abkürzungen
S.B.S. Marg:
Shahid Bhagat Singh Marg
B.K.S. Marg:
Baba Kharak Singh Marg

Hinweis: Es existieren
zusätzlich weitere Nieder-
lassungen von Coffee Day
sowie zahlreiche Geld-
automaten.

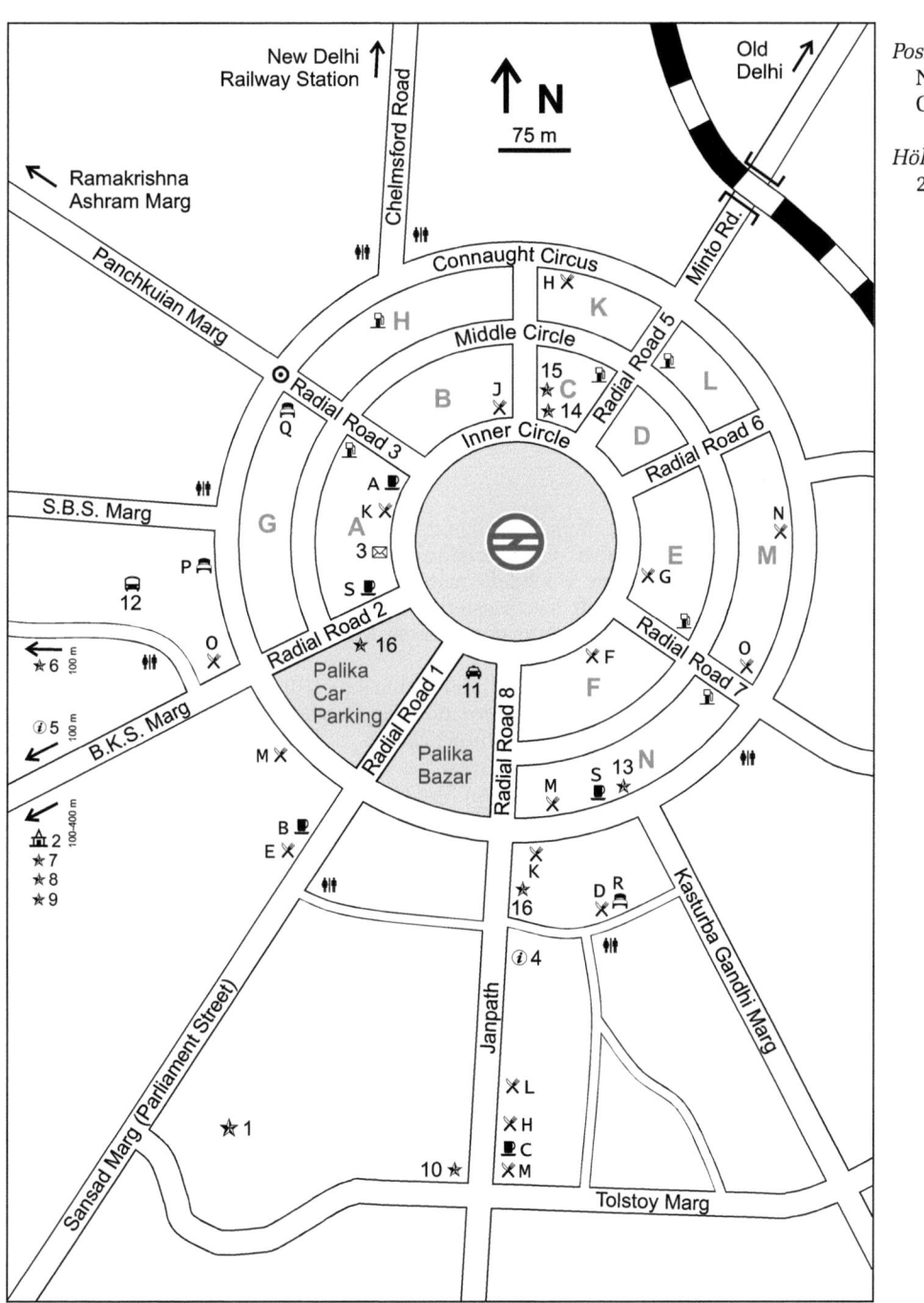

New Delhi
Railway Station

Chelmsford Road

N
75 m

Old
Delhi

Minto Rd.

Ramakrishna
Ashram Marg

Panchkuian Marg

Connaught Circus

Middle Circle

H

K

H

K

Radial Road 3

Q

B

J

15
C
14

L

Inner Circle

D

Radial Road 5

Radial Road 6

S.B.S. Marg

G

A
K
3
S

A

N

M

E
G

P
12

O

Radial Road 2

16

Palika
Car
Parking

11

F
F

Radial Road 7

O

Radial Road 1

6
100 m

5
100 m

B.K.S. Marg

M

Palika
Bazar

Radial Road 8

M
S 13 N

2
100-400 m

7
8
9

B
E

K

16

D R

Kasturba Gandhi Marg

Sansad Marg (Parliament Street)

Janpath

4

1

L
H
C
M

10

Tolstoy Marg

Position
N 28.6342°
O 77.2170°

Höhe
225 m

Stadtverkehr

Überblick   Der öffentliche Nahverkehr innerhalb der Stadt besteht im Wesentlichen aus vier
              Säulen: Taxis, Rikschas, Busse und Metro.

Taxis,   Taxis und Rikschas sind – zumindest in den touristisch interessanten Gegenden von
Rikschas   Delhi – allgegenwärtig. Doch Vorsicht, die Fahrer verlangen normalerweise vollkommen
              überzogene Preise. Es lohnt sich also, nach Prepaid-Schaltern der Delhi Traffic Police
              Ausschau zu halten.

Busse,   Als sehr preisgünstig gelten dagegen die Busse und die Metro. Das Streckennetz der
Metro   Busse ist für Außenstehende allerdings ziemlich undurchsichtig, so dass diese für
              Touristen kaum nutzbar sind.

Delhi Metro

Bahnhöfe   Die Metro in Delhi ist ein einfach zu benutzendes Verkehrsmittel. Die Bahnhöfe sind
              großzügig konzipiert, sauber und verhältnismäßig kühl. Die Sicherheit wird hier
              besonders groß geschrieben: Nachdem man in der Schalterhalle eine Fahrkarte zum
              gewünschten Fahrziel gekauft hat, passiert man die Sicherheitskontrolle. Danach erst
              erreicht man den Bereich der Bahnsteige. Auch hier ist Sicherheitspersonal allgegen-
              wärtig.

Metrolinien Delhi Metro verfügt über drei Hauptlinien (Blue Line [B], Yellow Line [Y], Red Line
              [R]), eine Expressverbindung zum internationalen Flughafen sowie weitere Linien, die
              für Touristen gewöhnlich keine Bedeutung haben.

              Durch ihre farbliche Unterscheidung wird die Orientierung auf den Bahnhöfen maß-
              geblich erleichtert. In den Zügen hängen Streckenpläne aus, und die Stationen werden
              verständlich angesagt. Der gesamte Metrobetrieb zeichnet sich durch eine hohe Trans-
              parenz und Nachvollziehbarkeit aus.

Touristisch bedeutende Metrostationen

Kashmere Gate [R-Y]:	ISBT Kashmere Gate
Chandni Chowk [Y]:	Delhi Railway Station, Jama Masjid, Lal Quila
New Delhi [Y]:	New Delhi Railway Station, Paharganj (östliches Ende)
Rajiv Chowk [Y-B]:	Jantar Mantar, Connaught Place, Delhi Tourism
Central Secretariat [Y]:	India Gate, Sansad Bhavan, Rashtrapati Bhavan
Pragati Maidan [B]:	Purana Quila
RKA Marg [B]:	Paharganj (westliches Ende)
Qutab Minar[Y]:	Qutab Minar

Hinweis: Blue Line [B], Red Line [R], Yellow Line [Y]

Stadtbesichtigungen

Generell ist es ratsam, Offerten von privaten Reisebüros (»Tourist Information«) zu *Private* meiden. Das gilt insbesondere dann, wenn man von Werbern auf der Straße angespro- *Reisebüros* chen wird. Ihre Angebote sind nämlich in der Regel merklich überteuert.
Sollte sich in dem Hotel, in dem man selbst nächtigt, ein Reisebüro befinden, kann man es eher in Betracht ziehen, dessen Dienste zu nutzen.
Wer Geld sparen möchte, ist aber bei Delhi Tourism mit Sicherheit besser aufgehoben: *Delhi Tourism* Das zentrale Büro der staatlichen Delhi Tourism & Transport Development Corporation (DTTDC) befindet sich auf der Straße Baba Kharak Singh Marg, in Laufentfernung vom Connaught Place (A-Block). Von hier starten auch die DTTDC-Stadtrundfahrten.
Die Organisation veranstaltet zusätzlich Busreisen nach Haridwar/Rishikesh, Agra und Jaipur.

Delhi Tourism (DTTDC) hat drei geführte Stadtrundfahrten in einem klimatisierten Bus *Stadt-* im Angebot. Auf der Vormittagstour kann man das astronomische Observatorium Jantar *rundfahrten* Mantar, den Lakshmi-Narayan-Tempel, Qutab Minar sowie den Lotus-Tempel besichti- gen, am Nachmittag das Rote Fort, Jama Masjid, Raj Ghat sowie das Grabmal des ehemaligen Mogulherrschers Humayun. Die Abendtour zeigt u.a. eine Lichtshow am Roten Fort, das Parlamentsgebäude, India Gate sowie das Alte Fort. Diese Rundfahrten eignen sich bestens dafür, einen schnellen Überblick über die Sehenswürdigkeiten von Delhi zu bekommen. Ausführliche Besichtigungen sind in dieser kurzen Zeit nicht möglich.
Ähnliche Stadtrundfahrten kann man auch bei fast jeder Tourist Information buchen. *Rundfahrten* Hierzu bekommt man für eine bestimmte Zeit einen Pkw (mit Fahrer) zur Verfügung *mit dem Taxi* gestellt und kann sich eine Route selbst zusammenstellen.
Deutlich preiswerter ist das Erkunden der Sehenswürdigkeiten auf eigene Faust: Hierzu *Rundfahrten* erweist sich die Metro als ein sehr vorteilhaftes Verkehrsmittel. Man steigt an der zum *mit der Metro* Zielort nächstgelegenen Station aus und fährt die letzten Meter mit einer Motorriksha.
Ebenfalls günstig ist die Stadtbesichtigung mit den *Rundfahrten* HoHo-Bussen. Diese modernen klimatisierten Fahr- *mit* zeuge verkehren auf festgelegten Routen und halten *HoHo-Bussen* an den wichtigsten Sehenswürdigkeiten von Delhi.
Wer sich nicht auskennt, sollte seine Fahrt am bes- ten am Büro von Delhi Tourism beginnen. Dort kann man sich ausführlich beraten lassen und auch eine Fahrkarte kaufen. Außerdem erhält man das Ticket in jedem HoHo-Bus. Dabei besteht die Möglichkeit, entweder einen Fahrschein für die »Red Route«, die »Green Route« oder beide Routen zu erwerben. Der Service wird (abhängig von der Tour und dem Halte- punkt) ungefähr stündlich zwischen 8.30 Uhr und 18.00 angeboten.

HoHo-Busse
(Red Route [R], Green Route [G])

Baba Kharak Singh Marg [R]
Rotes Fort (Jama Masjid) [R]
Raj Ghat [R]
India Gate [R-G]
Purana Qila [R]
Humayun´s Tomb [R-G]
Rashtrapati Bhavan [R]
Jantar Mantar [R]
Bahai Mandir [G]
Qutab Minar [G]

Sehenswürdigkeiten in Delhi

Bahai Mandir Der Bahai-Tempel erinnert in seiner Form an eine aufgehende Lotusblüte. Das 34 Meter
(Lotus-Tempel) hohe Gebäude ist von einem großen, gepflegten Park umgeben. Es wurde 1987 eröffnet
und dient seither den Anhängern der Bahai-Religion als Gotteshaus.

Connaught Der kreisrunde, 1921 fertiggestellte Connaught Place ist das Zentrum von Neu-Delhi
Place und ein sehr gutes Beispiel später britischer Kolonialarchitektur in Indien. Die ihn
umgebenden Gebäudekomplexe sind in Blocks eingeteilt. Die Mitte des Platzes ist als
Parkanlage konzipiert. Um diese verlaufen drei kreisförmige Straßen, wobei die mittlere
durch den Palika-Basar unterbrochen ist. Heute befinden sich auf dem Platz vor allem
Läden, Hotels und Restaurants der oberen Preisklasse.

Humayun´s Das prachtvolle Grab des zweiten Mogulkaisers Humayun (1508-1556) entstand in der
Tomb Mitte des 16. Jahrhunderts. Es ist ein hervorragendes Zeugnis der frühen Mogularchi-
(Humayun- tektur in Delhi.
Grabmal) Sein Grabmal wurde im persischen Stil gebaut. Es besteht im Erdgeschoss aus einem
flachen Bau mit mehreren Torbögen. Über eine Treppe erreicht man das erste Stockwerk und kann anschließend die eigentliche Grabstätte, die eine mächtige Kuppel
krönt, von innen besichtigen. Das Gebäude ist von weitläufigen, gepflegten Gartenanlagen umgeben. In ihnen befinden sich weitere, einst schmuckvolle Grabmale späterer
Mogulherrscher.

Das sogenannte All India War Memorial wurde zu Ehren der 90.000 im Ersten Welt- *India Gate*
krieg gefallenen indischen Soldaten errichtet. Das 42 Meter hohe Denkmal erinnert ein
wenig an den Triumphbogen in Paris.

Die Jama Masjid ist die größte Moschee Indiens. Auf ihrem Innenhof finden bis zu *Jama Masjid*
25.000 Menschen Platz. Der Entwurf des Komplexes stammt von Shah Jahan (1592- *(Freitags-*
1666). Nach nur sechs Jahren Bauzeit wurde die Moschee im Jahre 1656 eingeweiht. *moschee)*
Das sehr schmuckvolle Gebäude aus rotem Sandstein und weißem Marmor besitzt drei
große Eingänge, vier Türme sowie zwei ungefähr 40 Meter hohe Minarette. Es besteht
die Möglichkeit, auf die Mauer, die den Innenhof umgibt, hinaufzusteigen. Dort hat
man eine hervorragende Aussicht auf die Moschee, das Rote Fort sowie große Teile von
Old Delhi.

Das historische astronomische Observatorium ist nur wenige Meter vom Connaught *Jantar Mantar*
Place entfernt. Seit seiner Errichtung im Jahre 1724 wurde es kaum verändert. Mit Hilfe *(Sternwarte)*
riesiger Sonnenuhren konnten die Menschen astronomische Berechnungen durchfüh-
ren. Die Anlage befindet sich in einem teilweise mit hohen Palmen bewachsenen Park
inmitten der Hochhäuser von Delhi.

Der prachtvolle Birla-Tempel-Komplex wurde von Raja Baldev Birla (1863-1956) *Lakshmi*
gestiftet und nach sechsjähriger Bauzeit 1939 geweiht. In ihm befinden sich kleinere *Narayan*
Tempel für verschiedene hinduistische Gottheiten. Die mehrstöckige Tempelanlage ist *Mandir*
im Orissa-Stil konzipiert. *(Birla-Tempel)*

Lal Quila
(Rotes Fort)

Das größte Gebäude von Delhi, das Rote Fort, liegt am Ufer des Yamuna. Das breite Mauerwerk aus rotem Sandstein ist umgeben von einem ausgetrockneten Wassergraben. Im Inneren verbirgt sich eine Ansammlung mehrerer sehenswerter Gebäude, die es den einstigen Herrschern ermöglichten, dort nahezu unabhängig von der Außenwelt ihr Leben zu verbringen. Dazu gehören Hallen für private und öffentliche Empfänge, großzügige Privatquartiere, Bäder, eine Moschee sowie sachkundig angelegte Gärten. Der riesige Gebäudekomplex entstand zwischen 1639 und 1648 unter Shah Jahan (1592-1666), der auch das Taj Mahal in Agra erbauen ließ.

Purana Quila
(Altes Fort)

Das Alte Fort wurde im 16. Jahrhundert unter Sher Shah (ca. 1486-1545) errichtet. In seinem geräumigen Inneren befinden sich neben gepflegten Grünflächen und Gartenanlagen einige interessante Gebäude. Noch sehr gut erhalten ist die im afghanischen Stil erbaute Moschee aus dem Jahre 1541.
Die Festungsanlage war früher von einem Wassergraben umgeben, der vom Yamuna gespeist wurde. Dieser ist heute vollkommen ausgetrocknet. An seiner Stelle gibt es am westlichen Ende des Forts noch einen kleinen See, auf dem Bootsfahrten angeboten werden.

Der 72,5 Meter hohe Siegesturm Qutab Minar stammt aus dem zwölften Jahrhundert *Qutab Minar*
und symbolisiert den Beginn der islamischen Vorherrschaft über Delhi. Das Bauwerk
besitzt fünf Stockwerke und verjüngt sich nach oben. Der untere Durchmesser beträgt
15,32 Meter, der obere nur noch 2,75 Meter. Im Inneren führen steile Treppen nach
oben. Qutab Minar gilt als das höchste historische Gebäude Indiens.
Am Fuße des Turmes liegt die älteste noch erhaltene Moschee des Subkontinentes. Auf
dem Hofe der ehemaligen Gebetsstätte findet man eine sieben Meter hohe, angeblich
nichtrostende Eisensäule aus dem vierten Jahrhundert.

Am Raj Ghat, nahe dem Yamuna-Ufer, wurde ein einfaches Ehrenmal aus schwarzem *Raj Ghat*
Marmor zum Gedenken an Mahatma Gandhi erbaut. Nach seiner Ermordung im Jahre
1948 ist er genau an dieser Stelle eingeäschert worden. Jeden Freitag findet ihm zu
Ehren hier eine Gedächtnisfeier statt. Das Mahnmal ist von weitläufigen parkähnlichen
Anlagen umgeben, die zu ruhigen Spaziergängen einladen. Inzwischen wurden auf
dem Gelände auch für andere ehemals hochrangige indische Persönlichkeiten Denkma-
le errichtet.

Die heutige Residenz des indischen Präsidenten wurde zwischen 1921 und 1929 für *Rashtrapati*
den damaligen britischen Vizekönig gebaut. Der H-förmige Palast gehört zu den schöns- *Bhavan*
ten Gebäuden in Delhi. Er ist umgeben von einer sehr sehenswerten Gartenanlage, die *(Präsidenten-*
bereits zu Zeiten der Mogulherrscher entstand. Die Mogulgärten sind nur im Februar, *palast)*
wenn sie in voller Blüte stehen, für einige Wochen den Besuchern zugänglich.

Das Parlamentsgebäude wurde zwischen 1921 und 1927 unter Leitung des Herzoges *Sansad Bhavan*
von Connaught (1850-1942) vorwiegend aus cremefarbenem Sandstein erbaut. Es hat *(Parlaments-*
eine Grundfläche von über 20.000 Quadratmetern und beherbergt u.a. drei runde *gebäude)*
Plenarsäle.

Ladakh

Reiseinformationen zu Leh

Anreise
aus Europa
Zur Anreise aus Europa nach Leh fliegt man normalerweise zunächst nach Delhi und steigt dort in ein anderes Flugzeug oder einen Bus in Richtung Leh um. Die rechtzeitige Buchung eines Fluges (drei bis sechs Monate vor Reiseantritt) ist entscheidend für eine große Auswahl an Verbindungen und einen niedrigen Preis.

Anreise nach Leh

Flüge
ab Deutschland
Nahezu alle großen Fluggesellschaften bieten Flüge nach Delhi an. Direktflüge aus Deutschland, Österreich und der Schweiz gibt es hingegen nur bei der Lufthansa (Frankfurt, München) und ihren Kooperationspartnern Air India (Frankfurt), Austrian Airlines (Wien) und Swiss (Zürich) sowie Vistara (Frankfurt).

Anreise
mit dem Bus
In den siebziger und achtziger Jahren des vergangenen Jahrhunderts fuhren fast alle Touristen mit dem Bus von Delhi über Srinagar nach Leh. Später setzte sich die heute noch sehr beliebte Strecke über Manali durch.

Anreise
mit dem
Flugzeug
Ungefähr seit der Jahrtausendwende steigt das Angebot von Flügen nach Ladakh kontinuierlich an, so dass inzwischen eine Vielzahl von Ladakh-Urlaubern nach Leh fliegt.

Hierfür gibt es zwei Möglichkeiten: Am billigsten kommt man, wenn man einen Flug von Europa nach Delhi bucht und dazu einen zweiten nach Leh. In diesem Fall trägt man aber selbst das (nicht geringe) Risiko, den Anschlussflug zu verpassen.

Sicherer ist es, ein Ticket nach Leh zu kaufen. Läuft der gesamte Flug nämlich unter einer Buchungsnummer, wird man garantiert ohne Zusatzkosten (die sonst bei Verspätungen entstehen können) nach Leh gebracht.

Reiseverbindungen ab Leh

Fernverkehr
In Ladakh gibt es nur eine häufig frequentierte überregionale Busverbindung: Leh – Keylong – Manali. Dafür ist es ratsam, im Vorhinein eine Fahrkarte zu kaufen.

Auf dieser Strecke sowie auf den Routen Leh – Padum, Leh – Kargil und Leh – Srinagar fahren mehrere Sammeltaxis täglich. Ein Vorbuchen empfiehlt sich durchaus, ist aber normalerweise nicht notwendig.

Öffentlicher
Nahverkehr
Im Nahverkehr von Ladakh löst man das Ticket i.Allg. im Bus. Die Fahrpläne werden im Regelfall relativ genau eingehalten (im Gegensatz zu anderen Gebieten Nordindiens). Viele Dörfer des zentralen Indus-Tales sind von Leh aus mit dem Bus zu erreichen. Untereinander gibt es hingegen kaum Verbindungen.

Taxis
Zusätzlich steht in Leh eine große Anzahl von Taxis bereit. Sie sind zwar (für indische Verhältnisse) nicht billig, ermöglichen es aber, nahezu jeden beliebigen Ort im Indus-Tal zu erreichen. Da außerhalb von Leh kaum die Aussicht besteht, ein Taxi zu bekommen, muss man sich schon vor der Abreise aus der ladakhischen Hauptstadt um die Rückfahrt kümmern. Im Unterschied zum restlichen Indien fahren in Ladakh (und den angrenzenden Regionen) die Taxis zu Festpreisen.

Leh im Überblick

Ausgrabungen belegen, dass die Gegend um Leh bereits im fünften Jahrhundert besie- *Geschichte*
delt war. Der Wasserreichtum des Tales, in dem Leh liegt, bot (verhältnismäßig) gute
Voraussetzungen für eine einfache Landwirtschaft. Diesen günstigen Bedingungen hat
die Stadt auch ihren Namen zu verdanken: Leh bedeutet »Oase«.

Obwohl Leh heute nur etwa 30.000 Einwohner zählt, ist es auf fast jeder Asienkarte, ja *Bedeutung*
sogar auf vielen Weltkarten eingezeichnet. Ursache hierfür ist seine überragende
Bedeutung für das spärlich besiedelte Umland. Seinen gewichtigen Einfluss besitzt Leh
schon seit Jahrhunderten. Da die Stadt am Schnittpunkt alter Karawanenwege lag, war
sie ein nicht wegzudenkendes Handelszentrum. Die ausgedehnte Marktstraße ist ein
deutlicher Beleg dafür.

Inzwischen hat sich Leh zu einer ausgesprochenen Touristenhochburg entwickelt. Die *Tourismus*
Innenstadt ist voll von Geschäften (Souvenirläden, Buchläden), Märkten, Reisebüros
(Reise- und Trekkingveranstalter), Hotels und Restaurants verschiedener Geschmacks-
richtungen. Bei Touristen besonders beliebt sind die zahlreichen Gartencafés und die
Restaurants auf den Dachterrassen der Innenstadt.
In den Sommermonaten lässt es sich hier sehr gut leben: Das Klima ist recht angenehm, *Sommer*
die Hotels gut und das Essen schmackhaft. Für genügend Zeitvertreib ist im bunten
Gewimmel der Stadt auch gesorgt: Man kann in verschiedenen Läden herumstöbern,
Sehenswürdigkeiten besichtigen, kleinere Wanderungen in das Umland unternehmen
oder sich einfach nur (in exotischer Umgebung) ein wenig ausruhen.
Im Winter sieht die Situation deutlich anders aus: Es ist äußerst kalt und ungemütlich. *Winter*
Da die Straßen über die hohen Himalaja-Pässe gesperrt sind, kann die Anreise nur (bei
günstigem Wetter) mit einem Flugzeug realisiert werden. Die typischen Urlauberbe-
schäftigungen sind nicht möglich. Daher bleiben auch die Touristen aus. Die Versorgung bricht förmlich zusammen. Sogar (höherwertigere) Nahrungsmittel werden
knapp. Fast alle Hotels und Restaurants haben in dieser Zeit geschlossen.

Typische Flugzeiten nach Indien

Frankfurt – Delhi (Lufthansa)	7¾ Std.
Frankfurt – Heathrow – Delhi (British Airways)	9½ Std.
Frankfurt – Dubai – Delhi (Emirates)	9½ Std.
München – Delhi (Lufthansa)	7¼ Std.
München – Doha – Delhi (Qatar Airways)	9½ Std.
Wien – Delhi (Austrian Airlines)	7¼ Std.
Zürich – Delhi (Swiss)	7¾ Std.
Delhi – Leh (Air India)	1½ Std.

Hinweis: Alle Angaben beziehen sich auf die reine Flugzeit (ohne Zwischenstopps).

Unterkünfte und Verpflegung in Leh

Hotels in Leh

In Leh gibt es eine reichhaltige Auswahl an Hotels verschiedener Preisklassen. In fast allen Hotels wird ein Frühstück (gegen Aufpreis) angeboten. Manche verfügen auch über ein Restaurant. Außerdem sind heißes Wasser und Wäschereiservice obligatorisch.

Guest Houses in Leh

Nicht wenige Touristen, die nach Leh kommen, sind daran interessiert, mehr über das Leben der Ladakhis zu erfahren. Denen sei empfohlen, sich in ein Guest House mit Familienanschluss einzuquartieren: Man bewohnt ein separates Zimmer, getrennt vom Vermieter. Die Mahlzeiten werden meist in den Räumlichkeiten der Gastfamilie serviert. Angestellte gibt es nicht. Alles wird von Familienmitgliedern erledigt. Üblicherweise enthält ein Guest House mehrere Fremdenzimmer.
Solche Unterkünfte sind derzeit jedoch nur noch sehr vereinzelt anzutreffen. Inzwischen haben sich aber viele Einrichtungen etabliert, die eine Mischform aus einem traditionellen Guest House und einem Hotel darstellen.

Restaurants in Leh

Der Speiseplan der Gaststätten in Leh ist äußerst reichhaltig: Angefangen vom tibetischen Essen über indische, südindische, kaschmirische, kontinentale und italienische Gerichte bis hin zu Pizzas bekommt man so gut wie alles. Die meisten Lokale bieten sehr schmackhaftes und gesundes Essen. Die Pizzas sind häufig für indische Maßstäbe ganz gut (allerdings auch nicht uneingeschränkt empfehlenswert).

Bäckereien und Cafés

Leh ist förmlich bekannt für seine »German Bakerys«. Wenngleich das Angebot nicht dem eines deutschen Bäckers entspricht, so trifft es diese Geschmacksrichtung. Neben Kuchen, Brot und Brötchen wird auch Käse (vom Yak oder der Kuh) angeboten.
Die Waren werden sowohl an Straßenständen als auch in Cafés verkauft. Einige Cafés in Leh liegen unter Bäumen in kleinen Gärtchen und bieten so eine sehr angenehme Atmosphäre. Für nordindische Verhältnisse wird meist guter Kaffee ausgeschenkt.

Entfernungstabelle für Leh (überregional)

Von Leh nach ...			
	Delhi	1000 km	*Überregionale*
	Dharamsala	660 km	*Entfernungen*
	Jammu	670 km	
	Keylong	358 km	
	Manali (über Rohtang-Tunnel)	428 km	
	Manali (über Rohtang-Pass)	474 km	
	Pang	175 km	
	Sarchu	250 km	
	Shimla	680 km	
	Srinagar	422 km	

Geheimtipps für Leh

Eine Besonderheit von Leh sind die Läden der Dzomsa-Kooperative. Neben verschiede- *Dzomsa*
nen Produkten aus einheimischer Fertigung (z.B. Säfte, Marmeladen, getrocknete Früchte, Tsampa) kann man hier auch gereinigtes Wasser bekommen. Dieses wird vor Ort aus
großen Behältern abgefüllt. Wer Getränke kaufen will, muss eine Flasche mitbringen.
Da bisher keine gesundheitlichen Komplikationen bekannt wurden, die zweifelsfrei auf
den Genuss von Dzomsa-Wasser zurückzuführen sind, kann man jedem nur ausdrücklich anraten, das Dzomsa-Projekt zu unterstützen. So spart man Geld, unterstützt die
Menschen vor Ort und leistet zudem noch einen wertvollen Umweltbeitrag.

In Leh gibt es mehrere Reiseveranstalter, die eine hervorragende Trekkingidee vertrei- *Himalayan*
ben: Die Agenturen vermitteln Unterkünfte entlang beliebter Trekkingrouten in Zans- *Homestays*
kar und Ladakh. Die Buchung und Bezahlung erfolgen in Leh. Vor Ort wohnt man dann
im Haus einer Gastfamilie (»Homestay«) und bekommt von ihr ein Frühstück und ein
Abendessen serviert. So braucht man nur ein Minimum an Ausrüstung und kann sich
daher frei, d.h. ohne einen riesigen Tross von Führern und Pferden, durch die Bergwelt
bewegen. All das wird zu einem Preis angeboten, den sich wirklich jeder (Europäer)
leisten kann. Ein Trek muss also nicht am Geld scheitern!
Die älteste Homestay-Route verläuft durch den Hemis-Nationalpark. Eine ausführliche
Wegbeschreibung ist im Rother Wanderführer (Tour 25) abgedruckt.

Ebenfalls im Rother Wanderführer (Tour 21) findet man eine sehr schöne Rundtour, auf *Stadtrundgang*
der man alle wichtigen Sehenswürdigkeiten von Leh besuchen kann. *in Leh*
Sie beginnt mitten im Stadtzentrum und führt über die beiden ehemaligen Palast- und
Tempelanlagen in den grünen Norden der Stadt. Vorbei am Sankar Gompa geht es
weiter zu den drei Chörten Tisseru Stupa, Shanti Stupa und Changspa Stupa. Jedes der
drei Heiligtümer repräsentiert jeweils eine andere Zeitepoche.
Die Wanderung ist insgesamt acht Kilometer lang und dauert ungefähr 2¾ Stunden
(reine Gehzeit). Da es unterwegs jedoch viel zu sehen gibt, sollte man sich für diese
Runde mindestens einen halben Tag Zeit nehmen.
Es empfiehlt sich, ausreichend Trinkwasser dabeizuhaben.

Der Bus ist in Indien ein beliebtes und preiswertes Fortbewegungsmittel. Leider liegen *Weg zum*
die Busstände (wie auch in Leh) meist weit außerhalb der Stadtzentren. In Leh ist der *Busbahnhof*
Weg entlang der Hauptstraße zwischen Innenstadt und Busbahnhof besonders unange-
nehm zu laufen. Es gibt jedoch eine verblüffend schnelle Abkürzung:
Wenn man vom Busstand in Richtung Altstadt von Leh blickt (talaufwärts), erkennt *Weg-*
man zwei markante Hügel. Auf beiden steht jeweils ein kleines Heiligtum. *beschreibung*
Zwischen den Hügeln und dem Busbahnhof verläuft eine Straße, die sich im weiteren
Verlauf am rechten Rand eines Friedhofes hält. Man erreicht sie, wenn man den Busbahnhof an dessen oberen Ende verlässt und noch vor Auftreffen auf die Hauptstraße
links abbiegt. Zunächst geht man an einigen Möbelmachern vorbei. Später umrundet
man den entfernten Hügel ungefähr zur Hälfte und folgt dann dem schmalen Pfad in
Richtung Zentrum.

Leh
Ladakh

Legende

Unterkünfte/Verpflegung
- 🛏 A Ree Hostel
- ☕ B Mentokling
- 🛏 C Ree-Yul Guest House
- 🍴 D Dzomsa
- ✕ E The Terrace
- ☕ F Lala´s Café
- ✕ G Il Forno Roof Top
- ☕ H Barista
- ☕ J Sugar House
- ✕ K Dreamland
- 🛏 L Yak-Tail
- ✕ M Lamayuru Garden
- ✕ N Chopsticks
- ☕ O Open Sky
- 🛏 P Tso Kar
- ✕ Q The Tibetan Kitchen
- 🛏 R Grand Willow
- 🛏 S Rafica
- 🛏 T Lumbini
- 🛏 U Padma Hotel
- 🛏 V May Flower
- ✕ W New Wazwan Planet
- ✕ X Himalayan Café

Sehenswürdigkeiten
- 🏰 1 Königspalast
- ▲ 2 Untere Tempelanlage
- ★ 3 Centr. Asian Museum
- ▲ 4 Chokhang Vihara

Trekkingagenturen
- 🚶 5 Snow Leopard
- 🚶 6 Great Global Exped.
- 🚶 7 Ancient Tracks
- 🚶 8 Maitreya Tours
- 🚶 9 Hidden North Adv.
- 🚶 10 Dreamland
- 🚶 11 Overland Escape
- ★ 12 Mero Expedition
- ★ 13 IMF-Büro (ALTOA)

Sonstiges
- ★ 14 Women´s Alliance
- ★ 15 LEDeG
- ★ 16 Polizei
- 🏰 17 Herrnhuter Mission
- ★ 18 Datun Sahib
- ★ 19 Ladakh Book Shop
- 🕌 20 Jama Masjid
- ★ 21 General Merchant
  (kleiner Supermarkt)
- ⓘ 22 Touristeninformation
- ✉ 23 Post (Zweigstelle)
- ★ 24 Airtel (SIM-Karten)
- ★ 25 Dragon Super Mart
- ★ 26 Women Police
- 🚌 27 Tibetischer Markt
- 🚌 28 Busse nach Kargil
- ▲ 29 Nezer Gyalpo
- 🚗 30 Alter Busstand
- ★ 31 Sonam Nurboo
  Hospital

Hinweis: Es existieren
mehrere Geldautomaten.

Position
N 34.1648°
O 77.5855°

Höhe
3.500 m

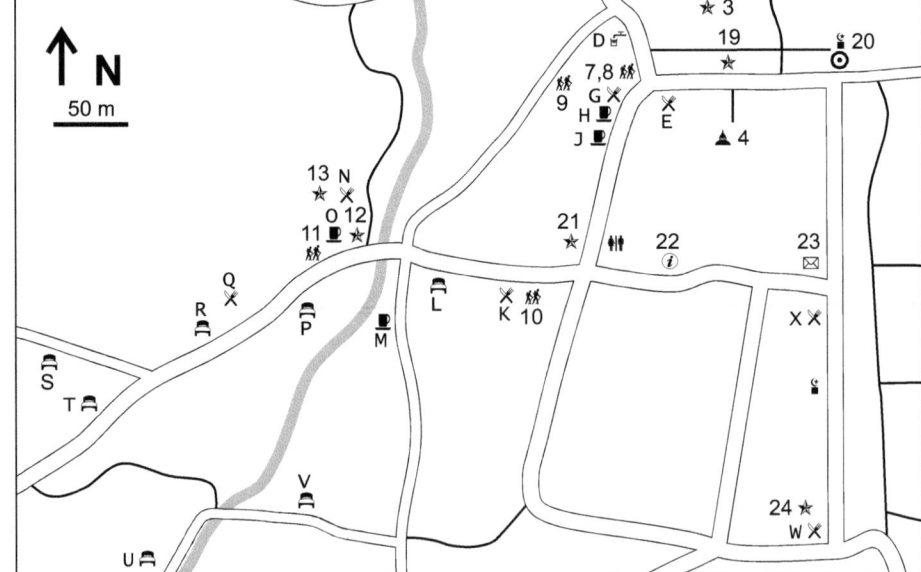

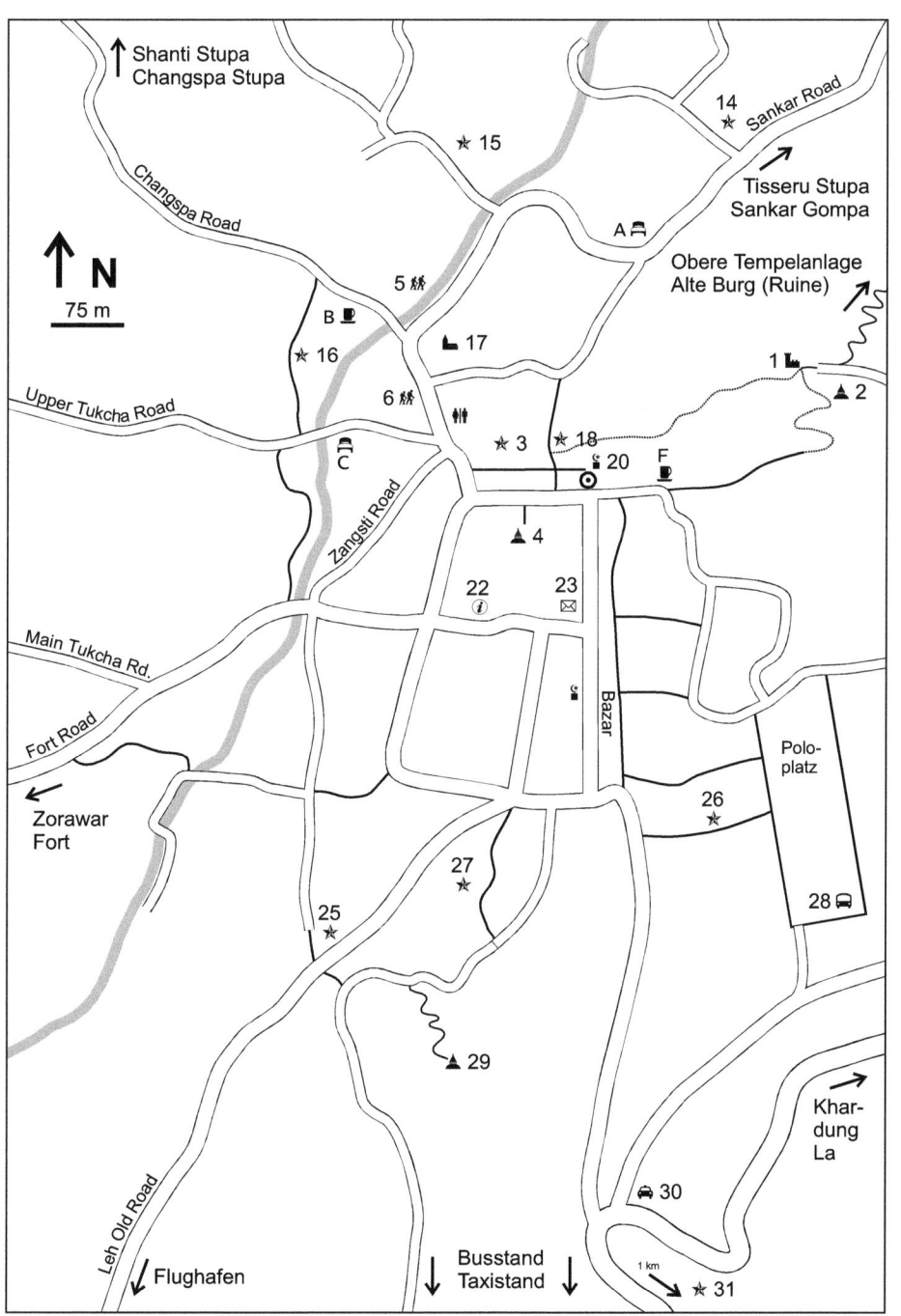

Shanti Stupa
Changspa Stupa

Changspa Road

★ 15

14
★ Sankar Road

A 🏠

Tisseru Stupa
Sankar Gompa

N
75 m

5 🚶

B 💻

Obere Tempelanlage
Alte Burg (Ruine)

★ 16

17

Upper Tukcha Road

6 🚶

1 🏯

▲ 2

C 🚗

Zangsti Road

★ 3

18

🚻 20

F ☕

▲ 4

22
ℹ

23
✉

Main Tukcha Rd.

Bazar

Polo-
platz

Fort Road

Zorawar
Fort

26
★

27
★

28 🚌

25
★

Khar-
dung
La

▲ 29

30 🚕

Leh Old Road

↓ Flughafen

Busstand
Taxistand ↓

1 km → ★ 31

Position
N 34.1648°
O 77.5855°

Höhe
3.500 m

Die Altstadt von Leh

Poloplatz

Am südöstlichen Ende der Altstadt befindet sich der höchstgelegene Poloplatz der Welt. Das Polospiel entstand vor über 2.500 Jahren in Persien. Im Laufe der Zeit wurde es auch in Gilgit und Baltistan (heute unter pakistanischer Verwaltung) immer beliebter. Durch die Vermählung des ladakhischen Königs Jamyang Namgyal mit einer Prinzessin aus Baltistan kam das Polospiel zu Beginn des 17. Jahrhunderts nach Ladakh und gilt hier indessen als eine der beliebtesten Sportarten. Allerdings wird Polo in Ladakh keineswegs professionell betrieben, sondern ist eher eine Freizeitbeschäftigung für diejenigen, die überhaupt Freizeit und dann auch noch Pferde besitzen.

Ladakh-Festival

Während des Ladakh-Festivals, das im September organisiert wird, rufen Polospiele unter den Zuschauern stets eine wahre Begeisterung hervor. Die Tribüne des großen Platzes ist schon lange vor Spielbeginn voll besetzt. Später kommende Zuschauer gruppieren sich direkt am Spielfeld. Da dieses aber keine feste Begrenzung besitzt, reiten die Spieler häufig extrem weit an die Zuschauer heran. Dann haben diese Glück, wenn sie »nur« in eine riesige Staubwolke gehüllt werden. Auch begeisterten Fotografen, von denen während eines Spieles meist unzählige anwesend sind, kann man nur raten, etwas Abstand vom Geschehen zu wahren.

Abgesehen von den seltenen Polospielen wird der Platz auch für Großereignisse genutzt.

Altstadt

Nördlich und östlich der Basarstraße liegen die ältesten Teile von Leh. Die engen, verwinkelten Gassen führen sowohl an alten, wenig wohnlich anmutenden Häusern vorbei als auch an sehr schön hergerichteten. Manchmal geht es auch durch niedrige Chörten hindurch. An einigen Stellen erkennt man oberirdisch angelegte Abwasserkanäle. Teilweise werden diese sogar heute noch benutzt.

Die Altstadt besteht aus ungefähr zweihundert Gebäuden. Laut dem Tibetan Heritage Fund gilt sie als das am besten erhaltene Ensemble städtischer tibetischer Architektur, nachdem die Altstadt von Lhasa (Hauptstadt von Tibet) mittlerweile weitgehend »modernisiert« wurde. Zurzeit arbeitet man daran, besonders bedeutende Bauwerke wieder zu restaurieren. Weniger wichtige wurden zuletzt einfach abgerissen.

Spaziergang durch die Altstadt

Eine gute Möglichkeit, selbst einen ersten Eindruck von der Altstadt zu bekommen, ist der Aufstieg zum Königspalast, sofern man einen geeigneten Weg dorthin wählt: Dafür ist es günstig, sich zunächst zu dem für die Sikhs heiligen Baum »Datun« zu orientieren. Unterhalb davon erkennt man einen Chörten, der auf einen niedrigen Durchgang gesetzt wurde. Man geht unter dem Chörten hindurch, folgt dem Gang und schlägt an der nächsten Kreuzung den ganz linken Pfad nach oben ein. So gelangt man zu einem zweiten, viel längeren und dunklen Gang. Doch Vorsicht, dieser ist tückisch: Er ist gar nicht überall so hoch, wie es auf den ersten Blick aussieht. Stellenweise sind nämlich Balken eingezogen, an denen durchschnittlich große (europäische) Personen bereits anstoßen. Aufgrund der Dunkelheit sind die Holzkonstruktionen aber kaum zu erkennen. Daher ist es am besten, wenn man hier gleich etwas gebückt geht. Unmittelbar nach dem Gang gibt es zwei Alternativen: Man kann entweder links steil zum Guru Lhakhang aufsteigen und von dort aus zum Palast laufen oder gemächlicher geradeaus in Richtung Gompa Soma hochgehen.

Die alte Burg von Leh und die obere Tempelanlage

Auf dem höchsten Punkt der Stadt Leh, dem Tsemo-Hügel, steht die alte Burg von Leh. *Burgruine*
Seit Menschengedenken gibt es hier einen Herrschaftssitz: Vermutlich im fünften
Jahrhundert errichteten dort die Darden eine Wehranlage.
Die Gebäude, die die Burg bilden, wurden unter Tashi Namgyal im 16. Jahrhundert
erbaut. Erst viele Jahre später verlegte Sengge Namgyal (um 1640) den Herrschaftssitz
in den sogenannten Königspalast. Die Burg weist keinerlei Spuren kriegerischer Einwir-
kungen auf. Das bedeutet, dass die Gebäude allein aufgrund fehlender Wartung verfallen sind. In den letzten Jahren wurden jedoch Teile der ehemaligen Burganlage wieder
hergerichtet, so dass diese jetzt dem Besucher offen stehen.

Die Tempel unterhalb der Burgruine *Obere*
werden hingegen noch genutzt und *Tempelanlage*
von den Mönchen aus Spituk be-
treut. Allerdings sind sie erst seit
kurzem wieder regelmäßig geöffnet
und können von Touristen gegen eine
Gebühr besichtigt werden.
Um die Entstehung des Tempels der *Palden*
Schutzgottheiten, des Palden Lhamo *Lhamo*
Gonkhang (Bezeichnung vor Ort: *Gonkhang*
Palden Lamo Namgail Tsemo Gonpa),
der sich an die Ruinen anschließt,
rankt sich folgende Legende:
Einst stand hier nur die Schutzgottheit Mahakala unter einem Verschlag.
Als der ladakhische König Tashi Namgyal einen Krieg gegen die Turk-Mongolen ge-
wann, häufte er die getöteten Körper der Gefangenen neben Mahakala auf und opferte
sie der Gottheit. Im Anschluss daran baute er um die Figur des Schutzgottes das
heutige Tempelgebäude.
Einige der kaum noch erkennbaren Wandmalereien innerhalb des Tempels widmen
sich dieser Geschichte. Der sechsarmige Mahakala (links) ist neben dem neunköpfigen
Yamantaka (rechts) und der dunkelblauen stierköpfigen Palden Lhamo (links in der
Vitrine) nach wie vor die wichtigste Figur im Gonkhang. Normalerweise sind in diesem
Raum alle Gottheiten durch lange Tücher verhängt und daher nicht zu erkennen.
Der hiesige Mahakala erhört angeblich Wünsche nach gesundem Nachwuchs. Daher
wird er gerne von jungen, kinderlosen Familien besucht. Armreifen von Frauen sowie
Ketten als Opfergaben zeugen davon.
An den Gonkhang schließt sich nach unten hin der Maitreya-Tempel (Bezeichnung vor *Maitreya*
Ort: Maitreya Namgyal Tsemo Gonpa; weiterer Name: Chamba Lhakhang) an. Er ist in *Gompa*
zwei Gebäudeteile gestaffelt: einen äußerlich weiß gestrichenen zweistöckigen Abschnitt
und einen dreistöckigen, der in Rot gehalten ist. Wie auch im unteren, beim Königspalast
gelegenen Chamba Lhakhang findet sich hier eine riesige, grell bemalte Maitreya-Statue.
Die Wandmalereien, die vor allem Buddha Shakyamuni zeigen, sind neueren Datums.

Der Königspalast von Leh und die untere Tempelanlage

Königspalast
Um das Jahr 1640 entschloss sich der damalige König von Ladakh Sengge Namgyal (dt.: Löwenkönig), seine Hauptstadt nach Leh zu verlegen. Dazu erbaute er einen mächtigen Palast in nur drei Jahren Bauzeit. Schon im Jahre 1684 wurde das Bauwerk bei einem Überfall weitgehend zerstört.
Der Wiederaufbau erfolgte erneut recht zügig. Dabei entstand ein heute noch erhaltenes, teilweise neunstöckiges Gebäude mit ungefähr einhundert Räumen.

Verfall
Im Jahre 1834, als Ladakh nach einem Krieg mit den Dogras seine Eigenständigkeit verlor, musste die Königsfamilie ihren Stammsitz aufgeben und zog nach Stok auf die gegenüberliegende Indus-Seite um. Danach war der Palast lange Zeit mehr oder weniger dem Verfall preisgegeben.

Renovierung
Ende der achtziger Jahre des letzten Jahrhunderts begannen die Bauarbeiten zur Restaurierung des Gebäudes.

Architektur
Löwenportal
Man betritt die gewaltige Anlage durch ein hölzernes Tor, das Löwenportal, welches in seiner Pracht für hiesige Verhältnisse eher selten ist. Verziert ist es u.a. mit einem Löwen, der zentral über dem Eingang sitzt. Es ist nach Osten gerichtet, so dass über ihm die Sonne aufgeht.

Innenräume
Innen kann man durch die dunklen Gänge streifen sowie ein paar Zimmer und den Königlichen Tempel besichtigen.

Museum
Nicht uninteressant ist die Ausstellung über die Geschichte des einstigen Königssitzes und Ladakh, in der alte Fotos, Bauzeichnungen und Landkarten zu sehen sind. Sie befindet sich in der untersten zugänglichen Etage, gleich hinter dem Haupteingang.

Tempel
Der Königliche Tempel liegt relativ zentral im Gebäudekomplex. Er ist insgesamt sehr schlicht gehalten und nur bedingt sehenswert.

Ausblick
Der wichtigste Grund, Eintritt zu bezahlen, ist jedoch der unvergleichliche Ausblick auf Leh und die Stok-Kangri-Kette.

Potala
Andererseits sieht man auch von vielen Stellen der Stadt Leh aus den Palast über dem Ort thronen. Immer wieder wird ihm eine gewisse Ähnlichkeit mit dem Potala, dem (bis zu seiner Flucht) traditionellen Sitz des Dalai Lama in Lhasa, der Hauptstadt von Tibet, nachgesagt.

Am Fuße des ehemaligen Herrschaftssitzes gruppieren sich einige Tempel. Auch sie *Untere*
wurden in den vergangenen Jahren renoviert und restauriert. *Tempelanlage*
Von der Zugangsstraße kommend, erreicht man zunächst, gleich unterhalb der Fahrstra- *Orientierung*
ße, den Chenresig Lhakhang. Ein paar Treppen weiter bergab liegt der Maitreya-Tempel.
Vom Chenresig-Tempel in Richtung Palast gelangt man zum Festspielplatz. Daran grenzt
der Neue Tempel an. Ebenfalls sehenswert ist der Guru Lhakhang, der sich etwas weiter
entfernt am anderen Ende des Palastes, unterhalb eines auffälligen Chörten, befindet.
Die Orientierung wird durch die Beschriftung der Tempel deutlich erleichtert. Allerdings weicht die Transliterierung von der üblichen Schreibweise ein wenig ab.
Der Chenresig Lhakhang (Bezeichnung vor Ort: Chandazik Lakhang; weiterer Name: *Chenresig*
Avalokiteshvara-Tempel) ist der größte Tempel des Komplexes. Das Gebäude wurde um *Lhakhang*
das Jahr 1700 errichtet. Es ist an den Außenwänden einstöckig und innen mit stereoty-
pen Buddha-Figuren bemalt. Zur Mitte hin besitzt es ein zweites, mit Fenstern verse-
henes Stockwerk. Das Gebäude wird durch vier mal fünf Holzpfeiler gestützt. Die zentrale
Figur des Altars ist der zehnarmige Avalokiteshvara (tib.: Chenresig). Rechts und links
davon befinden sich Bücherregale. Ansonsten ist der Raum im Wesentlichen leer. Dies
ist damit zu erklären, dass er früher auch als Versammlungsraum für Gäste des Palastes
diente und daher viel Platz benötigt wurde.
Es lohnt ein Blick hinter den Altar. Hier ist die Wandbemalung abwechslungsreicher
und stilistisch kunstvoller. Dort befindet sich eine Tür, die zum Raum der zornigen
Schutzgottheiten (Gonkhang) führt. Dieses Zimmer wird Besuchern allerdings nur zu
seltenen Anlässen geöffnet.
Zu den ältesten Tempeln von Leh gehört der Maitreya-Tempel (Bezeichnung vor Ort: *Chamba*
Champa Lakhang; weiterer Name: Lhakhang Marpo, dt.: Roter Tempel). Er hat seinen *Lhakhang*
Beinamen aufgrund seiner äußeren Farbgebung erhalten. Im Inneren des weitgehend
leeren Gebäudes steht eine riesige Statue von Buddha Maitreya (tib.: Chamba). Der
Tempel soll bereits um 1430 unter König Drags Bum De errichtet worden sein. Während Maitreya in europäischer Haltung, d.h. mit hängenden Beinen, sitzt, stehen die
beiden ihn flankierenden Bodhisattvas Manjushri und Avalokiteshvara.
In den sechziger Jahren des 20. Jahrhunderts stürzte der Tempel teilweise ein. Darauf-
hin wurde er nur notdürftig erneuert. Die Wände erhielten einfachen Glattputz. Auf
eine Bemalung wurde verzichtet.
Erst kurz vor der Niederlage von Tsepal Namgyal und der Unterwerfung des Landes *Gompa Soma*
durch die Dogras wurde das Gompa Soma (weiterer Name: Lhakhang Soma, dt.: Neuer
Tempel), direkt unterhalb des Löwenportals, erbaut. Die Hauptfigur des Raumes ist
Padmasambhava. Er ist umgeben von eigenartigen, etwas chinesisch anmutenden
Wandmalereien.
Im zur Südseite hin überdachten Klosterhof des Neuen Tempels finden alljährlich die *Klosterhof*
zweitägigen traditionellen Maskentänze statt. Diese werden am ersten Tag von Mön-
chen aus dem Gelbmützen-Kloster zu Thikse inszeniert. Den zweiten Tag gestalten
Angehörige des Rotmützen-Klosters zu Trakthok. Diese vollziehen magische Riten zur
Dämonenbesänftigung.
Der selten zugängliche Guru Lhakhang liegt direkt unterhalb des Palastes, in unmittel- *Guru Lhakhang*
barer Nähe des großen Chörten. Im Inneren des Raumes befindet sich eine etwa zwei
Meter hohe Statue von Padmasambhava. Die alten Wandmalereien wurden teilweise
durch neuere Gemälde ersetzt.

Die bedeutendsten Chörten in Leh

Tisseru Stupa Der vermutlich älteste Chörten (sanskrit: Stupa) von Leh und gleichzeitig einer der ältesten in Ladakh befindet sich nördlich der Stadt im Stadtteil Tisseru.

Inzwischen steht er nur noch in Form einer befestigten Ruine. Die Bauarbeiten zur Erneuerung haben erst vor wenigen Jahren begonnen. Vorher scheiterte die Restaurierung am Widerstand der Bevölkerung, die mit dem Chörten eine Legende verbindet: Ihre Vorfahren hatten – so glauben sie – zerstörerische Winde in Tontöpfen eingefangen, die unter dem Bauwerk liegen. Diese – so befürchteten sie – könnten durch Bautätigkeiten Schaden nehmen und so Unheil über das Land bringen.

Momentan ist vom Chörten nur so viel zu erkennen: Es ist ein mehrstöckiges Bauwerk, das sich nach oben verjüngt. Sein Grundriss ist kreisförmig. Durch Treppen, die teilweise innerhalb des Gebäudes verlaufen, kann man von einer Etage in die nächste gelangen.

Es ist anzunehmen, dass sich früher weitere kleinere Tempel (einstmals vielleicht 108; Anzahl der durch Buddha Shakyamuni verkündeten Lehren) in der Nähe des Stupa befunden haben.

Dardische Gräber Unweit des Tisseru Chörten wurden uralte dardische Gräber entdeckt. Sie könnten bereits aus dem fünften Jahrhundert stammen. Die zunächst verschütteten und dann wieder ausgehobenen Anlagen enthielten diverse Grabbeigaben, wie Töpferwaren, Waffen und Schmuckgegenstände, mit deren Hilfe das Alter der Grabmale ungefähr bestimmt werden konnte. Diesbezügliche Schriftdokumente hat man allerdings nicht gefunden, so dass die Altersangabe eher vage ist.

Der Shanti Stupa ist ein erst im Jahre 1985 – mit maßgeblicher Unterstützung japanischer Buddhisten – fertiggestellter Chörten. Der auffällige weiße Bau liegt westlich von Leh auf einem Hügel. Er soll die Einheit aller Buddhisten symbolisieren. Deshalb waren zur Einweihung auch wichtige Repräsentanten verschiedener buddhistischer Schulen anwesend. *Shanti Stupa*

Das Bauwerk ist auf zwei Geschossen begehbar. Beide sind mit ansehnlichen, farbenfrohen Abbildungen verziert. Auf der unteren Etage erkennt man Bildnisse von Buddha. Darüber blickt in jede Himmelsrichtung jeweils eine große Buddha-Statue. Im Osten findet man einen sitzenden, die rechte Lehre verkündenden Buddha, im Süden einen liegenden Buddha, umgeben von tanzenden Figuren. Im Westen wird die Geburt symbolisiert und im Norden der Kampf von Buddha gegen das Böse.

Unterhalb des Chörten befindet sich ein kleiner Tempel, das sogenannte Shanti Gompa. Das Zentrum des reichhaltig mit Gold versehenen Altars bildet eine Buddha-Statue. Auch die restlichen Elemente des Raumes lassen die hohe Wertschätzung der Stifter erkennen. *Shanti Gompa*

Ein Besuch des Chörten lohnt auch wegen der Aussicht auf Leh und die Stok-Kangri-Gruppe. Für Neuankömmlinge ist die Besichtigung bereits ein erster Höhentest, da bis auf das Plateau, auf dem der Stupa erbaut wurde, insgesamt 566 Treppen zu steigen sind. Zwischen der ersten und zweiten Etage des Bauwerkes gibt es 19 weitere Stufen.

Der Tashi Gomang Stupa, wie der Chörten im nordwestlichen Ortsteil Changspa auch heißt, wurde vermutlich im neunten Jahrhundert errichtet. In der Folgezeit erfuhr er einige bauliche Veränderungen und Erweiterungen. Trotzdem ist sein sechzehneckiger Grundriss noch gut erkennbar. Das pyramidenartige Bauwerk verfügt über mehrere rechteckige Kammern, die früher wahrscheinlich ausgemalt waren und kleinere Statuen enthielten. Jetzt sind sie leer. *Changspa Stupa*

Ähnlich gebaute Chörten gibt es auch in Tibet. Man bezeichnet sie dort als Gomang Chörten. Das Wort »Gomang« (dt.: mit vielen Türen) weist auf die zahlreichen Nischen hin.

Entfernungstabelle für Leh (Indus-Tal)

Von Leh nach ...			
	Alchi	67 km	*Regionale*
	Choglamsar	8 km	*Entfernungen*
	Hemis	42 km	
	Matho	24 km	
	Phyang	20 km	
	Sabu	8 km	
	Shey	14 km	
	Spituk	8 km	
	Stok	16 km	
	Thikse	18 km	
	Upshi	48 km	

Sankar Gompa

Geschichte Das Skaldan Chiskyob Ling Gompa im Ortsteil Sankar (Bezeichnung vor Ort: Samkar) ist eine Außenstelle des Klosters in Spituk.

Es liegt zwei bis drei Kilometer vom Ortskern entfernt und war eigentlich als eine ruhige Stätte des Rückzuges, fernab der Hektik von Spituk, konzipiert. Unauffällig wurde es am Ende des 19. Jahrhunderts in die (damalige) Einöde gebaut. Seit jeher nutzten es die Äbte von Spituk, wenn sie Ruhe und Zeit zum Nachdenken brauchten.

Diesem Plan machte der in den achtziger Jahren des vergangenen Jahrhunderts einsetzende Ladakh-Tourismus einen Strich durch die Rechnung. Mehr und mehr Reisende kamen in die Hauptstadt Leh und besuchten das örtliche Gompa.

Schon bald versuchten die Mönche den Touristenströmen derart Einhalt zu gebieten, dass sie die heiligen Räume nur für wenige Stunden am Tage öffneten. Inzwischen gibt es gar keine festen Öffnungszeiten mehr, und es ist eher eine Glückssache, ob man die Räumlichkeiten von innen zu sehen bekommt.

Wer also vorhat, das Kloster zu besichtigen, sollte sich bewusstmachen, dass es den Mönchen lieber wäre, keinen Besuch zu erhalten. Das soll aber ausdrücklich nicht heißen, dass man von ihnen unfreundlich behandelt wird.

Die Klostergebäude begrenzen den begrünten, fast quadratischen Innenhof nach allen *Orientierung* vier Seiten. Im auffälligsten (nördlichen) Gebäude befinden sich der Versammlungs- raum (Dukhang) sowie einige kleine Tempel und die Bibliothek. Die Residenz des Klosterabtes (Zimchung) liegt an der Westseite. Im Osten gibt es einen speziellen Gästetrakt. Die Mönche wohnen im südlichen, aber auch im westlichen und östlichen Teil der Klosteranlage.

Zur Eingangsterrasse, über die man den Versammlungsraum betritt, führen ein paar *Dukhang* Steintreppen hinauf. Der Dukhang ist durch vier Säulen aufgeteilt. Im mittleren Bereich gibt es keine Zwischendecke, so dass der Raum dort mehrstöckig ist. In der Versamm- lungshalle findet man neben den üblichen Sitzen für die Mönche und einem Thron für den Abt einige Bücherregale und buddhistische Darstellungen an den Wänden.
Wie bei Klöstern der Gelugpa-Schule durchaus üblich, gibt es einen gesonderten *Tsankhang* Figurenraum (Tsankhang). Dort bildet Buddha Shakyamuni das Zentrum. Er wird flankiert von Avalokiteshvara (in Blickrichtung) linker Hand. Rechts erkennt man den eher selten anzutreffenden Weißen Mahakala, Chintamani genannt.

Entfernungstabellen für Leh (regional)

Von Leh nach ...	Khaltsi	96 km	*Leh-Kargil-*
	Dha	161 km	*Padum-Route*
	Lamayuru	114 km	
	Mulbekh	180 km	
	Kargil	218 km	
	Panikhar	280 km	
	Padum (über Kargil)	448 km	
Von Leh nach ...	Padum	194 km	*Chadar-Route*
Von Leh nach ...	Chumathang	138 km	*Tso-Moriri-*
	Mahe-Brücke	160 km	*Route*
	Puga Sumdo	172 km	
	Korzok	214 km	
	Thukje (über Korzok)	298 km	
Von Leh nach ...	Chemre Gompa	45 km	*Pangong-Tso-*
	Sakti (Trakthok Gompa)	50 km	*Route*
	Spangmik	159 km	
	Tangtse	115 km	
Von Leh nach ...	Khardung La	40 km	*Nubra-*
	Khalsar (Shyok-Brücke)	101 km	*Route*
	Panamik	139 km	
	Diskit	116 km	

Weitere Sehenswürdigkeiten in Leh

Jama Masjid   Die Jama Masjid (Freitagsmoschee), am Rande der heutigen Altstadt, ist eine der ältesten und wohl die auffälligste Moschee in Leh. Sie musste gebaut werden, weil das ladakhische Königshaus aufgrund einer militärischen Niederlage im »Frieden von Temisgam« (1684) gezwungen wurde, pro forma zum Islam überzutreten. Unmittelbar nach der Unterzeichnung des Friedensvertrages durch Delegs Namgyal (auf ladakhischer Seite), nahmen die Konstrukteure den Bau in Angriff und stellten ihn innerhalb eines Jahres fertig. Von 2018 bis 2021 wurde das Gebäude grundlegend renoviert.

Chokhang Vihara   Schräg gegenüber der Freitagsmoschee liegt, versteckt auf einem Hinterhof, der wichtigste Tempel von Leh. Obwohl er nicht gerade klein und mit einem augenfälligen vergoldeten Dach verziert ist, kann man ihn nur von wenigen Stellen der Innenstadt aus sehen.

Auf dem Gelände befindet sich außerdem der Sitz der Ladakh Buddhist Association, einer Gesellschaft, die sich als Vertreter aller ladakhischen Buddhisten versteht.

Neben der überwiegend buddhistischen und auch islamischen Bevölkerung in Leh gibt es hier auch einige christliche Familien, angeblich knapp 20 an der Zahl. *Herrnhuter Mission*
Inzwischen weiß man, dass bereits im 17. Jahrhundert die ersten christlichen Missionare nach Ladakh kamen. Ihre Bekehrungsbemühungen fruchteten zunächst jedoch wenig. Erst mit der Gründung einer Niederlassung der Herrnhuter Mission (engl.: Moravian Mission) im Jahre 1885 bekam das Christentum etwas Zulauf.
Die Missionare wurden in Leh auf vielfältige Weise tätig. So sollen sie beispielsweise als Erste Kartoffeln angebaut und die Bibel ins Tibetische übersetzt haben. Des Weiteren gründeten sie nachweislich in Leh mehrere Schulen und andere soziale Einrichtungen. Erstaunlicherweise machten sie sich auch auf dem Gebiet der Archäologie und der ladakhischen Geschichte verdient. Ihr gemeinnütziges Engagement brachte ihnen im Laufe der Jahre viel Vertrauen unter der einheimischen Bevölkerung ein. In ihrer Kirche, nahe der Altstadt, findet jeden Sonntag ein Gottesdienst statt.

Das Zentralasiatische Museum im Herzen der Altstadt von Leh wurde erst 2011 eröffnet. Es möchte über die Geschichte des Handels in Zentralasien, für den Leh über Jahrhunderte hinweg ein wichtiger Knotenpunkt war, informieren. *Central Asian Museum*
Die überwiegend im historischen Stil neu errichteten Gebäude beherbergen verschiedene Museen, die bis zu 400 Jahre alte Kulturgüter aus Ladakh, Zentralasien, Kaschmir und Tibet beherbergen.
Im Innenhof des Komplexes findet man darüber hinaus eine traditionell eingerichtete ladakhische Schauküche sowie die älteste Moschee der Stadt.
Ein Besuch des Museums lohnt auch wegen der schönen Aussicht auf den alten Königspalast mit dem ebenfalls erst kürzlich errichteten Sikh-Tempel (»Gurudwara«) Datun Sahib.

Das auffällige neue Gebäude des Sikh-Tempels wurde in unmittelbarer Umgebung des uralten heiligen Baumes »Datun Sahib« errichtet und nach ihm benannt. *Datun Sahib*
An dem Zaun, der das Heiligtum umgibt, ist eine kleine Tafel aufgestellt, die die Geschichte des Baumes erzählt:
Demnach wurde er von Guru Nanak, dem Begründer der Sikh-Religion, auf seiner zweiten Missionsreise (1515-18) höchstpersönlich gepflanzt. Damals soll es im Leh-Tal keinerlei Bäume gegeben haben. Angeblich wuchsen hier lediglich ein paar Sträucher und Büsche. Datun Sahib gilt damit als der erste Baum in Leh. Er wurde später sowohl von den Sikhs als auch von den Buddhisten und den Moslems der Gegend als heilig angesehen. *Guru Nanak*
Der Datun, auch Niembaum genannt, ist relativ schnellwachsend und trägt normalerweise ganzjährig grüne Blätter. In der ayurvedischen Medizin ist der Datun aufgrund seiner keimtötenden Wirkungen seit langem bekannt. Man kann sowohl seine Rinde als auch seine Blätter und die Früchte nutzen. Auch heute noch gibt es (selbst in Europa) Medikamente, die seine heilenden Extrakte enthalten. Inzwischen weiß man, dass die Pflanze ungefähr hundert verschiedene Inhaltsstoffe besitzt. *Niembaum*
Darüber hinaus wurden die Zweige früher auch zum Zähneputzen verwendet. Vor dem Gebrauch zerkaute man das Ende eines Zweiges, bis die Holzfasern freiliegen und einem Pinsel gleichen. Dabei gelangen entzündungshemmende Wirkstoffe an das Zahnfleisch. Mit dem »Pinsel« wurden dann die Speisereste entfernt.

Lala´s Café   Obwohl es sein Name kaum vermuten lässt, ist das Lala´s Café einer der wichtigsten Anlaufpunkte für Menschen, die sich für die Geschichte von Leh und Ladakh besonders tiefgründig interessieren.

Im Café, in dem es natürlich auch Kaffee und Kuchen gibt, kann man nämlich eine gut zweistündige fachkundige Führung durch die Altstadt (»Leh Heritage Walk«) buchen. Dabei werden neben allen wichtigen Sehenswürdigkeiten der Stadt auch weniger bekannte Gebäude, teils durch verwinkelte Gassen, erkundet.

Das hübsche kleine Haus in unmittelbarer Umgebung des Altstadtbasars war früher eine Außenstelle des Sankar-Klosters. Da es nicht mehr benötigt wurde, stimmte das Kloster zu, das Gebäude als Café und Ausstellungsraum zur Geschichte von Leh sowie der Architektur der Altstadt zur Verfügung zu stellen.

Dafür wurden 2006 umfangreiche Renovierungsarbeiten eingeleitet, wie der Austausch der Dachkonstruktion und die Erneuerungen der Holzrahmen auf mehreren Etagen.

Seit Fertigstellung verbindet das Café Freizeit und Kultur auf eine gelungene Art und Weise und zeichnet sich durch eine ruhige, gemütliche Atmosphäre aus.

Auch in der heutigen Zeit gibt es in Ladakh einige gemeinnützige Projekte, die den *Ladakh* Einheimischen helfen, ihren Weg in die moderne Welt verantwortungsvoll zu finden. *Ecological* Als eine der ersten Europäer der Neuzeit kam 1975 die Schwedin Helena Norberg- *Development* Hodge nach Ladakh. Das Land wurde erst ein Jahr vorher für den Tourismus geöffnet. *Group* Seither verbrachte sie unzählige Tage zusammen mit Einheimischen und verfolgte die Entwicklung von Ladakh bis in die Gegenwart hinein. Sie gehört zu den äußerst kritischen Beobachtern und hat erkannt, dass der westliche Einfluss nicht nur Gutes für die Bevölkerung bringt.
Auf der Grundlage ihrer Erkenntnisse und Überzeugungen gründete sie die Ladakh Ecological Development Group (LEDeG). Seit ihrem Bestehen veranstaltete die Gesellschaft beispielsweise Seminare für die Bauern zur ökologischen Landwirtschaft. Außerdem wurde die Ausbildung von Handwerkern mit dem Ziel unterstützt, dass diese Produkte herstellen, die sie an die Touristen als Souvenir verkaufen können.

Einen ähnlichen Ansatz verfolgt das mit der LEDeG assoziierte Women´s Alliance *Women´s* Centre. Hier sollen besonders die in immer größerer Anzahl kommenden Touristen für *Alliance Centre* die Probleme der Ladakhis sensibilisiert werden. Daher finden auf dem Gelände oft verschiedene Veranstaltungen statt. Zum Beispiel werden Filme gezeigt, die auf die Schwierigkeiten vor Ort hinweisen. In der Vergangenheit war mehrmals auch Helena Norberg-Hodge anwesend und diskutierte mit den Anwesenden.

Eine weitere »soziale« Einrichtung, wenn auch nicht für Menschen, ist das Eselheim im *Eselheim* Norden von Leh.
Leider geschieht es immer wieder, dass altersschwache Esel von ihren Besitzern einfach ausgesetzt werden und hungernd in der Gegend umherlaufen. Denen nimmt sich das Eselheim an. Die Initiatoren freuen sich über Geldspenden, die helfen, diese Tiere über den langen und harten Winter zu bringen.
Gerade wer mit Kindern in Ladakh unterwegs ist, sollte dort einmal vorbeischauen. Das Tierheim befindet sich an der Straße vom Koreanischen Tempel zum Tisseru Chörten (vgl. Rother Wanderführer, Tour 21).

Wie das Tierheim, so liegt auch das Fort etwas weiter vom Stadtzentrum entfernt. Man *Zorawar Fort* erreicht es, wenn man der Fort Road (nach dem Zorawar Fort benannt) vom Stadtzentrum in Richtung Südwesten folgt. Nach 15-20 Minuten (ab Beginn der Straße) sieht man das nicht allzu hohe, aber sehr gut erhaltene Bauwerk rechter Hand liegen.
Das Fort kann zwar teilweise besichtigt werden, ist aber noch in Besitz und Verwendung der Indischen Armee. Es wurde unter Zorawar Singh, der 1834 Ladakh einnahm, erbaut.
Der General selbst sollte aber keine lange Freude an seiner Festung haben. Im Jahre 1841 initiierten seine Befehlshaber einen Feldzug gegen Tibet. Im Verlaufe des Krieges kam es zu einem schweren Gefecht bei Tangtse (Pangong-Tso-Gebiet), in dem der General tödlich verletzt wurde.

Reiseinformationen zum Oberen Ladakh

Öffentlicher
Nahverkehr

Nahezu alle Sehenswürdigkeiten im Oberen Ladakh sind von Leh aus problemlos mit öffentlichen Verkehrsmitteln zu erreichen. Viele Klöster können sogar im Rahmen eines Tagesausfluges besichtigt werden.

Taxis

Wer mit einem Taxi unterwegs ist, hat ferner die Möglichkeit, mehrere Sehenswürdigkeiten an einem Tag anzuschauen. Als Kombinationen bieten sich beispielsweise an:
- Sakti und Chemre
- Hemis, Stakna und Matho
- Thikse, Shey und Stok
- Stok, Spituk und Phyang

Das obere Indus-Tal

Leh

Sowohl die Busse als auch die Minibusse starten am (neuen) Busstand von Leh südlich der Innenstadt.

Sabu –
Choglamsar

Die Route führt zunächst in südöstliche Richtung auf den Indus zu. Schon nach wenigen Kilometern sieht man linker Hand ein pompöses Tor, das den Abzweig nach Sabu markiert. In Choglamsar trifft die Straße auf den Talgrund. Ungefähr in der Ortsmitte, direkt am Taxistand, überspannt eine Brücke den Indus. Hier besteht die Möglichkeit, nach Stok abzubiegen.

Shey –
Stakna

Etwas später erreicht man diesseits des Flusses die fast zusammengewachsenen Ortschaften Shey, Thikse und Rambirpur. Am Ende dieses Konglomerates lohnt ein Blick nach rechts: Dort erkennt man das Stakna Gompa jenseits des Flusses auf einem Hügel thronen. Auch hier existiert eine Indus-Brücke.

Karu

Weiter in Richtung Karu, einem Verwaltungszentrum mit riesigem Militärlager, wird die Besiedlung merklich dünner. Auch Karu selbst erinnert keineswegs an eine wichtige Ortschaft, sondern erscheint eher als unansehnliches Dorf mit weit verstreuten

Sakti
Hemis

Häusern. Dennoch besitzt Karu als Umstiegspunkt eine gewisse Bedeutung: Hier zweigen die Straße nach Sakti und später die Jeeppiste nach Hemis von der Manali-Leh-Straße ab.

Upshi

Bis Upshi, dem letzten für jedermann zugänglichen Ort im oberen Indus-Tal, ändert sich die Landschaft kaum: Ein überwiegend kahler Straßenabschnitt folgt dem Indus flussaufwärts.

Tageswanderungen und Spaziergänge im Indus-Tal

Phyang Gompa – Leh

Anreise:	mehrere Busse ab Leh täglich
Entfernung, Dauer:	18¼ km, 5¾ Std.
Höhenunterschied:	850 m Aufstieg und 950 m Abstieg
Charakteristik:	sehr wenig benutzte Route durch teilweise wegloses Gelände mit guten Ausblicken auf das Indus-Tal, Bergschuhe erforderlich
Wegbeschreibung:	Rother Wanderführer »Garhwal – Zanskar & Ladakh« (2. Aufl., Tour 22), ausführliche Beschreibung und GPS-Track

Sabu Gompa – Leh

Anreise:	mehrere Busse ab Leh täglich
Entfernung, Dauer:	8½ km, 2¾ Std.
Höhenunterschied:	350 m Aufstieg und 350 m Abstieg
Charakteristik:	wenig benutzte Route durch teilweise wegloses Gelände mit lohnender Aussicht auf Leh, Bergschuhe empfehlenswert
Wegbeschreibung:	Rother Wanderführer »Garhwal – Zanskar & Ladakh« (2. Aufl., Tour 24), ausführliche Beschreibung und GPS-Track

Thikse – Shey

An- und Abreise:	mehrere Busse ab und an Leh täglich
Entfernung, Dauer:	6¼ km, 2 Std.
Höhenunterschied:	200 m Aufstieg und 125 m Abstieg
Charakteristik:	Abstieg vom Thikse Gompa durch verwinkelte Gassen, Pfad zur Burgruine in Shey ein wenig ausgesetzt, sonst gut ausgebaute Geh- und Fahrwege; schöne Ausblicke auf die Klosteranlagen und das Indus-Tal
Wegbeschreibung:	Rother Wanderführer »Garhwal – Zanskar & Ladakh« (2. Aufl., Tour 23), ausführliche Beschreibung und GPS-Track

Hemis – Matho

An- und Abreise:	planmäßige Busverbindungen von Leh nach Hemis und Matho (aktuelle Situation unbedingt am Busstand in Leh erfragen)
Entfernung, Dauer:	ca. 15 km, 4-5 Std.
Höhenunterschied:	100 m Aufstieg und 300 m Abstieg
Charakteristik:	mittelschwere Tageswanderung ohne nennenswerte Auf- und Abstiege durch karge Gebirgslandschaft, Bergschuhe empfehlenswert
Wegbeschreibung:	Seite 99

Tipps:
Sollten derzeit keine regulären Busverbindungen nach Hemis und/oder Matho bestehen, existieren eine Reihe von Alternativen: Für die Anreise gibt es die Möglichkeit, ab Leh einen Bus nach Karu zu nehmen (mehrere täglich) und in ca. 1½ Std. (4½ km) nach Hemis zu laufen (vgl. Hinweise im Rother Wanderführer, Tour 26).
In Hemis (Klosterunterkunft und Homestays im Dorf) kann man übernachten, was einen sehr frühen Start der Wanderung nach Matho (keine offiziellen Unterkünfte vorhanden) ermöglicht.
Zwischen Matho und Leh verkehren normalerweise zwei Busse am Tag, einer am Vormittag und einer am Nachmittag. Falls die Verbindung am Nachmittag nicht gewährleistet ist, kann man nach dem Klosterbesuch über Shushot auf die Manali-Leh-Straße (9 km) oder nach Thikse bzw. Shey (jeweils ca. 10½ km) talabwärts laufen.
Man sollte dabei jedoch sicherstellen, dass man nicht nach 17.00 Uhr die Hauptstraße erreicht. Demnach muss man am frühen Nachmittag in Matho loslaufen.

Chemre: Demchog Gompa

Lage
Chemre ist ein kleiner Ort in einem nördlichen Seitental des Indus. Man passiert es auf dem Weg zum Pangong-See.

Anreise
In Sichtweite des an einen Hügel gebauten Klosters muss man links von der Hauptstraße abzweigen. Die hier beginnende Nebenstraße führt durch das Dorf Chemre und anschließend in einem weiten Bogen hinauf zum Gompa.

Spaziergang
Es lohnt sich jedoch, schon am Fuße des Bergkegels auszusteigen: Nach einer kleinen Brücke findet man ein paar zum Kloster gehörende Chörten in der Nähe einer Wiesenfläche. Von hier aus bietet sich ein guter Blick auf die Klosteranlage sowie die Möglichkeit, zu den Gebäuden zu Fuß hinaufzugehen.

Geschichte
Das Gompa wurde um das Jahr 1645 eröffnet. Man ist sich nicht ganz sicher, ob der Löwenkönig (Sengge Namgyal) kurz vor seinem Tode noch den Auftrag zur Erbauung des Klosters gab oder ob sein Sohn Deldan Namgyal es zu Ehren seines Vaters errichten ließ.

In jedem Fall war der erste Abt von Hemis, Tagtsang Repa, für die Ausgestaltung der Anlage verantwortlich. Das Ziel der damaligen Könige war es, die Verbreitung des Drukpa-Kargyüpa-Ordens voranzubringen. Daher wurde das Demchog Gompa als Zweigniederlassung von Hemis konzipiert.

Klosterhof
Der zentrale Klosterhof ist Ausgangspunkt des Rundganges:
Dieser Platz ist an drei Seiten von Galerien für die Zuschauer des winterlichen Klosterfestes umgeben.
An seiner Nordseite erkennt man den Dukhang, der über einen kleinen Vorraum erreichbar ist. Von dort aus führt links der Tür zum Dukhang eine Treppe in die oberen Stockwerke.

Obergeschosse
In der ersten Etage gibt es einen weiteren Hof, dessen Mitte die hölzerne Lichtkuppel des Versammlungsraumes einnimmt.

Verschiedene Tempel
Hier befindet sich auch der Lama Lhakhang, ein Aufbewahrungsort für zahlreiche Statuen. Zum Padmasambhava-Tempel hingegen muss man zusätzlich zwei Treppen aufsteigen.

Museum
Noch weiter oben, auf dem Dach, haben die Mönche ein kleines Museum eingerichtet. Wie auch in anderen Klöstern lohnt der Aufstieg zum Museum vor allem wegen der hervorragenden Aussicht.

Vom Klosterhof aus betrachtet, wirkt das Gebäude, das den Dukhang beherbergt, *Dukhang*
dreistöckig. Der Versammlungsraum besteht aber nur aus zwei Etagen, wobei die obere
lediglich als Lichtkuppel dient. Das Dach ist durch vier mal vier Holzsäulen abgestützt.
An der dem Eingang gegenüberliegenden Wand fällt vor allem ein ungefähr zwei Meter *Chang Chub*
hoher und aufwändig verzierter silberner Stupa auf, der Chang Chub Chörten (»Stupa *Chörten*
der Erleuchtung«). Rechts daneben steht der erhöhte Sitz für den Abt. In den hinteren
beiden Ecken befindet sich jeweils ein nicht allzu großer bunt bemalter Schrank. In
jedem bewahren die Mönche historische Bücher sowie mittig je eine Buddha-Figur auf.

Als bedeutendster Raum des Klosters gilt der zuletzt neu gestaltete Guru Lhakhang. *Guru Lhakhang*
Durch seine lange Fensterfront sowie die farbenfrohen Wandmalereien wirkt der
Tempel verhältnismäßig freundlich.
Sein vorderer Teil erscheint hoch, ist aber nur eingeschossig. Den hinteren Bereich
erweiterten die Baumeister um eine halbe Etage, so dass eine etwa drei Meter hohe
Statue von Padmasambhava Platz findet. Diese Skulptur wurde schon zur Gründungs-
zeit des Klosters in Chilling, der ladakhischen Hochburg für Gold- und Kupferschmie-
de, gefertigt.
Hier, im Padmasambhava-Tempel, wird auch Chakrasamvara (tib.: Demchog) geehrt.
Demchog, an seiner dunkelblauen Hautfarbe in den Malereien an der Wand rechter
Hand gut zu erkennen, gehört zu den sogenannten »mystischen Buddhas«. Der Na-
mensgeber des Klosters ist gleichzeitig eine Schutzgottheit des Ordens.

Hemis: Chang Chub Sam Ling Gompa

Lage
Das Kloster von Hemis befindet sich etwas abseits der Manali-Leh-Straße am Eingang eines engen Seitentales auf der südlichen Indus-Seite. Es wurde nicht – wie in Ladakh zumeist üblich – an einem Berg errichtet, sondern in der Mitte des Talgrundes. Die Wohnungen der Mönche umgeben das Kloster unmittelbar, das zugehörige Dorf liegt hingegen etwas unterhalb.

Anreise
Um das Gompa zu erreichen, verlässt man in Karu die Manali-Leh-Straße und fährt zunächst durch eine außerordentlich karge Landschaft kontinuierlich bergan. Es dauert nicht allzu lange, bis die ersten Chörten und Mani-Mauern am Wegrand sowie das von Terrassenfeldern umgebene Dorf Hemis sichtbar werden. Schon hier lohnt ein kurzer Zwischenstopp, da die Kulturlandschaft in eine fotogene Bergwelt eingebettet ist. Die Straße, die im Juni hier und da von blühenden Wildrosen gesäumt ist, macht jetzt noch einen großen Bogen und erreicht einen Parkplatz unterhalb des Klosters.

Bedeutung
Das Chang Chub Sam Ling Gompa, Hauptsitz der Drukpa-Sekte in Ladakh, ist eines der größten, reichsten und bekanntesten Klöster in Ladakh. Ihm gehörten noch vor ein paar Jahrzehnten sage und schreibe fünfhundert Mönche an. Heute zählt es deutlich weniger. Darunter waren und sind auch einige Mönche, die für andere ladakhische Klöster ausgebildet werden.

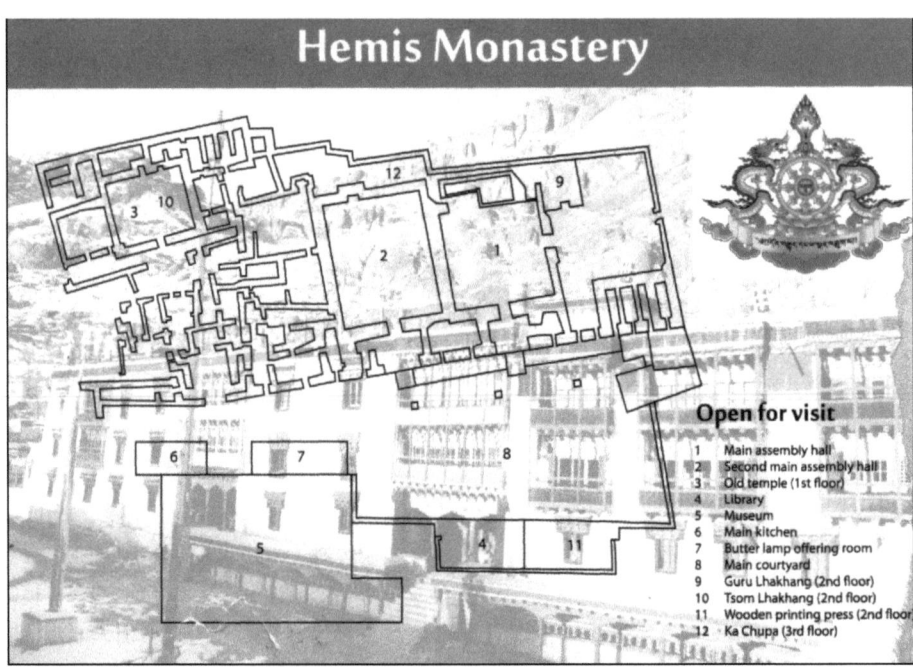

Seine außerordentliche Popularität verdankt das Kloster vor allem den Maskentänzen, *Maskentänze*
die hier alljährlich im Juni oder Juli stattfinden. Zu den zweitägigen Festlichkeiten
reisen jedes Mal unzählige Touristen aus der ganzen Welt an. Alle zwölf Jahre, zuletzt
2016, wird ihnen eine besondere Sensation geboten: Das Kloster besitzt nämlich einen
riesigen Thanka, angeblich den größten überhaupt, der dann während der Festlichkeiten den Klosterhof ziert.

Diesen erreicht man vom Parkplatz aus über eine lange Treppe. In der Mitte des unge- *Klosterhof*
fähr 50 mal 20 Meter großen Platzes sind drei Baumstämme aufgestellt, die als Flaggen-
halter dienen. An seiner (in Gehrichtung) rechten Seite gruppieren sich alle nennenswerten Tempel in einem Gebäudekomplex, der durch hölzerne Veranden und dahinter-
liegende Wandmalereien prächtig verziert ist. Am Fuße des Komplexes erkennt man
eine von Holzkonstruktionen überdachte Reihe von Gebetsmühlen, die mittig durch
eine Treppe hinauf zum wichtigsten Tempel (Dukhang Chenmo) unterbrochen ist.
Klettert man die steile Treppe hinauf, erreicht man zunächst den, mit den üblichen *Dukhang*
Themen bemalten, Eingangsbereich des Haupttempels. In seinem Inneren finden sich *Chenmo*
zahlreiche Sitzreihen für die Mönche mit den dazugehörigen Tischen. Diese sind
parallel zum Altar aufgestellt, was durchaus etwas ungewöhnlich ist. Besondere
Beachtung verdient ein silberner Chörten in der hinteren linken Ecke. Die chinesisch
anmutenden Wandmalereien sind überwiegend neueren Datums.
Der vielleicht interessanteste Raum des Klosters, der Chokhang, auch Dukhang Parpa *Chokhang*
genannt, schließt sich linker Hand an den Dukhang Chenmo an. Er beherbergt eine
knapp fünf Meter hohe Statue von Buddha Shakyamuni aus vergoldetem Kupfer sowie
einen deutlich größeren silbernen Chörten. Dieser ist mit Türkisen, Perlen und anderen
kostbaren Steinen verziert.

Guru Lhakhang   Über eine weitere steile Treppe, unmittelbar neben dem Eingang des Haupttempels, gelangt man zum Guru Lhakhang, dem neuesten Gebäude im Kloster. Hier erschuf ein bedeutender einheimischer Künstler der Gegenwart, Nawang Tsering, eine riesige Padmasambhava-Statue.

Lhakhang   Den ältesten Tempel, der noch aus der Gründungszeit des Klosters (1630) stammt,
Nyingpa   erreicht man über einen Weg, der am hinteren Ende des Klosterhofes rechts abgeht und in einen Gang mündet. Vorbei an der Küche, die an ihren riesigen, mit Holz befeuerbaren Kesseln erkennbar ist, gelangt man zu seinem etwas unscheinbaren Eingang.
                  Im Alten Tempel (Lhakhang Nyingpa) sollte man sein Augenmerk auf die Wandmalereien aus dem 17. Jahrhundert sowie die schöne Figurengruppe rechter Hand legen. Gegenüber dem Eingang findet man in der Mitte die Statue des Klostergründers Tagtsang Repa, rechts daneben, in der hintersten Ecke des Raumes, wird in einer Nische die Weiße Tara verehrt. Gleich rechts vom Eingang erkennt man Palden Lhamo, deren Gesicht i.Allg. von Tüchern verhängt ist.

Dachterrasse   Geht man die Treppe am Lhakhang Nyingpa hinauf, gelangt man ins erste Obergeschoss mit dem Tsom Lhakhang und dem kleinen Gonkhang. Eine weitere Treppe führt auf das Dach. Dieses bietet nicht nur prächtige Ausblicke auf die Mönchswohnungen und das faszinierende Umland, sondern eröffnet obendrein die interessante Möglichkeit, die Bauweise des Hauptgebäudes genauer zu betrachten.
                  Über die Dachterrasse kann man auch zum Guru Lhakhang gelangen und so weiter zum Klosterhof hinabsteigen.

Museum   Seit geraumer Zeit existiert im Kloster ein Museum, in dem verschiedene religiöse Gegenstände, wie Thankas, Masken und Statuen, ausgestellt sind. Sein Besuch ist kostenlos, leider aber auch nur bedingt interessant.
                  Im dazugehörigen Souvenirladen kann man u.a. schöne Postkarten sowie Bücher mit religiösem Bezug kaufen.

Im 13. Jahrhundert, noch bevor das erste Gebäude in Hemis errichtet wurde, meditierte *Eremitage*
ein Yogi unweit von hier in einer Höhle. Inzwischen haben die Mönche an diesem Ort *Gotsang*
einige Häuser gebaut, die sie für religiöse Zwecke und als Bleibe nutzen. Diese Außenstelle des Klosters wird als Gotsang bezeichnet.

Wer etwas Zeit mitbringt, kann innerhalb einer guten Stunde (reine Gehzeit hin und *Wanderung*
zurück) auf einem klaren Weg dorthin wandern: *zur Eremitage*
Die Wanderung beginnt an der Gebetsmühle am oberen Ende des Klosterparkplatzes. *Weg-*
Man läuft, rechts an ihr vorüber, zunächst für fünf Minuten die Jeepstraße. Kurz vor *beschreibung*
dem Straßenende geht linker Hand ein Fußweg ab. Dieser steuert, vorbei an einer Reihe
von Mönchshäusern, auf eine Chörten-Gruppe zu. Der Pfad folgt in diesem Bereich
tendenziell einer Stromleitung. Die nächsten 20 Minuten sind ein gemütlicher Spaziergang unter Bäumen, stets rechts vom Fluss.
Dann überquert man mittels einer kleinen Brücke einen meist trockenen Flusslauf.
Anschließend geht es steil das Seitental dieses Nebenflusses hinauf. Diesem folgt der
gut ausgebaute Weg bis fast zur Eremitage. Nur wenig unterhalb der ersten Häuser
gabelt sich der Pfad. Am besten läuft man nach oben den linken Abzweig und auf dem
Rückweg dann die andere Route.

Im Frühjahr und Herbst sowie an trüben Tagen im Sommer, wenn es tagsüber nicht zu *Wanderung*
heiß ist, kann man schöne Wanderungen im oberen Indus-Tal unternehmen, beispiels- *nach Matho*
weise die von Hemis nach Matho. Dabei erhält man einen nachhaltigen Eindruck von
der Kargheit und der Weite der ladakhischen Bergwelt. Die Wanderung lohnt sich für
all diejenigen, die in Ruhe ein wenig spazieren wollen. Sie bietet des Öfteren schöne
Ausblicke, insbesondere auf das Kloster von Matho.
Die Tour beginnt am Parkplatz unterhalb des Klosters von Hemis. Dort sollte man in *Weg-*
jedem Fall sehr früh starten (am besten bei Sonnenaufgang), um rechtzeitig in Matho zu *beschreibung*
sein. Ansonsten wird es schwierig, mit einem öffentlichen Verkehrsmittel noch nach
Leh zu gelangen.
Zunächst folgt man im Wesentlichen der Jeepstraße in Richtung Indus. Dort, wo die
Straße einen Umweg macht, existieren offensichtliche Abkürzungen für Pferde und
Fußgänger.
Eine gute Viertelstunde (1¼ km) hinter Hemis trifft man auf folgende markante Stelle:
Rechts der Straße steht ein großer Chörten, links zweigt ein schmaler Pfad ab, der noch
vor einer (endlos erscheinenden) Mani-Mauer ins Tal führt. Nach fünf Minuten, direkt
an einem weiteren Chörten, nimmt man den am Hang bleibenden Weg. (Rechter Hand,
jenseits der Mani-Mauer befindet sich ein überdimensionaler Chörten-Neubau.)
In der Folgezeit läuft man nahezu parallel zum Indus flussabwärts. Dabei überquert
man hin und wieder ein ausgetrocknetes Flussbett oder einen Fahrweg. In diesem
Bereich existieren zahlreiche Wegalternativen. Hier ist daher etwas Orientierungssinn
gefragt.
Mit der Zeit erscheint das Kloster von Matho hingegen immer klarer, so dass man sich
eigentlich nicht verlaufen kann. Es lohnt sich aber dennoch, auf dem Weg zu bleiben
und nicht einfach querfeldein auf das Gompa zuzuhalten.
Kurz vor dem Erreichen der ersten Feldanlagen mündet der Fußweg in eine Straße, die
zu einer Brücke über den Hauptfluss leitet.

Abstecher *zum Gompa*	An der folgenden Gabelung läuft man nach links. (Der rechte Abzweig führt nach Shushot bzw. in Richtung Indus.) Jetzt ist man auf der Straße, die nach einem weiten Bogen am Klosterparkplatz endet.
	Zurück zur eben erwähnten Brücke (an der auch die Bushaltestelle liegt) kann man gegenüber der Straße etwas abkürzen: Gleich unterhalb des Klosters nimmt man den offensichtlichen, an mehreren Chörten vorbeiführenden Fußweg direkt ins Tal.
Zeitplanung	Vom Klosterparkplatz in Hemis bis nach Matho sollte man mit vier bis fünf Stunden reine Gehzeit (ca. 15 km) rechnen. Zum Matho Gompa sind es weitere 3¼ Kilometer (hin und zurück).
Literatur-hinweis	Der Rother Wanderführer »Garhwal – Zanskar & Ladakh« stellt eine Reihe von weiteren interessanten Spaziergängen, Wanderungen und Trekkingtouren in Ladakh vor (siehe Literaturempfehlungen).

Matho Gompa

Das Matho Gompa liegt auf einem Hügel am oberen Ortsrand der gleichnamigen *Lage* Siedlung, in einem breiten Tal auf der südlichen Indus-Seite. Obwohl das Umland extrem kahl ist, erscheint der Ort selbst auffällig grün. Dies hat Matho dem Fluss zu verdanken, der von den ewig schneebedeckten Gipfeln des Stok-Gebirges durch das Dorf hinab in den Indus fließt.

Die Geschichte des Klosters reicht bis ins 15. Jahrhundert zurück. Damals meditierte *Geschichte* Dorje Palsang, Anhänger des Sakyapa-Ordens, in einer Höhle unweit des heutigen Klosterbaus. Später bekam der Einsiedler vom ladakhischen König Drags Bum De ein Stück Land geschenkt, auf dem er dieses Gompa gründete.

Bis in unsere Zeit ist Matho das einzige Kloster in Ladakh, das der (in Tibet weitver- *Bedeutung* breiteten) Sakyapa-Schule angehört. Daher wurden früher zahlreiche Mönche aus Matho zur Ausbildung nach Tibet geschickt.

Eine besondere Bekanntheit erlangte das Gompa durch seine Klosterfeste, die jährlich *Klosterfest* im Februar oder März stattfinden. Hier wirken zwei Mönche als Orakel. Dabei versetzen sie sich in Trance und nehmen so Kontakt mit der obersten Gottheit des Klosters auf. In diesem Zustand treffen sie Weissagungen, vollführen waghalsige Tänze und fügen sich angeblich tiefe Wunden zu, die am Ende der Zeremonie schon wieder verheilt sein sollen. Unglaublicherweise werden alle drei Jahre zufällig zwei neue Mönche ausgewählt, die dann als Orakel fungieren. Dieses Spektakel zieht Jahr für Jahr mehrere hundert Menschen an.

Die Klostergebäude sind hingegen nicht so spektakulär. Die ältesten stammen aus dem *Klostergebäude* frühen 17. Jahrhundert. Davor wurde das ursprüngliche Kloster in einem Krieg fast vollständig zerstört und anschließend wieder aufgebaut.

Der älteste Tempel, vom Hof aus gesehen linker Hand in der unteren Etage, beherbergt Statuen von Shakyamuni und Avalokiteshvara sowie die typischen Sitzreihen für die Mönche. Der neue Tempel, rechts davon, stammt aus dem Jahre 1970. Er beeindruckt durch eine farbenfrohe, übermannshohe Buddha-Statue gegenüber dem Eingang. Über eine schmale Treppe erreicht man den etwas enttäuschenden Gonkhang.

Im Obergeschoss befinden sich die Bibliothek sowie ein kleines Museum, in dem alte *Ober-* Waffen, historische Schriftstücke und verschiedene religiöse Gegenstände zu besichti- *geschoss* gen sind.

Kürzlich wurden einige Tempel im Kloster vollkommen neu hergerichtet. Es lohnt sich *Renovierung* durchaus, einen kurzen Blick hineinzuwerfen, um einen Eindruck von moderner ladakhischer Innenarchitektur zu bekommen.

Zudem haben die Mönche eine kleine Werkstatt eingerichtet, in der alte Thankas *Thankas* restauriert werden. Angeblich verfügt das Kloster über eine Sammlung, die bis zu 400 Jahre alte Exemplare umfasst.

Phyang: Tashi Cho Dzong Gompa

Darden-Burg

Eine uralte Überlieferung berichtet von einem kleinen Königreich, dessen Hauptstadt einst am Ort des heutigen Dorfes Phyang gelegen haben soll. Aufgrund archäologischer Funde gibt es zudem klare Belege für eine vorchristliche Burg der Darden.

In deren Nähe meditierte wesentlich später der berühmte Padmasambhava in einer Höhle.

Legende

Ohne Bezug zu diesen Geschehnissen entstand in der Mitte des 16. Jahrhunderts das heutige Phyang Gompa. Einer Legende zufolge soll der damalige Herrscher Tashi Namgyal von einer sehr schweren Krankheit heimgesucht worden sein. Er wusste sich nicht anders zu helfen, als einen berühmten Magier zu sich kommen zu lassen. Nach wochenlangen Geisterbeschwörungen und Gebeten spie der König eine blaue Schlange aus, die all seine Krankheiten in sich trug. Aufgrund seiner wundersamen Heilung versprach er dem Magier, für ihn ein Kloster zu errichten, wo auch immer er es sich wünscht.

Gründung

Daraufhin wurde das Tashi Cho Dzong Gompa gegründet. Der Name des Klosters bedeutet ungefähr »Festung des glücklichen Glaubens«. Es ist – wie Lamayuru – eines der wenigen Gompas in Nordindien, das der Drigungpa-Schule angehört.

Lage

Der Klosterbau wurde auf einem flachen Hügel errichtet, der sich leicht, aber deutlich erkennbar über das restliche Phyang-Tal erhebt. Ein besonders schöner Blick auf die Anlage bietet sich von der Chörten-Gruppe, die man passiert, wenn man die Straße aus Richtung Leh kommt.

Orientierung

Üblicherweise betritt man den Komplex, nachdem man die Steintreppen vom Parkplatz hinaufgegangen ist.

Gleich linker Hand erreicht man so den Gonkhang, an den sich nach hinten der Chokhang anschließt. Folgt man dem Gang noch ein paar Meter, so kann man rechter Hand zum Klosterhof abbiegen.

Klosterhof

Der Hof ist nach allen vier Seiten von mehrstöckigen Gebäuden umgeben. Im Erdgeschoss sind allerlei Nutzräume untergebracht; in der ersten Etage dagegen verschiedene Tempel.

Vom Klosterhof aus erreicht man eine Veranda sowie den dahinterliegenden Dukhang *Dukhang* über eine fünfzehnstufige Treppe. Auf der rechten Seite des Vorbaues sitzt in einer Nische Mahakala, links findet man oberhalb einer Tür das gemalte Bild des Stammklosters Drigung (Tibet). Der Dukhang selbst ist in der Mitte zweistöckig und an den Wänden einstöckig. Durch eine Seitentür gelangt man in einen kleinen Nebenraum mit einem alten, bunt bemalten Holzaltar.

Am rechten Rand des Klosterhofes befinden sich in der ersten Etage weitere kleine *Tempel* Tempel. Die zwei sehenswertesten Räume sind der Dorje Chang Lhakhang und der *am Klosterhof* Padma Gyalpo Lhakhang. Neben verschiedenen Statuen sind hier vor allem Bücher aufbewahrt. Außerdem gibt es einen – jedoch meist verschlossenen – Raum, der Apchi, der Schutzgöttin des Drigungpa-Ordens, geweiht ist.

Die interessanteste Räumlichkeit im Gompa dürfte der Gonkhang sein. Da etwas *Gonkhang* Oberlicht einfällt, wirkt er nicht so düster, wie in anderen ladakhischen Klöstern. Das ist bei Gompas dieses Ordens allerdings nicht ungewöhnlich. Dennoch ist die Ausstattung gebührlich furchterregend: An der Decke und den Säulen des Heiligtums befestigt, findet man Tanzmasken, Vogelskelette, ausgestopfte Ziegenköpfe sowie alte Waffen (vor allem Schilde), die von einem Mongoleneinfall stammen sollen.

Hauptfigur des Raumes ist der Schwarze Mahakala. Seine vier Arme sind mit verschiedenen Attributen ausgestattet: Die Schädelschale enthält (symbolisch) ein Mittel, um Erleuchtung zu erlangen; das Beil, das er trägt, dient zum Abschneiden der Wurzeln der Unwissenheit.

Ein Blick lohnt auch auf die sehr alte und zudem gut erhaltene Wandbemalung aus dem 16. Jahrhundert. Sie enthält u.a. Motive, die Buddha Shakyamuni, Milarepa und Dorje Chang darstellen.

Östlich an den Raum der Schutzgottheiten schließt sich der Chokhang an. Beide, Gon- *Chokhang* khang und Chokhang, wurden äußerlich mit roter Farbe gestrichen. Das gemeinsame Gebäude gehört zu den ältesten Bauten des Klosters. Den Chokhang betritt man über einen Vorraum, an dessen Wänden man die Beschützer der vier Himmelsrichtungen (Lokpalas) erkennt. Sein Innenraum ist durch vier mal sieben Säulen unterteilt, die Mitte des Raumes von einer Lichtkuppel überbaut. Darunter befinden sich die Sitzgelegenheiten für die Mönche. Die Wände sind reichhaltig mit Malereien verziert. Besondere Beachtung verdient ein seltenes Mandala mit zwei um 180 Grad gegeneinander gedrehten Dreiecken. Es symbolisiert die Vereinigung des männlichen und weiblichen Prinzips.

Die übliche Figurengruppe an der Stirnseite – mit Vairocana als zentrale Figur – ist vom Hauptraum durch eine Glaswand abgetrennt.

Etwas abseits, ungefähr eine halbe Stunde Fußweg talaufwärts, liegt der Guru Lha- *Guru Lhakhang* khang, ein kleiner Tempel, der ebenfalls zum Kloster gehört. Er besitzt einige Wandmalereien, die denen im berühmten Kloster zu Alchi ähnlich sind.

Das normalerweise abgeschlossene Gebäude wurde 1999 in Teilen renoviert.

Nördlich von Phyang führt ein schmaler, überwiegend kaum erkennbarer Pfad nach *Wanderung* Leh. Da die Wegfindung hier streckenweise sehr problematisch ist, sollte man die *nach Leh* Tourenbeschreibung im Rother Wanderführer (Tour 22) zurate ziehen.

Sabu: Tashi Gephel Gompa

Lage

Nur wenige Kilometer von Leh entfernt, gleich im östlichen Nachbartal, befindet sich die weitläufige Ortschaft Sabu. Die nördlich liegende Ladakh-Kette spendet dem Tal verhältnismäßig viel Wasser. Umfangreiche Bewässerungssysteme ermöglichen den Bauern eine ertragreiche Landwirtschaft.

Burgruine

Das augenfälligste Gebäude im Ort ist die alte Burgruine auf einem Hügel inmitten des breiten Tales. Der Bau wurde Mitte des 17. Jahrhunderts unter König Deldan Namgyal errichtet und diente bis ins 19. Jahrhundert dem Schutz eines wichtigen Handelsweges zwischen Ladakh und Tibet. Im Kriege mit den Dogras wurde die gesamte Anlage zerstört. Obwohl heute kaum noch ein Stein auf dem anderen steht, empfiehlt sich das Erklimmen des Hügels durchaus: Die kurze Mühe (kein klarer Weg) wird belohnt mit einer guten Aussicht auf die Dorfanlage von Sabu, das vorwiegend von Exiltibetern bewohnte Choglamsar sowie die einstige Herrscherresidenz Stok auf der anderen Indus-Seite.

Tashi Gephel Gompa

Unterhalb der ehemaligen Burg liegt das Gompa des Ortes. Da es nur noch von wenigen Mönchen bewohnt wird, steht man leider oft vor verschlossenen Türen. Wer dennoch die Möglichkeit hat, den Versammlungsraum zu besichtigen, wird an den Seitenwänden zahlreiche Malereien erkennen. Das Hauptthema ist Buddha in seinen verschiedenen Erscheinungsformen. An der Stirnseite, im Anschluss an den Dukhang, findet man den für die Gelbmützen-Klöster typischen Figurenraum. Hier soll angeblich eine uralte Reliquie aufbewahrt werden: Die Mönche behaupten, einen Knochen des Klostergründers von Spituk in ihrem Besitz zu haben.

Wanderung nach Leh

Wer die Klosterbesichtigung mit einer Wanderung verbinden möchte, kann einen einsamen Gebirgspfad nutzen, der innerhalb von ungefähr drei Stunden zurück nach Leh führt. Eine leichtverständliche Wegbeschreibung ist im Rother Wanderführer (Tour 24) abgedruckt.

Sakti: Trakthok Gompa

Das Trakthok Gompa gehört zum ausgedehnten Dorf Sakti und liegt an der Route ins *Lage*
Nubra-Gebiet, die über den Wari-Pass die Ladakh-Kette überquert.
Nach Sakti gibt es von Leh aus täglich mehrere Direktverbindungen. Die Busse fahren *Anreise*
jedoch nur bis ins Ortszentrum. Dort zweigt eine Jeepstraße nach links zum zwei
Kilometer entfernten Trakthok Gompa ab.

Als Gründungszeit des Klosters wird häufig das 16. Jahrhundert angegeben. Damals *Geschichte*
wurden um eine Höhle einige kleine Tempel errichtet. Die Höhle selbst wird aber
schon viel länger als Ort der Religion genutzt. So soll hier bereits Padmasambhava auf
seiner Reise durch Zanskar und Ladakh im achten Jahrhundert eine Zeitlang meditiert
haben. Über Jahrhunderte hinweg war das Felsenkloster klein und wenig bedeutend.
Die meisten Gebäude, die heute besichtigt werden können, entstanden erst im 20.
Jahrhundert.

Trakthok (dt.: Felsendecke) ist nicht nur das einzige Felsenkloster in Ladakh, sondern *Bedeutung*
auch das einzige, welches dem Nyingmapa-Orden, der ältesten Schule des tibetischen
Buddhismus, angehört.

Im Klosterleben der Nyingmapa-Mönche spielen die im Februar oder März stattfinden- *Klosterhof*
den Maskentänze eine besonders große Rolle, da sie auch den Triumph des Buddhismus über die alte Bön-Religion zum Inhalt haben. Gerade das war zu Zeiten von
Padmasambhava, dem Begründer der Nyingmapa-Schule, ein außerordentlich wichtiges Thema. Der Klosterhof bildet heute das Zentrum der Anlage.

Von hier aus kann man schnell zu allen wichtigen Räumen gelangen: In der Felswand, *Orientierung*
die den Platz nach einer Seite hin begrenzt, befindet sich die Höhle des Padmasambhava. Man kann sie über einen Vorraum, zu dem Betontreppen hinaufführen, betreten.
Von dort aus ist es möglich, mittels einer Außentreppe weiter zum Kanjur Lhakhang
aufzusteigen. Den Photang (alter Dukhang) erkennt man leicht an seiner modern
wirkenden Fensterfront (links unterhalb des Kanjur Lhakhang). Er ist unmittelbar vom
Hof aus zugänglich. Links davon, zwischen Photang und den Zuschauergalerien
hindurch, gelangt man über einen kleinen Vorplatz zum (neuen) Dukhang.

Den religiös bedeutendsten Teil des Klosters stellt die Höhle des Padmasambhava dar. *Höhle des*
Sie ist nur ein paar Quadratmeter groß, dunkel und so feucht, dass oft Wasser von der *Padma-*
Decke herabtropft. Das eindringende Wasser ist den Mönchen heilig. *sambhava*
Durch die Butterlampen, die über Jahrhunderte hinweg die Grotte erhellten, sind die
Wände stark vom Ruß geschwärzt. Daher kann man die Wandmalereien auch fast nicht
mehr erkennen. Neuerdings beleuchten farbige Glühlampen die Höhle.
Auf dem Altar im Raum stehen Padmasambhava als zentrale Figur sowie weitere
kleinere Statuen, unter anderem acht vergoldete, die die verschiedenen Manifestatio-
nen des großen Lehrmeisters symbolisieren.
Auffällig sind auch die zahlreichen Geldscheine, die an der Decke kleben.

Kanjur Lhakhang	Im Kanjur Lhakhang bewahren die Mönche wichtige religiöse Schriften des Klosters auf. Der kleine Raum wird durch vier Säulen unterteilt und durch ein zweites Geschoss mit Licht versorgt.
Photang	Der Photang erhält seine Anziehungskraft vor allem durch die eindrucksvolle Figurengruppe an der Bergseite. Mittig sitzt hier Padmasambhava. Zu seiner Linken ist der vierarmige Avalokiteshvara dargestellt und rechts von ihm Demchog.
Dukhang	In seinem Aufbau ähnelt der neue Versammlungsraum dem alten sehr stark. Er ist jedoch größer und durch seine Fensterfront deutlich heller und freundlicher. Immerhin zwölf Säulen werden verwendet, um das Dach des eingeschossigen Gebäudes zu tragen.

Shey: Kristallburg und Gompa

Shey, gekennzeichnet durch seine weithin sichtbare Burganlage, kommt historisch *Bedeutung*
gesehen eine überragende Bedeutung zu. Seine herrschaftliche Tradition begann im
zehnten Jahrhundert, als Palgyi Gon (ca. 930-960), der gemeinhin als erster König von
Ladakh gilt, seine Residenz in Shey errichtete. Bis zum Jahre 1470 (Verlegung des
Herrschaftssitzes nach Leh) lag das ladakhische Machtzentrum überwiegend in Shey.
Doch auch danach blieb Shey eine Nebenresidenz der Könige. Bis zum Verlust der
Selbständigkeit des Landes war es Brauch, dass alle Nachkommen des ladakhischen
Königshauses hier geboren wurden. Dies steht im engen Zusammenhang mit der
Tatsache, dass das Staatsorakel traditionell in Shey seinen Sitz hatte.

Die »Kristallburg«, deren Name vom hellen Gestein der Umgebung herrührt, ist unge- *Burgruine*
fähr 400 Jahre alt. Weit darüber erkennt man die Reste einer alten Zitadelle, deren
Ursprünge auf das zehnte Jahrhundert datiert werden. Der Aufstieg dorthin ist wegen
der herrlichen Aussicht sehr zu empfehlen. Dabei ist allerdings ein wenig Vorsicht
geboten, da weder die Ruine noch der Weg dorthin abgesichert sind. Beim Rundblick
fallen zahlreiche Chörten und Chörten-Gruppen in der Umgebung der Burganlage auf.
Sie stammen aus verschiedenen Jahrhunderten. Ebenfalls markant ist der vordere
kleine Teich jenseits der Fahrstraße. Die Einheimischen schreiben ihm als Wohnort der
Nagas (im Wasser lebende Fabelwesen) eine besondere religiöse Bedeutung zu.

Die meisten Touristen besuchen Shey aufgrund seiner beeindruckenden Buddha-Statue *Shakyamuni-*
im zweigeschossigen Shakyamuni-Tempel, der sich inmitten der Kristallburg befindet. *Tempel*
Jedes Geschoss verfügt über einen separaten Eingang. Der untere Teil des Gebäudes
bleibt dem Besucher meist verschlossen. Die obere Etage erreicht man über die Dachterrasse der Versammlungshalle. Im Zentrum des Raumes ragt, aus dem Untergeschoss
kommend, eine knapp acht Meter hohe vergoldete Statue von Buddha Shakyamuni
hervor. Man hat die Möglichkeit, die Figur ungefähr in deren Schulterhöhe (im Uhrzeigersinn!) zu umrunden. Dabei sollte man einen Blick auf die durch den Ruß der ewig
brennenden Butterlampen geschwärzten Wandmalereien werfen.
Der Tempel wurde in der Mitte des 17. Jahrhunderts unter Deldan Namgyal zu Ehren
seines Vaters, dem berühmten Löwenkönig (Sengge Namgyal), errichtet. Sein Ziel war
es, eine Buddha-Statue von unvergleichlicher Pracht zu schaffen. Dazu ließ er sich
erfahrene Baumeister aus Nepal kommen. Diese siedelten sich nach vollendeter Tätig-
keit auf Bitten des Königs in Chilling an, das seitdem als ladakhische Hochburg für
Kunstschmiedearbeiten gilt.

Eines der wichtigsten Zeitzeugnisse von Shey befindet sich am Fuße der Burg, direkt an *Felsrelief*
der Manali-Leh-Straße. In der auffälligen Straßenbiegung, nur wenige Meter von den
Teichen in Richtung Leh entfernt, sticht ein Flachrelief aus dem zehnten Jahrhundert
ins Auge. Dargestellt sind die fünf Dhyani-Buddhas mit ihren Begleittieren. Ihre seltene
Haltung sowie das Fehlen von Schmuck und Krone machen die Figuren zu etwas
Besonderem. Die handwerkliche Ausführung, die von nicht allzu hohem Talent zeugt,
deutet darauf hin, dass Steinmetze aus der Umgebung am Werk waren.

Spituk Gompa

Bedeutung

Das in Sichtweite von Leh auf einem Bergkegel gelegene Kloster von Spituk hat seine Ursprünge im elften Jahrhundert. Im 15. Jahrhundert machten es die aus Tibet kommenden Gelbmützen zu einem ihrer wichtigsten Außenposten in Ladakh. Heute ist Spituk das ladakhische Hauptkloster des Gelbmützen-Ordens.
Die Architektur gilt als ein Musterbeispiel für den tibetisch-ladakhischen Baustil. Der Name des Klosters, der so viel bedeutet wie »beispielhaft« oder »vorbildlich«, hat jedoch andere, bisher nicht eindeutig geklärte Ursprünge.

Orientierung

Nimmt man – wie der Nahverkehrsbus – von Leh aus den ersten Abzweig ins Dorf Spituk, so stößt man unweigerlich auf die Zufahrt zum Kloster. Der Aufbau des Klosters wirkt zunächst etwas unübersichtlich.
Zur groben Orientierung sei gesagt: Der Chokhang befindet sich im Obergeschoss des Hauptkomplexes (Treppen aufsteigen), der Klosterhof deutlich weiter unten (Treppen absteigen). Der Gonkhang ist räumlich von den Hauptgebäuden getrennt. Er liegt auf der Bergspitze.

Chokhang

Der Chokhang enthält mehrere mit Silber verzierte Chörten. Gleich daneben befindet sich der auf zwei gesonderte Räume verteilte Dölma Lhakhang. Er beherbergt zahlreiche Tara-Statuen (tib.: Dölma).

Tsogchen

Der Haupttempel des Klosters, hier Tsogchen genannt, dominiert den Klosterhof und ist von ihm aus über mehrere Treppen, die man hinaufsteigen muss, zu erreichen. Der Raum wird von vier mal vier Säulen gestützt. An den bemalten Seitenwänden sind Bücherregale aufgestellt. Die Raummitte bleibt den Mönchen vorbehalten. An seiner Stirnseite findet man hinter den beiden Thronen (einer für den Dalai Lama, der andere für den Abt) einen Figurenraum. Buddha Shakyamuni ist hier die Hauptfigur. Eine Legende besagt, dass diese ungefähr drei Meter hohe Statue eine kleinere, fingergroße in sich trägt, die vom Ordensgründer Tsongkhapa höchstpersönlich stammen soll.

Chikhang

Den neuen Versammlungsraum (Chikhang) erreicht man, wenn man vom Klosterhof rechter Hand (bei Blick in Richtung Indus) eine steile Treppe hinabsteigt. Der Raum, den drei mal vier Säulen unterteilen, wurde erst 1977 eingeweiht. An seinen Wänden sieht man farbenfrohe Abbildungen, u.a. von diversen Buddhas sowie den 14 Inkarnationen des Dalai Lama. An der Stirnseite des Raumes befindet sich wiederum ein gesonderter Figurenraum.

Über ungefähr 50 Treppen gelangt man zum Gonkhang, der deutlich oberhalb des *Gonkhang* restlichen Klosters errichtet wurde. Bevor man ihn betreten kann, muss man ein kleines Gärtchen durchschreiten.

Auf der linken Seite des fensterlosen Raumes sind mehrere Statuen aufgestellt. Die größte ist ein schwarzes Standbild von Yamantaka. Er gilt als eine der furchterregendsten Gottheiten im Buddhismus. Meist sind seine Köpfe und die Waffen tragenden Arme durch Tücher verhüllt. Die rechte Wandseite mit ihren schlecht erhaltenen Fresken wirkt trotz der Masken, die an ihr aufgehängt sind, ziemlich kahl.

Etwas erschreckend ist der Blick vom Gompa aus in Richtung Norden: Militär, wohin *Lage* man auch schaut. Einige Chörten, die früher den Weg zum Kloster wiesen, sind heute gar von einem Stacheldrahtzaun umgeben. Dafür entschädigt das Panorama in südöstlicher Richtung mit dem satten Grün der Indus-Aue und dem weißen Stok Kangri.

Unterhalb der Klosteranlage liegt das gleichnamige Dorf, direkt am Ufer des Indus. Quert man die Brücke am Dorfausgang zur anderen Flussseite (ca. ½ Std. Fußweg), hat man einen sehr schönen Blick auf das Gompa.

Stakna Gompa

Das Stakna Gompa wurde auf einem markanten Hügel (Stakna bedeutet »Tigernase«) *Lage* erbaut und liegt mitten im breiten Indus-Tal, ca. 25 Kilometer von Leh entfernt. Da es sich in unmittelbarer Nähe der Manali-Leh-Straße befindet, ist es leicht mit öffentlichen Verkehrsmitteln zu erreichen: Man fährt bis zur Endstation der Thikse-Minibusse und quert dann die Indus-Brücke zu Fuß.

Es gilt als wahrscheinlich, dass das Kloster um 1580 durch einen aus Bhutan stammen- *Geschichte* den Lama als Rotmützen-Kloster gegründet wurde.

Größere Bedeutung erlangte es allerdings erst 60 Jahre später: In der ersten Hälfte des 17. Jahrhunderts übte Tibet unter dem fünften Dalai Lama (Gelbmützen-Orden) auf seine Nachbarn Ladakh und Bhutan immensen Druck aus, der später dann sogar in Kämpfen enden sollte. Das schweißte Sengge Namgyal (König von Ladakh) und Ngawang Namgyal (Begründer von Bhutan) zusammen. Da der Löwenkönig eine Übermacht der Gelbmützen-Klöster in Ladakh fürchtete, bat er Ngawang Namgyal um Unterstützung. Dieser schickte daraufhin einen Vertreter, Choje Mukzinpa, ins ladakhische Königreich. Der Gesandte stärkte dann die Rotmützen in Ladakh, indem er die in Bhutan ansässige Drukpa-Schule verbreitete. Unter anderem »erneuerte« er 1640 das Stakna Gompa, das sich später zum Hauptkloster des Drukpa-Ordens für Zanskar und Ladakh entwickelte.

Nach dem Passieren des Haupteinganges steht man sofort auf dem engen Klosterhof. Da *Orientierung* in Stakna keine Maskentänze stattfinden, stören seine geringen Ausmaße wenig. Steigt man die Treppe nach oben, trifft man direkt auf den Dukhang. Durch ihn hindurch erreicht man den Lama Lhakhang und den Dorje Phagmo Lhakhang. Im ersten Geschoss, links der Stufen, liegt der Chörten Lhakhang, rechter Hand der Guru Lhakhang und etwas weiter der Dölma Lhakhang. Im Obergeschoss findet man den Zimchung. Von dort aus hat man herrliche Ausblicke auf das obere Indus-Tal, bis hin zum Kloster in Thikse. Sogar den ehemaligen Königssitz in Shey kann man noch erahnen.

Wandmalereien   Die Räumlichkeiten sind im Inneren fast ausschließlich mit farbenfrohen Wandmalereien neueren Datums verziert. Auch wenn diese nicht unbedingt künstlerisch bedeutend sind, so vermitteln sie wenigstens einen guten Einblick in die zeitgenössische ladakhische Klostermalerei.

Chörten Lhakhang   Der Chörten Lhakhang ist der einzige Tempel mit erwähnenswerten Exponaten. Hier sind nämlich zwei reichhaltig verzierte Stupas ausgestellt. Doch auch sie sind relativ jung: Sie wurden erst im 20. Jahrhundert von einheimischen Künstlern (in Chilling) gefertigt.

Stok: Königspalast und Gompa

Die Ortschaft Stok, von Leh aus auf der anderen Indus-Seite zu sehen, erlangte ihre *Bedeutung* Bekanntheit zum einen durch den unter Bergsteigern gut bekannten Sechstausender Stok Kangri (Rother Wanderführer, Tour 27) und zum anderen durch den Königspalast, der 1825 vom damaligen ladakhischen König Tsepal Namgyal hier errichtet wurde.

Ursprünglich war er nur als eine Außenstelle des Sitzes in Leh konzipiert. Die Ge- *Geschichte* schichte wollte es jedoch, dass wenig später aus Indien kommende Dogras in das Land einfielen und es unterwarfen. Zu diesem Zeitpunkt verlor Ladakh seine politische Selbständigkeit und gehört seitdem zum indischen Einflussbereich. Der König war somit faktisch abgesetzt und zog sich 1834 endgültig nach Stok zurück. Seine Nachfahren nennen sich bis heute (pro forma) Könige von Ladakh und bewirtschaften einen Teil der Anlage.

Der Großteil des Palastes wird seit geraumer Zeit als Museum genutzt. Ein Höhepunkt *Museum* der Ausstellung ist die Krone der Königin, ein reichhaltig mit Türkisen besetzter Perak (traditioneller ladakhischer Kopfschmuck der Frauen). Darüber hinaus werden in mehreren Räumen diverse historische Gegenstände aus dem Besitz der Königsfamilie gezeigt. Dazu gehören beispielsweise alte Thankas, königliche Kleidungsstücke, Musikinstrumente, Waffen, Siegel und Münzen.
Mit Ausnahme von kunsthistorisch interessierten Personen dürfte die etwas dürftig wirkende Ausstellung bei den meisten wenig Begeisterung hervorrufen.

Als eindrucksvoll muss man hingegen die Palastanlage bezeichnen, insbesondere die *Architektur* prächtigen Holzkonstruktionen, die an verschiedenen Stellen des Bauwerkes sehr positiv zu dessen Erscheinungsbild beitragen. Nicht zu verachten ist außerdem die weite Aussicht auf das Indus-Tal mit Blicken bis nach Leh und Spituk.

Der Name Stok soll von einem mit einer Goldkrone verzierten Chörten (Tog) herrühren, *Legende* den es hier gegeben haben soll. Angeblich beinhaltete dieser einen schafkopfgroßen Türkis sowie ein Getreidekorn von den Ausmaßen eines Taubeneies.

In der Ortschaft Stok gibt es außerdem noch ein kleines, nicht weiter sehenswertes *Gurphug Gompa* Kloster mit dem Namen Gurphug Gompa. Es ist mehr oder weniger eine Außenstelle des Klosters von Spituk.

Ganz im Süden des Dorfes macht die Asphaltstraße einen großen Bogen und führt *Stok-Kangri-* wieder zurück in Richtung Indus. *Besteigung*
Hier beginnt eine Trekkingroute in die Stok-Berge. Ein Pfad führt zum Stok-Kangri-Basislager. Von dort aus hat man die Möglichkeit, den höchsten Berg in der Umgebung von Leh innerhalb eines Tages zu besteigen.
Detaillierte Hinweise und zahlreiche Tipps werden im Rother Wanderführer (siehe Literaturempfehlungen) gegeben.

Thikse Gompa

Thikse Thikse gehört zu den größeren Ortschaften im oberen Indus-Tal. Das Dorf zieht sich über mehrere Kilometer links und rechts der Manali-Leh-Straße hin. Wer mit dem Bus durch Thikse fährt, stellt fest, dass viele Frauen in der Ortschaft ein Kopftuch tragen. Das zeigt, dass ihre Familien moslemischen Glaubens sind. Ihre Vorfahren kamen bereits im 17. Jahrhundert im Zuge der Vermählung eines ladakhischen Königs mit einer baltistanischen Frau hierher. Seitdem leben in Thikse Buddhisten und Moslems friedlich nebeneinander. Auch das mächtige Kloster im Ort war stets darauf bedacht, zur Verständigung beizutragen.

Geschichte Die Wurzeln des Klosters reichen bis ins 15. Jahrhundert zurück. Damals prophezeite Tsongkhapa, der Gründer des Gelbmützen-Ordens, dass seine Lehren am rechten Ufer des Indus auf nährreichen Boden stoßen werden. Schon wenige Jahre nach seinem Tod wurde seine Aussage mit Leben erfüllt. Sherab Zangpo kam in die Gegend und war von einem nahezu pyramidenförmigen Hügel derart inspiriert, dass er an ihm um 1440 einen Tempel errichtete. Nur wenige Jahre später entstanden die ersten Gebäude des Gelbmützen-Klosters.

Orientierung Heute erstreckt sich die Anlage über die gesamte östliche Seite des Hügels. Durch ihre prädestinierte Lage ist sie schon kilometerweit erkennbar. Die an den Hang geklecksten Häuser mit den Haupttempeln als Krone bieten vor tiefblauem Himmel von Osten aus ein herrliches Fotomotiv.
Der Zugang ist über mehrere Zickzackwege von der Manali-Leh-Straße her möglich. Der Hauptweg ist ausgeschildert. Alternativ besteht die Möglichkeit, über eine geteerte Fahrstraße direkt zu dem am Eingangstor gelegenen Klosterparkplatz hinaufzufahren. Das Gompa gehört zu den wichtigsten Zielen von Reisegruppen, die Ladakh besuchen. Darauf haben sich die Mönche inzwischen eingestellt. Zur Erleichterung der Orientierung sind alle wichtigen Tempel beschriftet.

Puja am Morgen Zurzeit leben im Gompa, das zu den wohlhabendsten in Ladakh zählt, über hundert Mönche und Novizen. Eine der Hauptattraktionen ist die Puja (religiöse Zeremonie) am Morgen, an der i.Allg. fast alle Mönche teilnehmen. Sie beginnt ungefähr 6.30 Uhr und dauert normalerweise ein bis zwei Stunden.

Unterkünfte/ Verpflegung Da das Kloster an der Hauptstraße zwei Hotels verschiedener Preisklassen sowie ein sehr schönes Gartenrestaurant betreibt, ist es kein organisatorisches Problem, an dieser Puja teilzunehmen oder ein paar Tage im Ort zu verbringen.

Maitreya-Tempel Als ausgesprochen sehenswert gilt der Maitreya-Tempel. Sein Aufbau gleicht seinem Vorbild aus dem nur wenige Kilometer entfernten Shey. Auch er ist zweistöckig und beherbergt eine riesige Buddha-Statue. Während die historisch wertvollere Figur in Shey aus kostbareren Materialien erbaut wurde, ist die Statue in Thikse nach Meinung der meisten Besucher einfach schöner anzuschauen. Sie besitzt eine Höhe von zwölf Metern und entstand erst am Ende der siebziger Jahre des vergangenen Jahrhunderts.

Den Auftrag zur Erschaffung dieser Figur bekam der bedeutende ladakhische Künstler
Nawang Tsering. Er schuf diesen Buddha aus Lehm und bemalte ihn mit grellen
Farben. Dabei gelang es ihm, ein anmutiges und freudevolles Bild von Buddha zu
vermitteln, das keineswegs kitschig wirkt. Besucher des selten geöffneten Unterge-
schosses können erkennen, dass Maitreya mit verschränkten Beinen auf einer Lotusblüte sitzt. Das erstaunt, da der Buddha des künftigen Weltzeitalters normalerweise eine
europäische Sitzhaltung einnimmt. Die meisten Menschen bekommen die Statue nur
oberhalb der Schulter zu Gesicht: Ihr übermannshohes, goldenes Haupt wird durch
eine fünfteilige Krone verziert. Jeder Teil enthält die Darstellung eines Dhyani-Buddha.

*Maitreya-
Statue*

Klosterhof	Vom Ausgang des Maitreya-Tempels blickt man direkt auf den langgestreckten Klosterhof. Hier finden im Winter die Maskentänze statt. Auf der gegenüberliegenden Seite des Platzes erkennt man in der ersten Etage den Versammlungsraum (Dukhang).
Dukhang	Wie in tibetischen Klöstern üblich, wird man am Eingang von den Wächtern der vier Himmelsrichtungen begrüßt. Bemerkenswert ist die ebenfalls in diesem Bereich zu findende volkstümliche Darstellung des Lebensrades. Im Inneren fallen besonders die aufwendigen Holzarbeiten auf. Harmonische Farben und Holzschnitzereien verleihen dem Raum Gemütlichkeit. Rätsel geben die vier hohen Holzsäulen in der Mitte auf, die das Dach halten. Da derartig mächtige Gehölze in Ladakh nicht vorkommen, geht man inzwischen davon aus, dass sie aus einer fernen Region importiert wurden.
Tsankhang	Besondere Aufmerksamkeit verdient der Figurenraum, der durch eine Tür an der Stirnseite zugänglich ist. Das schmale, enge und dunkle Zimmer ist an seinen Innenwänden durch feine Wandmalereien (Tierdarstellungen und Fabelwesen) verziert.
Gonkhang	Im Hauptgebäude, das den Klosterhof nach Westen hin begrenzt, liegt in einer der oberen Etagen der Gonkhang. Er enthält sehr schöne Wandmalereien. Das wichtigste Thema der Kunstwerke ist die Warnung der Menschen vor schlechtem Lebenswandel. Daher dominieren schreckliche Wesen wie blutrünstige Hunde, feuerspeiende Yaks, wilde Pferde, riesige Krähen und andere Fabelwesen an der Außenwand. Der Einfluss der alten Bön-Religion tritt in den Bildern unverkennbar hervor. Bemerkenswert ist auch die Darstellung der tanzenden Skelette (Chitipati), die die Vergänglichkeit alles Irdischen symbolisieren sollen. Die zentrale Hauptfigur des Raumes stellt der neunköpfige Yamantaka dar, der außerdem 34 Hände und 16 Beine besitzt. An seiner rechten Seite steht Kalarupa, links der sechsarmige Mahakala. Die Köpfe dieser Figuren sind meist mit Tüchern verhängt. Etwas weiter im Vordergrund erkennt man die Göttin Palden Lhamo.

Weitere interessante Tempel befinden sich auf der Dachterrasse. Wenngleich sie selten *Tempel auf der* geöffnet sind, lohnt sich der Aufstieg trotzdem. Grund dafür ist der herrliche Ausblick *Dachterrasse* in alle Himmelsrichtungen.

Als beeindruckendster Tempel hier oben gilt der Lhamo Lhakhang am hinteren Ende. *Lhamo* Er ist Palden Lhamo geweiht. Die Hauptfigur, in dem mit kräftigen Farben neu gestalte- *Lhakhang* ten Raum, wird durch einen Vorhang verdeckt. Dieser Tempel darf nicht von Frauen betreten werden.

Nach vorne hin schließen sich eine kleine Bibliothek (Kanjur Lhakhang) mit Maitreya *Kanjur* als zentrale Figur sowie der Chamsing Lhakhang an. *Lhakhang*

Die Kristallburg von Shey ist nur wenige Kilometer von Thikse entfernt. Wer früh *Spaziergang* startet, kann beide Sehenswürdigkeiten an einem Tag besichtigen und dabei die Strecke *nach Shey* zwischen Thikse und Shey zu Fuß zurücklegen. Der einstündige entspannende Spazier- gang ist auch im Rother Wanderführer (Tour 23) empfohlen.

Reiseinformationen zum Unteren Ladakh

Verkehrs-
verbindungen

Ins Untere Ladakh gibt es von Leh aus täglich mehrere Verbindungen. Man kann u.a. jeden Bus nach Kargil bzw. Srinagar nutzen und an der gewünschten Stelle aussteigen. Darüber hinaus existieren tägliche Direktverbindungen, beispielsweise nach Alchi, Likir, Temisgam, Skurbuchan und sogar nach Dha.

Permit

Für die Dha-Hanu-Region wird ein Innerline Permit benötigt, das in Leh beantragt werden kann und dann maximal 14 Tage lang gültig ist.

Die Leh-Kargil-Route (bis Khaltsi)

Leh

Auf den ersten Kilometern unterhalb von Leh nimmt der Bus Kurs in Richtung Indus. Rechts am berühmten Kloster von Spituk vorbei verläuft die Straße zunächst in unmittelbarer Flussnähe. Unweit des Abzweiges nach Phyang gerät der Indus außer Sichtweite. Ein kahler Landstrich schließt sich an.

Zanskar-
Mündung
Abzweig
nach Padum

Nach ungefähr einer Stunde erkennt man linker Hand den Zusammenfluss zweier mächtiger Ströme. Es mündet der breitere, häufig klarere Zanskar in den Indus. 2024 wurde eine Straße (Chadar-Route) fertiggestellt, die den Zanskar-Fluss direkt aufwärts führt, die spektakuläre Zanskar-Schlucht durchquert und somit auf kürzestem Weg nach Padum leitet.

Basgo

Im Indus-Tal folgen die Ortschaften Nimmu und Basgo. Letztgenannte kann auf eine lange herrschaftliche Tradition zurückblicken. Zu Beginn des zweiten Jahrtausends war Basgo eine wichtige Grenzbastion und später sogar der Sitz verschiedener Machthaber über das Untere Ladakh. Nach der blutig herbeigeführten Reichseinigung im Jahre 1470 verlor Basgo etwas an Bedeutung. Obwohl das Geschlecht aus Basgo siegte, verlegte es die Hauptstadt nach Leh. Basgo wurde zur Zweitresidenz der Namgyal-Dynastie. Inzwischen ist die ehemalige Burg verfallen, so dass nur noch ihre Ruinen zu besichtigen sind.

Likir

Saspol
Alchi

Anschließend verliert man den Indus nochmals für kurze Zeit aus den Augen. Vor dem Abzweig einer Nebenstraße nach Likir nimmt die Hauptroute einen kleinen Pass und findet danach bei Saspol erneut das Flussbett. Hier kann man den Indus überqueren und zum Kloster von Alchi gelangen. Die Srinagar-Leh-Straße bleibt aber auf der rechten Talseite.

Nurla

Temisgam

In der Gegend von Nurla wird es wieder ein bisschen grüner. Dort mündet rechter Hand ein fruchtbares Tal ein. Folgt man dem Nebenfluss nordwärts, erreicht man den Ort Temisgam, der zeitweise sogar Königssitz war. Die Straße nach Khaltsi verläuft jedoch weiterhin direkt neben dem Indus.

Khaltsi

In der »Hauptstadt« des gleichnamigen Verwaltungsbezirkes Khaltsi gibt es mehrere einfache Gaststätten und Hotels. Die meisten Busfahrer legen hier eine Rast ein. Der Ort ist für ladakhische Verhältnisse durchaus bedeutend, da in seiner Nähe einige Straßen von der Hauptroute nach Srinagar abzweigen.

Abstecher in die Dha-Hanu-Region

Eine dieser abbiegenden Straßen ist diejenige nach Dha, dem wichtigsten Dorf einer *Darden*
Region, die vorzugsweise von Darden besiedelt wird (Dha-Hanu-Region).
Die ganze Zeit führt die Straße durch eine karge Landschaft mit nur vereinzelten *Skurbuchan*
grünen Oasen. Das größte Dorf auf diesem Ausflug ist Skurbuchan, welches allerdings
noch typisch ladakhisch ist.
Als erste vorwiegend von Darden bewohnte Siedlung gilt das direkt an der Straße *Hanu-Dörfer*
gelegene Hanu Thang. Hier mündet der Hanu Chu, von rechts kommend, in den Indus.
Folgt man dem Hanu-Chu-Tal aufwärts, gelangt man zu weiteren Hanu-Dörfern.
Nur wenige Kilometer nach Hanu erreicht man in Sanjak einen Straßenabzweig, auf *Sanjak*
dem man durch ein zunächst enges Tal nach Chiktan, der früheren »Hauptstadt« von *Chiktan*
Purig, und weiter nach Kargil fahren kann. Die Hauptroute bleibt aber am Indus.
Hinter Beema, einem ebenfalls indoarischen Dorf mit einigen Übernachtungsmöglich- *Beema*
keiten, werden die Pässe und die Genehmigungen kontrolliert.
Gleich anschließend zweigt von der Hauptstraße nach Kargil (Weiterfahrt dorthin für *Dha*
Ausländer derzeit nicht gestattet) eine Stichstraße nach rechts ab. Sie quert wenig
später einen Fluss und endet am Eingang von Dha (Endhaltestelle des Busses).
Von hier aus führt ein schmaler Fußweg weiter durchs Dorf und danach vorbei an
mehreren Feldern und unzähligen Aprikosen- und Walnussbäumen. Auf ihm lässt es
sich vorzüglich entlangspazieren, bis er letztendlich an der asphaltierten Straße zwischen Dha und Beema endet.
Weil die Region deutlich unterhalb von dreitausend Metern Höhe liegt, hat sie ein sehr *Klima*
angenehmes Klima. Das versetzt die Dorfbewohner in die Lage, auch so (für Ladakh)
exotische Früchte wie Weintrauben anzubauen. Auf ihren Feldern fahren die Bauern
normalerweise zwei Ernten im Jahr ein, was sonst innerhalb des Ladakh-Distriktes nur
noch in Nubra möglich ist.
Ein bis zwei Tage lassen sich wunderbar in der Gegend verbringen: Dha weist ein paar *Unterkünfte/*
Homestays auf, die Unterkunft und Verpflegung anbieten. Man kann durch das Dorf *Verpflegung*
schlendern und den Leuten bei der Arbeit zuschauen. In den Sommermonaten beschäftigen sich viele mit dem Ernten und dem Auslesen von Aprikosen. Überall am Wegrand
und auf den Dächern liegen die Früchte zum Trocknen aus.

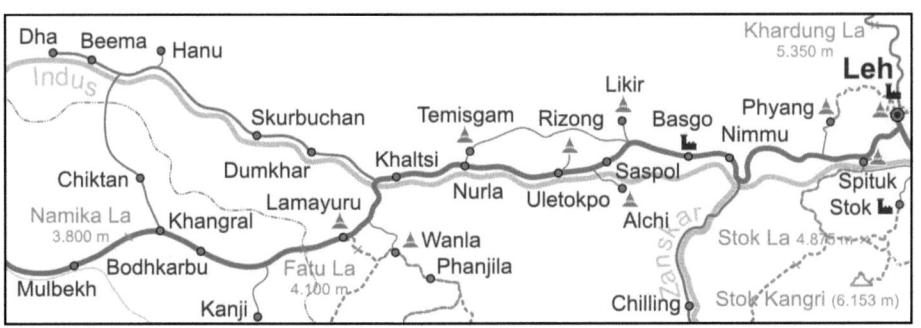

Alchi: Choskor

Gründung

Das Kloster in Alchi ist eines der ältesten im Unteren Ladakh. Seine Ursprünge gehen auf das elfte Jahrhundert zurück. Alchi gehört zu den 108 Tempeln, die Rinchen Zangpo in Westtibet und Ladakh gegründet haben soll. Da in dieser Zeit Kaschmir eines der wichtigsten Zentren des Buddhismus war, wurden kaschmirische Künstler mit der Gestaltung des Klosters beauftragt.

Bedeutung

Das Ergebnis ihrer Arbeiten war für die damalige Zeit einzigartig in Ladakh. Auch heute noch gehört das Kloster zum kunsthistorisch Wertvollsten, was Ladakh und die angrenzenden Regionen zu bieten haben. Es wurde daher zum geschützten Weltkulturerbe erklärt.

Obwohl das Gompa früher zu den wichtigsten der Region zählte, ist es derzeit eher ein Museum als ein Kloster. Jetzt leben nur noch wenige Mönche hier, deren vorrangige Aufgabe die Beaufsichtigung der Gebäude ist.

Sumstek-Tempel

Die gut beschilderte Anlage besteht aus mehreren Tempeln, die auf den ersten Blick alle etwas unscheinbar wirken. Auf den zweiten Blick hingegen sticht – gegenüber einer Gruppe großer weißer Chörten – ein dreistöckiges Bauwerk, der Sumstek-Tempel, ins Auge.

Schon die aufwändigen Holzschnitzereien im Eingangsbereich, die sowohl kaschmirische als auch europäische Einflüsse aufweisen, suchen ihresgleichen. Obwohl die Konstruktion aus der Gründungszeit der Anlage stammt, erscheint sie – trotz nicht unerheblicher Witterungseinflüsse in dieser Gegend – stabil wie vor 900 Jahren.

Chörten

Der Innenraum wird durch einen zentral auf einem Sockel errichteten weißen Chörten dominiert. An drei Seiten existieren jeweils ungefähr zwei Meter breite und über vier Meter hohe Figurennischen.

Großfiguren

In jeder befindet sich eine Buddha- bzw. Bodhisattva-Figur, die allesamt so groß sind, dass sie mit ihren Augen in das zweite Stockwerk schauen. Jedes Idol ist vierarmig und trägt als einzige Bekleidung ein Hüfttuch.

Gegenüber dem Eingang, in der Westnische, ist Maitreya, die größte der drei Figuren, zu erkennen. Rechts davon findet man Manjushri, der – so wie Maitreya – mit einem goldenen Gesicht und einem rotbraunen Oberkörper dargestellt ist. Im Süden der Anlage steht Avalokiteshvara, den man an seiner weißen Hautfarbe leicht identifizieren kann. Jede der Statuen ist von deutlich kleineren Tara-Idolen umgeben, wobei die friedvollen Erscheinungsformen der Göttin überwiegen.

Figuren-nischen

Sowohl die Nischen als auch die Abschnitte dazwischen sind durch ungewöhnlich detaillierte Fresken verziert. Man nimmt an, dass sie – wie auch die Großfiguren – im 11. Jahrhundert entstanden.

Fresken

Von außen betrachtet, erinnert der Sumstek-Tempel an eine dreistufige Pyramide. Im Gebäude ist dieser Stufenbau jedoch kaum auszumachen. Da – verursacht durch die Figurennischen – das Mauerwerk am Boden deutlich dicker ist, weisen das untere und das mittlere Stockwerk innen nahezu identische Abmessungen auf (ca. sieben mal sieben Meter). Hinzu kommt, dass die Zwischendecke nur als umlaufender Gang konzipiert ist. Deshalb erscheinen die beiden unteren Etagen als ein einheitlicher Raum.

Achitektur

Obergeschoss	Der obere Stock hingegen ist von deutlich kleinerem Grundriss. Er dient nicht – wie in zahlreichen anderen ladakhischen Klöstern – als Lichtkuppel, sondern vielmehr als Schmuckelement, das mit gekonnten Mandala-Zeichnungen verziert ist. Das Betreten des obersten Stockwerkes ist prinzipiell nicht möglich. Das mittlere kann hingegen mit einer Leiter (früher wurde ein Einbaum genutzt) erklommen werden. Aus Gründen des Denkmalschutzes und der persönlichen Sicherheit ist die Besichtigung für Touristen allerdings nicht gestattet. Bilder zeigen aber, wie die Köpfe der drei übergroßen Standfiguren über den Zwischengang hinausragen und dass sich so die Idole gegenseitig anblicken.
Orientierung	Folgt man dem Gang, der unterhalb des Sumstek-Tempels links vorbei an einer Reihe kleinerer Chörten weiter in Richtung Indus führt, gelangt man zunächst zum Dukhang, welcher über einen Vorgarten verfügt, und später zu einem Hof mit Aprikosenbäumen, an dessen linker Seite zwei kleine Tempel, der Manjushri Lhakhang und der Lotsawa Lhakhang, zu finden sind.
Dukhang	Der Dukhang, den man oft auch als Vairocana Lhakhang bezeichnet, ist der größte Tempel zu Alchi. Man betritt ihn über einen weitläufigen überdachten Vorraum, in dem wiederum fein gearbeitete Holzschnitzereien auffallen. An der hinteren Wand, rechts und links des Einganges zum eigentlichen Versammlungsraum, wurden verschiedene (weniger kunstvolle) Statuen untergebracht. Im Dukhang selbst, welcher an den mittigen Sitzreihen für die Mönche leicht erkennbar ist, gilt Vairocana als wichtigste Figur. Zwei übereinander angeordnete Köpfe blicken direkt auf die Besucher. Vairocana sitzt auf einem Thron und ist u.a. von schlangenförmigen Fabelwesen umgeben.
Lotsawa Lhakhang	Der Lotsawa Lhakhang (»Tempel des Übersetzers«) soll an den vermutlichen Tempelgründer, den bekannten Übersetzer Rinchen Zangpo erinnern. Dem rund 800 Jahre alten Tempel wurde eine ungefähr zwei Meter breite Veranda vorgebaut. Seine hölzerne Eingangstür ist durch sehenswerte Schnitzereien verschönert. Buddha Shakyamuni stellt das zentrale Idol im Raum dar. Er wird flankiert von Rinchen Zangpo (links) und dem vierarmigen Avalokiteshvara (rechts). Die genannten Figuren tauchen in den (im Vergleich zum Sumstek-Tempel merklich einfacheren) Wandmalereien nochmals auf.
Manjushri Lhakhang	Unmittelbar neben dem Lotsawa-Tempel, im selben Gebäude, befindet sich etwas weiter nördlich der Manjushri Lhakhang. Die Konstruktion der beiden Tempel ist sehr ähnlich. Die technische Ausführung der Figurengruppe mit dem blauen Manjushri im Zentrum wirkt dagegen äußerst kitschig. Dazu passt die unsachgemäße Erneuerung der Wandmalereien an der Türseite.
Tourismus	Aufgrund ihrer überragenden Bedeutung wird die Tempelanlage von Touristengruppen rege besucht. Daher ist es tagsüber kaum möglich, die künstlerische Qualität in Ruhe zu betrachten. So eignen sich die frühen Morgenstunden oder der späte Abend am besten für eine Besichtigung. Die dafür notwendigen Übernachtungsmöglichkeiten werden durch die zahlreichen Hotels im Dorf bereitgestellt.

Basgo: Burg und Tempelanlage

Gut 40 Kilometer westlich von Leh, nachdem sich die Flüsse Zanskar und Indus bereits *Lage* vereinigt haben, trifft man auf eine grüne Oase nördlich des Indus, die sich weit in ein Seitental hineinzieht. Etwas oberhalb des inzwischen mächtigen Flusses liegt das Dorf Basgo in einer sehr geschützten Tallage. Dadurch ist das Klima vergleichsweise mild, und die Bauern können so meist gute Ernten einfahren.

Der Name des Ortes ist dardischen Ursprunges und bedeutet »Bullenkopf«. Die Be- *Basgo* zeichnung soll von einem Findling herrühren, der die Menschen an den Kopf eines Bullen erinnerte. Aus dieser Tatsache folgt unmittelbar, dass die Gegend um Basgo im *Dardische* ersten Jahrtausend ein dardischer Siedlungsraum gewesen sein muss. Erst im zehnten *Siedlung* Jahrhundert kamen nämlich tibetische Zuwanderer ins heutige Ladakh und bewohn- ten, alten Überlieferungen zufolge, diese Indus-Region westlich von Leh. Damit befand sich Basgo über Jahrhunderte hinweg im Grenzbereich zu den weiter westlich gelege- nen dardischen Fürstentümern.

Zu Beginn des 15. Jahrhunderts kam es zu Unstimmigkeiten innerhalb der ladakhi- *Geschichte* schen Königsfamilie. Diese wurden durch eine Teilung des Reiches zumindest vorüber- gehend beigelegt.
Anschließend regierte Drags Bum De von Shey bzw. Sabu aus das Obere Ladakh. Das *Dragspa Bum* Untere Ladakh bekam sein jüngerer Bruder Dragspa Bum. Er bestimmte Basgo zu seinem Herrschaftssitz und erbaute hier, erhöht über dem Talgrund, eine mächtige Burganlage.
Von Basgo aus initiierte Dragspa Bum mehrere Feldzüge gegen kleinere, weiter westlich *Siegreiche* gelegene, dardische Fürstentümer und dehnte so sein Reich beträchtlich aus. Er erober- *Kriegszüge* te damals die Gebiete, die man heute als Unteres Ladakh bezeichnet.
Ganz offensichtlich ging das Reich gestärkt aus diesen Feldzügen hervor, denn im Jahre *Lhachen* 1470 konnte das Obere Ladakh in einem siegreichen Kampf unterworfen werden. Der *Bhagan* damalige Herrscher des Unteren Ladakh, Lhachen Bhagan, verlegte (wohl aus traditio- nellen Gründen) seine Residenz zurück ins Obere Ladakh, nach Leh.

Fortan war Basgo die Zweitresidenz *Zweitresidenz* der ladakhischen Könige, und als solche wurde dem Ort über Jahre hinweg besondere Zuneigung zuteil. So ließ zum Beispiel Sengge Nam- *Sengge* gyal den Serzang Lhakhang (1622 *Namgyal* fertiggestellt) mit einer – für damali- ge Verhältnisse – beachtlich großen, vier Meter hohen Maitreya-Statue aus Gold und Kupfer erbauen. Diese gab dem Tempel ihren ungewöhnli- chen Namen: Aus dem Tibetischen übersetzt, bedeutet »Ser« soviel wie »Gold«, und »Zang« heißt »Kupfer«.

Zerstörung   Doch schon in den achtziger Jahren des 17. Jahrhunderts, während der berüchtigten
                      »Schlacht von Basgo« gegen die Tibeter, kam es zu verheerenden Zerstörungen an der
                      Burg. Heute kann man nur die Überreste der Festung in Form von Ruinen begutachten.

Orientierung   In der Dorfmitte, unmittelbar an der Brücke über den Nebenfluss Basgo Tokpo, zweigt
                      talaufwärts eine Zufahrtsstraße zum ehemaligen Palast ab. Diese endet mit einem
                      Parkplatz direkt am Gebäudekomplex.
                      Oberhalb des Parkplatzes thront der weiß getünchte Chamba Lhakhang, ungefähr auf
                      gleicher Höhe liegen die Palastruine und die anderen wichtigen Tempel.

Chamba   Im Chamba Lhakhang befindet sich eine zweite, aus Ton gefertigte, acht Meter hohe
Lhakhang   Maitreya-Statue. Sie soll noch aus der Gründungszeit des Tempels, dem späten 15. Jahr-
                      hundert, stammen. Ebenfalls interessant sind die Wandmalereien aus dem 16. Jahrhun-
                      dert. Sie zählen zu den sehenswertesten und wertvollsten in Ladakh, sind aber durch
                      einen Wassereinbruch zuletzt teilweise beschädigt worden.
                      Vom Chamba Lhakhang aus hat man einen herrlichen Blick, sowohl auf die Burgruine
                      als auch auf das Dorf.

Palastruine   Nach der Besichtigung des Maitreya-Tempels lohnt sich der Abstieg zur Palastruine,
                      deren Gebäude derzeit nicht zugänglich sind. In ihrer unmittelbaren Nähe liegt –
                      allerdings etwas versteckt – der Serzang Lhakhang.

Serzang   Neben der goldenen Maitreya-Statue wird im Serzang Lhakhang eine wertvolle Ausga-
Lhakhang   be der lamaistischen Schriften Kanjur und Tanjur aufbewahrt. Diese Kopie der 333
                      Bände ließ Sengge Namgyal von einem damals bedeutenden Kalligraphen als kunstvol-
                      le Auflage herstellen.

Cham-Chung-   Eine Besonderheit findet man am unteren Ende der Anlage: Der durch einen umlaufen-
Tempel   den Balkon markante Cham-Chung-Tempel erinnert zunächst stark an einen islami-
                      schen Schrein. Dies liegt daran, dass er einstmals für die aus Baltistan stammende (und
                      damit moslemische) Frau des Königs Jamyang Namgyal erbaut wurde. Des Herrschers
                      Sohn, Sengge Namgyal, heiratete ebenfalls eine baltistanische Prinzessin, die ihrerseits
                      veranlasst haben soll, dass der Schrein in einen buddhistischen Tempel umgewandelt
                      wurde.
                      Im Tempelinneren ist es so eng, dass man kaum Platz hat, ihn zu betreten. In seinem
                      Zentrum wurde eine weitere, deutlich kleinere Maitreya-Statue aufgestellt, die von
                      einem schmalen, rund einen Meter breiten Gang umgeben ist. Die Innenwände sind
                      durch schöne Malereien verziert.
                      Direkt am Cham-Chung-Tempel beginnt ein Fußweg, der hinab ins Dorf führt und an
                      der Srinagar-Leh-Straße endet.

Lamayuru: Yung Drung Tarpa Ling Gompa

Eines der ältesten, sagenumwobensten und beeindruckendsten Klöster von Ladakh *Lage*
liegt oberhalb des Dorfes Lamayuru, ca. 114 Kilometer von Leh entfernt, an der Srinagar-Leh-Straße. Insbesondere wenn man aus Richtung Leh kommt, strahlt der Bau eine
unbeschreibliche Machtfülle aus: Hoch oben, auf säulenförmige Gesteinsformationen
gestützt, erstreckt sich ein faszinierender Gebäudekomplex.

Um die Entstehung des Klosters rankt sich eine uralte Legende, die teilweise sogar *Legende*
wissenschaftlichen Erkenntnissen standhält: Einst war das Gebiet um Lamayuru von
einem großen See bedeckt, in dem Schlangengeister (sogenannte Nagas) ihr Unwesen
trieben. Da kam der Wanderasket Nyimagun in die Gegend. Dieser hatte besondere
Reiskörner in seinem Besitz. Als er sie auf den See streute und die Schlangengötter sich
darüber hermachen wollten, formten sich diese zu einem rechtsdrehenden Swastika
(Hakenkreuz), einem Zeichen Buddhas. Dieses ließ die alten Bön-Geister die Macht des
Buddhismus erkennen und sie flüchteten. Daraufhin verschwand auch der See und
eine Erhebung, die vorher unter Wasser lag, wurde sichtbar. Dort gründete Nyimagun
das Gompa.
Der erste Teil des Klosternamens Yung Drung (sanskrit: Swastika) nimmt noch immer
Bezug auf diese Erzählung. Der Zusatz Tarpa Ling bedeutet so viel wie »Platz der
Freiheit«.

Geologie

Neueren geologischen Erkenntnissen zufolge soll sich in dieser Gegend tatsächlich einmal ein Süßwassersee befunden haben. Die Linie des damaligen Wasserstandes ist die obere Grenze des gelbfarbenen Gesteins im Umland. Aufgrund geologischer Aktivitäten, so nimmt man an, floss der See einst in den Indus ab.

Diese These erklärt auch die herrlichen Gesteinsformationen um Lamayuru: Durch den See kam es zu Sandablagerungen, die sich zu Sandstein verfestigten. Wind und Wetter trugen diesen im Laufe der Jahrtausende teilweise wieder ab. Die festen Bestandteile hielten den Ereignissen stand und stehen heute schornsteinartig in der Landschaft.

Geschichte

Die geschichtlich nachweisbare Entstehung des Klosters wird auf das elfte Jahrhundert gelegt: Damals meditierte der berühmte Naropa hier in einer Höhle. Um diese herum befindet sich heute der Hauptbau der Anlage. Erstmals stärker an Bedeutung gewann das Kloster durch Rinchen Zangpo, der hier mehrere kleine Tempel errichten ließ. Noch aus dieser Zeit stammen der Sengge Lhakhang (dt.: Löwen-Tempel) sowie der Lotsawa Lhakhang (dt.: Tempel des Übersetzers). Letztgenannter ist inzwischen fast vollkommen zerstört.

Bedeutung

Zu einem der wichtigsten Klöster von Ladakh wurde Lamayuru schließlich im 16. Jahrhundert. In dieser Zeit schlossen sich zahlreiche Gompas in Ladakh der Gelbmützen-Schule an. Das war dem damaligen König Tashi Namgyal ein Dorn im Auge, und er sorgte dafür, dass Lamayuru religiös das blieb, was es war, ein Kloster des Rotmützen-Ordens. Um diese Position zu festigen, wurde Lamayuru der Hauptsitz der zur Rotmützen-Schule gehörenden Drigungpa-Sekte. Damit waren eine Reihe von Privilegien verbunden, die die Macht des Klosters ausbauten. Heute ist das Gompa eines der meistbesuchtesten in Ladakh.

Kritik

Der Kommerz trieb das Klosterleben in eine bedauernswerte Richtung: Das prächtigste Gebäude ist das vom Kloster betriebene Hotel. Es bietet mit die schönsten und teuersten Zimmer weit und breit an. Zeitgleich werden Reparaturen an den heiligen Gebäudeteilen nur notdürftig ausgeführt. Der untere Teil der Klosteranlage (zum Löwen-Tempel hin) besteht größtenteils nur noch aus Ruinen. Ebenfalls befremdlich wirkt, dass die religiösen Räumlichkeiten meist nur dann geöffnet haben, wenn größere Touristengruppen anwesend sind. Diese müssen dann Eintritt bezahlen, um den Versammlungsraum zu betreten, und bekommen dafür – wenn sie Glück haben – ein buddhistisches Ritual vorgeführt.

Zum Kloster hinauf führt eine asphaltierte Straße. Neben dem Eingang linker Hand *Orientierung* findet man das angeschlossene Hotel. Etwas weiter, rechter Hand, erkennt man eine Ansammlung mehrerer Chörten. Diese zählt zu den größten Chörten-Gruppen in Ladakh. Die Chörten und Gebetsmühlen enthalten verschiedene, teilweise uralte Reliquien. Dahinter steht das Hauptgebäude, das um die Meditationshöhle von Naropa erbaut wurde und u.a. den Chokhang und den Gonkhang beherbergt. Links der Chörten-Gruppe, etwas unterhalb des neu erbauten Hotels, liegt der Chenresig Lhakhang. Darüber am Berg erkennt man einige Häuser, die zum »Meditation Centre« gehören. Ein Ausflug dorthin lohnt schon allein wegen der Aussicht auf das sogenannte »Moon Valley«.

Zum Löwen-Tempel, der Hauptsehenswürdigkeit des Klosters, gelangt man wie folgt: *Sengge* An der hinteren, der Chörten-Gruppe abgewandten Seite des Hautgebäudes befindet *Lhakhang* sich ein Gang, der in steil bergab führende Treppen mündet. Diesen folgt man nach *Weg-* unten und weiter durch Ruinen hindurch, bis man einen Hausdurchgang erkennt, zu *beschreibung* dem ein paar Treppen hinaufführen. Danach hält man sich zweimal kurz hintereinander rechts. Wiederum geht man einige Treppen nach oben und steht dann vor dem äußerlich völlig unscheinbaren Sengge Lhakhang. Man erkennt ihn gut an seiner markanten Farbgebung: Die unteren zwei Meter sind rot, die darüberliegenden zwei Meter weiß angestrichen. Das Dach, teilweise eine Holzrohrkonstruktion, ist seitlich auch in Rot gehalten.

Der Löwen-Tempel besteht innerlich aus zwei Räumen: Man betritt zunächst den *Lhakhang* eigentlichen Lhakhang mit Buddha Vairocana als zentrale Hauptfigur. Um ihn herum befinden sich verschiedene Fabelwesen. Über seinem Kopf sieht man Khyun, eine Mischung aus einem Menschen und einem Vogel. Darüber hinaus ist Vairocana von weiteren Buddha-Figuren umgeben. Die Wandmalereien stammen noch aus der Zeit der Erbauung des Löwen-Tempels. Wassereinbrüche haben an den Kunstwerken leider in den letzten Jahren erheblichen Schaden angerichtet.

Noch interessanter ist ein Blick in den kleinen dunklen Gonkhang, der über eine Tür *Gonkhang* rechter Hand zu erreichen ist: Gleich beim Betreten erschrecken die beeindruckend plastische Statue von Mahakala (mittig) und die blaue Palden Lhamo (links). Deutlich grausamer ist der Anblick der ganz rechten Figur, die auf einem Löwen sitzt oder vielleicht sogar mit diesem kämpft. An die gegenüberliegende Wand sind tanzende Skelette (Chitipati) gezeichnet. Sie versinnbildlichen im tibetischen Buddhismus die Vergänglichkeit alles Irdischen.

Der Klosterhof liegt im Inneren des Hauptgebäudes, das vermutlich aus dem 16. *Klosterhof* Jahrhundert stammt. Man betritt ihn über einen Durchgang, zu dem Treppen hinaufführen. Dem gegenüber liegt im Erdgeschoss der wichtigste Versammlungsraum, der Chokhang.

Den Hauptteil nehmen hier die Sitzgelegenheiten für die Mönche ein. Die Fensterseite *Chokhang* ist durch einige Thankas geschmückt. An der gegenüberliegenden Wand stehen Regale, die verschiedene Figuren und Bücher beinhalten. Dazwischen, kaum erkennbar, befindet sich hinter einer Glastür die Höhle von Naropa. Am hinteren Ende dieser Wand, neben dem Altar, führt eine Tür in einen weiteren Raum, der Apchi, der Schutzgöttin der Drigungpa-Sekte, gewidmet ist:

Apchi Lhakhang	Der Apchi Lhakhang ist ein schmales Zimmer mit einem großen Altar, der die gesamte Länge des Tempels beansprucht. Er beinhaltet Figuren der Göttin in verschiedenen Darstellungen. Am Fenster, neben der Trommel, existiert ein niedriger Sitz für den Lama.
Gonkhang	Oberhalb des Chokhang befinden sich der Gonkhang und das Abtszimmer (Zimchung). Beide Räume werden selten gezeigt und sind zudem nicht sonderlich sehenswert. Der Gonkhang ist vor allem an seinen Wandmalereien zu erkennen. Zentrale Motive sind Mahakala und die reitende Apchi.
Chenresig Lhakhang	Ebenfalls selten geöffnet ist der Chenresig Lhakhang. Hauptfigur ist hier der elfköpfige und tausendarmige Arya-Avalokiteshvara (tib.: Chenresig).

Likir Gompa

Anreise	Ungefähr zehn Kilometer von Basgo entfernt zweigt rechter Hand eine Nebenstraße nach Likir von der Leh-Srinagar-Route ab. Ab hier braucht man mit einem Fahrzeug nur noch wenige Minuten zum Dorf Likir. Dort gibt es neben einigen Läden auch ein paar Unterkünfte und Verpflegung.
Lage	Das Kloster von Likir liegt ein ganzes Stück weiter talaufwärts, ist aber mit Hilfe einer Straße erreichbar. Es wurde im Tal auf einem Hügel erbaut. Früher glaubte man, dass bei dieser Anhöhe Schlangengeister (Nagas) hausten. Daraus leitet sich auch der Name Likir ab: Lukhil kann man mit »das von Schlangen Umschlossene« übersetzen.
Geschichte	Obwohl es mehrere Theorien über die Entstehung des Klosters gibt, nimmt man heute überwiegend an, dass im Jahre 1065 der ladakhische König Lhachen Gyalpo einen Mönch mit der Klostergründung beauftragte. Damit wäre Likir eines der ältesten Klöster in Ladakh.

Während der ersten Jahrhunderte existierte hier wohl nur ein kleines, unscheinbares *Bedeutung*
Rotmützen-Kloster. Erst nach seiner Umwandlung in ein Gelbmützen-Kloster im 15.
Jahrhundert gewann es merklich an Bedeutung. Im Laufe der Zeit wurde ihm sogar
eine Reihe von Nebenklöstern in Zanskar und Ladakh unterstellt: Beispielsweise das
bedeutende Gompa in Alchi wird noch heute von Mönchen aus Likir betreut.

Die derzeitigen Klostergebäude sind jedoch deutlich jünger, da es im 18. Jahrhundert *Klostergebäude*
zu einem verheerenden Brand kam, der fast alles zerstörte.
Das neueste Bauwerk ist eine 20 Meter hohe Buddha-Statue. Sie wurde erst 1999
fertiggestellt. Dieser im Freien sitzende, goldene Maitreya war bis vor kurzem die größte
Figur in Ladakh und den angrenzenden Regionen. (Jetzt befindet sich die höchste in
Diskit.) Bei der Anreise kann man die Maitreya-Statue schon von weitem erkennen.
Bessere Blicke darauf bieten sich allerdings von Norden her.

Der Ausgangspunkt für die wichtigsten Besichtigungen ist der fast quadratische Klos- *Orientierung*
terhof mit einer Fahne im Zentrum. Dieser ist an zwei Seiten von Galerien begrenzt, die
für die Zuschauer des meist im Februar stattfindenden Klosterfestes gedacht sind. Am
hinteren Ende erkennt man einen Tunnel, der zur großen Buddha-Statue führt.

Auf der anderen Seite des Hofes befindet sich der Dukhang. Sein Vorraum wurde mit *Dukhang*
Abbildungen der Wächter der vier Himmelsrichtungen sowie einem Lebensrad ausge-
schmückt. Der quadratische Innenraum ist zweistöckig, sein Dach wird von vier mal
vier Säulen getragen. Fenster im oberen Stock, der sich mittig über dem unteren
verjüngt, versorgen den Tempel mit Licht. Darunter befinden sich die Sitzreihen für die
Mönche. An den Seitenwänden hat man Regale aufgestellt, in denen vorwiegend
heilige Schriften aufbewahrt werden. Einen gesonderten Tsankhang, wie er in anderen
Gelbmützen-Klöstern üblich ist, gibt es hier nicht.
Dafür sticht im Dukhang vor allem eine reichhaltige Sammlung alter Thankas ins Auge.
Bei genauerer Betrachtung verwundert es kaum, dass das Gompa über solch einen
umfangreichen Bestand an Rollbildern verfügt. Likir war nämlich über Jahrhunderte
hinweg für seine Maler bekannt, die sich auf die Produktion von Thankas spezialisiert
hatten und diese auch für andere ladakhische Klöster fertigten.
Ein weiterer, auch vom Hof aus über einige Treppen und eine sich anschließende *Chenresig*
Veranda zugänglicher Tempel ist der Chenresig Lhakhang, auch Bakkhang genannt. Hier *Lhakhang*
gilt nur der tausendarmige und elfköpfige Avalokiteshvara (tib.: Chenresig), eingerahmt
von Bücherregalen, als bemerkenswert. Die Malereien sind neueren Datums.
Oberhalb des Chenresig-Tempels befindet sich die Wohnung des Abtes (Zimchung). *Zimchung*
Ebenfalls in der ersten Etage liegt der erstaunlich helle Gonkhang. Der Raum besteht *Gongkhang*
aus zwei Teilen, die durch eine Wand voneinander getrennt sind. Der vordere fällt
durch die grelle Bemalung seiner Innenwände auf. Im hinteren Abschnitt findet man
eine Figurengruppe, bei der Yamantaka eine zentrale Bedeutung zukommt. Frauen
hatten bis vor kurzem keinen Zutritt zu diesem Tempel.
Schließlich sollte man noch eine weitere Etage zu dem auf dem Dach eingerichteten *Dachterrasse*
Museum hochgehen. Für die meisten Besucher stellen die gezeigten Gegenstände
allerdings keine Besonderheiten dar. Umso mehr lohnt der Aufstieg aber wegen der
herrlichen Rundumsicht.

Rizong: Chang Chub Ling Gompa

Anreise
Von Leh aus hinter Saspol und dem Abzweig nach Alchi verläuft die Srinagar-Leh-Straße noch einige Kilometer direkt neben dem Indus. Dann, in Uletokpo, zweigt ein Fahrweg nach rechts ab.

Wanderung
Wer mit öffentlichen Verkehrsmitteln unterwegs ist, muss hier aussteigen und anschließend noch ca. 1½ Stunden (je nach Fitness und Akklimatisation) hinauf zum Rizong Gompa laufen. Unterwegs kommt man dabei an einem kleinen Nonnenkloster vorbei. Später biegt die Jeepstraße an einer Chörten-Gruppe nach links zum Rizong Gompa ab.

Lage
Das Gelbmützen-Kloster befindet sich alleinstehend mitten in der Einöde; ringsum gibt es also keine Siedlung, in der man Unterkunft finden könnte. Es besteht jedoch die Möglichkeit zu zelten.
Seiner Abgeschiedenheit hat es das Gompa wohl zu verdanken, dass sich hierher vergleichsweise wenig Touristen verirren.

Klosterleben
Das Chang Chub Ling Gompa, was »Kloster der Erleuchtung« bedeutet, gilt als das Kloster in Ladakh mit den strengsten Regeln. Neben bestimmten Essensvorschriften bleibt der Besitz der Mönche auf Kleidung und Bücher beschränkt. Das Zölibat wird streng eingehalten.

Gründung
Das Rizong Gompa gehört zu den sehr jungen Klöstern in Ladakh. Es wurde erst in den dreißiger Jahren des 19. Jahrhunderts gegründet. Sehr wahrscheinlich trat der wohlhabende Kaufmann Tsultim Nyima (1796-1872) als Stifter des Klosters auf.

Das Gompa ist ein wenig halbkreisförmig an einem kahlen Felshang gebaut. Man betritt *Architektur* das Gelände durch einen auffälligen Chörten. Im unteren Bereich befinden sich – wie üblich – die Mönchswohnungen, darüber dann mehrere Tempel.

Einen Klosterhof sucht man hier vergebens: Da der Stifter die Ruhe zum Meditieren *Klosterhof* besonders schätzte, verzichtete er auf den Festspielplatz. Deshalb werden in Rizong bis heute keine Klosterfeste veranstaltet.

Die Mönche haben einen Rundgang ausgeschildert, auf dem man alle wichtigen Tempel *Rundgang* des Klosters erreicht. Er beginnt mit einem rotgefliesten Gehweg am Parkplatz und endet am farbenfrohen Tor am Fuße der Anlage.

Zunächst gelangt man zum Skudung Lhakhang, dem angeblich ältesten Tempel des Klosters. Hier soll sein Gründer über mehrere Jahre hinweg meditiert haben.

Weiter geht es zu einer kleinen Terrasse, von der aus der Dölma Lhakhang und der Dukhang betretet werden können.

Im Dukhang, dem wichtigsten Raum, ist Buddha Shakyamuni die größte Figur. Sie wird begleitet von weiteren, in kräftigen Farben gehaltenen Idolen, zu denen Manjushri, Amithaba und Tsongkhapa (alle links) sowie Avalokiteshvara (rechts) gehören.

Gleich nach dem Verlassen des Vorplatzes passiert man den Lhamo Lhakhang und kommt zum Thekchen-Tempel. Hier beeindrucken eine gekrönte Buddha-Figur von beachtlicher Größe sowie zwei silberne Chörten.

An der anschließenden Gabelung kann man entweder nach rechts zum höchsten Punkt des Klosterkomplexes hinaufgehen (und von dort zurück zum Parkplatz gelangen) oder auf einem sich nach unten schlängelnden Weg aus roten Fliesen das Kloster verlassen.

Temisgam: Burg und Tempelanlage

Lage

Temisgam liegt an der Verzweigung eines nördlichen Seitentales des Indus, relativ zentral im Unteren Ladakh.

Geschichte
Dragspa Bum

Da das Tal an dieser Stelle etwas breiter ist, kann man hier gut Landwirtschaft betreiben. Dies könnte ein Grund dafür gewesen sein, dass Dragspa Bum neben seinem Hauptsitz in Basgo an diesem Ort um das Jahr 1435 eine weitere Burg erbauen ließ.

»Frieden von
Temisgam«

Wahrscheinlich gab es aber noch andere Ursachen für diesen Stützpunkt: Zum einen war es von hier aus leichter, zusätzliche Eroberungen im Westen vorzunehmen. Andererseits war Temisgam auch ein möglicher Rückzugsort. So geschah es beispielsweise 1684. Als um Basgo heftige Kämpfe tobten, regierte der damalige ladakhische König Delegs Namgyal von Temisgam aus. Im gleichen Jahr wurde hier auch der mit großen Zugeständnissen verbundene »Frieden von Temisgam« geschlossen.

Zerstörung

Von der früheren Burganlage ist heute nicht mehr viel zu erkennen, nur noch einige Chörten und weitgehend zerstörte Befestigungsanlagen, die ein eindrucksvolles Bild von den einstigen Abmessungen des Komplexes vermitteln können.

Noch gut erhalten hingegen sind ein paar benachbarte Tempel, zum Teil aus der Gründungszeit der Anlage.

Orientierung

Ausgangspunkt der Besichtigung ist der Parkplatz am Straßenende zwischen ein paar alten Ruinen und den Tempeln. Wer zu Fuß unterwegs ist, kann vom Dorf aus über einen Gehweg hierher aufsteigen.

Die Anlage unterteilt sich in zwei Gebäudekomplexe: Der rote Tempel grenzt direkt an die Parkfläche. Etwas weiter entfernt liegt der »Palast«, der die anderen Tempel beherbergt. Sowohl der Chenresig Lhakhang als auch der Guru Lhakhang befinden sich in der oberen Etage des mit »Palace« ausgeschilderten weißen Bauwerkes.

Chenresig
Lhakhang

Den Chenresig Lhakhang betritt man über eine vollkommen unscheinbare Tür am Ende der Treppen. Der neu gestaltete, mit Parkettfußboden ausgelegte Innenraum ist hell und freundlich. Er beherbergt eine kleine Marmorstatue des Avalokiteshvara (tib.: Chenresig), der übernatürliche Kräfte nachgesagt werden. Dorthin kommen kinderlose Frauen und bitten um Nachwuchs. Die Statue soll übrigens dem Gründer des Tempels, Dragspa Bum, von einem mystischen Yogi eines Nachts übergeben worden sein.

Guru
Lhakhang

Der Guru Lhakhang liegt oberhalb eines kleinen Hofes. Er stammt noch aus dem 15. Jahrhundert und wird – wie auch der Chenresig-Tempel – von den Mönchen aus dem Rotmützen-Kloster zu Hemis betreut. Sein Inneres unterteilt sich in zwei Räume, wobei im hinteren ein deutlich übermannsgroßer Padmasambhava die zentrale Figur ist.

Der überdachte Eingang zum Guru Lhakhang wird links und rechts von mehreren kleinen Gebetsmühlen flankiert. An diese Veranda schließt sich ein Balkon an, auf dem man das Palastgebäude vollständig umrunden kann (im Uhrzeigersinn gehen!). So gewinnt man prächtige Eindrücke von der ganzen Umgebung.

Roter Tempel

Nach einer halben Runde blickt man von oben direkt auf den Roten Tempel. Um ihn kümmern sich die Gelbmützen-Mönche aus Likir. In seinem Inneren kann man Wandmalereien neueren Datums sowie eine acht Meter hohe sitzende Chamba-Statue bestaunen.

Wanla: Chu Chik Shal Gompa

Das auf einem Bergrücken über dem Ort Wanla gelegene Kloster, welches sehr schöne *Orientierung*
Ausblicke in die umliegenden Täler bietet, kann man auf einem der offensichtlichen
Zugangswege mit dem Auto (Jeepstraße am Dorfende in Richtung Phanjila) oder zu Fuß
(Abzweig in der Dorfmitte) erreichen.

Das Zentrum der Anlage bildet der Chu-Chik-Shal-Tempel, der der elfköpfigen Form *Chu Chik Shal*
des Avalokiteshvara (tib.: Chu Chik Shal) geweiht ist. Von dem dreigeschossigen Bau *Lhakhang*
sind nur zwei Etagen (für Besucher nur die unterste) begehbar. Gegenüber dem Eingangsbereich, der durch Holzschnitzereien mit Tierdarstellungen verziert ist, steht die
übermannshohe Statue von Avalokiteshvara. Rechts und links befinden sich ungefähr
ebenso große Buddha-Figuren. An den Wänden erkennt man Malereien, bei denen
dunkle Farben dominieren.

Im Jahre 1999 wurden inzwischen abgeschlossene mehrjährige Restaurierungsarbeiten *Renovierung*
unter schweizer und österreichischer Führung eingeleitet.

Den Besuch des Klosters in Wanla kann man mit einem sehr schönen Dreitagesausflug *Rundfahrt*
von Leh aus verbinden: *mit Besichtigung*
Am ersten Tag fährt man von Leh nach Wanla (mehrere Homestays vorhanden). An die *und Wanderung*
Fahrt schließt sich die Klosterbesichtigung in Wanla an. Am zweiten Tag wandert man
über den Prinkti La nach Lamayuru. Die ungefähr dreistündige Wanderung ist im
Rother Wanderführer (Tour 19) exakt beschrieben. Sie führt durch eine extrem trockene
und kahle Landschaft. Während des Passabstieges blickt man auf das sogenannte
»Moon Valley«, eine überaus bizarre Sandsteinlandschaft. Am Nachmittag des zweiten
Tages steht eine Besichtigung des Klosters von Lamayuru auf dem Programm. Der dritte
Tag wird für die Rückfahrt nach Leh benötigt.

An Ladakh grenzende Regionen

Reiseinformationen zu Changthang

Allgemeines Die Region Changthang liegt im Grenzgebiet zum chinesisch besetzten Tibet. Aufgrund der Spannungen zwischen Indien und China sind weite Teile von Changthang für Touristen gesperrt.

Ausländische Urlauber dürfen lediglich den nordwestlichen (Territorium um den Pangong-See) und den südwestlichen Teil (Rupshu) von Changthang besuchen.

Für beide Regionen wird jeweils ein Permit benötigt, das eine maximale Gültigkeit von 14 Tagen hat und nicht verlängerbar ist. Erschwerend kommt noch hinzu, dass beide Gebiete schlecht mit öffentlichen Verkehrsmitteln erreichbar sind:

Nach Rupshu, genauer gesagt nach Korzok am Tso Moriri, fährt nur alle sieben Tage ein Bus. Dieser bleibt über Nacht und kehrt schon am nächsten Morgen wieder zurück nach Leh. Der Pangong Tso ist etwas besser mit öffentlichen Verkehrsmitteln erreichbar. Es gibt mehrere Busse in der Woche nach Tangtse, die teilweise weiter nach Spangmik oder Merak fahren.

Realistisch gesehen kann man Changthang problemlos nur mit einem privat gebuchten Jeep (oder zu Fuß) erkunden. Praktisch alle Reisebüros in Leh sind bestens darauf vorbereitet und haben entsprechende Fahrten im Angebot.

Wer ein Auto für sich mieten will, braucht lediglich einen Tag vorher Bescheid zu geben, und die Agentur besorgt das Fahrzeug und das Permit. Die Übernachtung wird meist vom Fahrer während der Reise organisiert.

Für Einzelreisende ist diese Variante allerdings sehr teuer. Daher gibt es – in Leh vor allem entlang der Changspa Road und der Fort Road – Reiseanbieter, die Gruppenreisen veranstalten. Das funktioniert folgendermaßen: Der Interessent verhandelt mit der Agentur einen Termin und eine Reiseroute. Beides wird am »Schwarzen Brett« vor dem Büro bekanntgegeben. Finden sich nun Mitreisende, wird der Preis durch eine höhere Personenzahl geteilt, und es wird billiger. Anderenfalls muss man den vollen Preis alleine bezahlen. Ob in diesem Fall ein Rücktrittsrecht besteht, muss man verhandeln. Es gilt auch zu beachten, dass sich renommierte Veranstalter, die gut im Markt stehen, i.Allg. nicht darauf einlassen, auf diese Weise Mitfahrer zu werben.

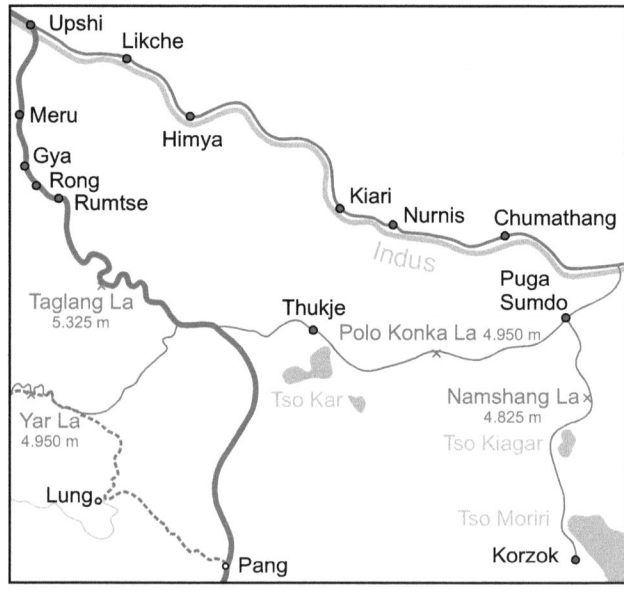

Empfohlene Reisepläne

1. Tag: Fahrt nach Korzok (Start am Morgen, Ankunft nachmittags)   *Rupshu*
          und Besichtigung des Ortes
2. Tag: Wanderung am Tso Moriri
3. Tag: Fahrt zum Tso Kar (Start am Morgen, Ankunft mittags)
          und Erkundung der Umgebung
4. Tag: Fahrt nach Leh (Start am Morgen, Ankunft mittags)

Hinweis: Wer bis zum Südufer des Tso Moriri laufen und dort übernachten möchte, sollte fünf Tage einplanen.

1. Tag: Fahrt zum Pangong Tso, Übernachtung am See   *Pangong Tso*
2. Tag: Rückfahrt nach Leh

Hinweis: Zusammen mit dem Ausflug nach Merak (und der empfohlenen Wanderung) benötigt man insgesamt drei Tage.

Da Changthang noch einmal rund tausend Meter höher liegt als Leh, sollte man einen   *Hinweis*
Ausflug hierher erst dann vornehmen, wenn man sich an die Höhe von Leh schon gut
gewöhnt hat.

Routenbeschreibung zum Tso Moriri

Manali-Leh-Straße
: Von Leh aus fährt man bis nach Upshi die Manali-Leh-Straße. An der Gabelung am Ende des Ortes nimmt man den linken Abzweig in Richtung Mahe. Dieser führt zunächst auf der nördlichen Indus-Seite weiter, während die Straße nach Manali den Fluss überquert.

Upshi
: Upshi eignet sich für eine kurze Rast, da man hier wegen der Passkontrolle sowieso anhalten muss. Außerdem folgen bis Chumathang nur kleine Dörfchen, in denen es keine Verpflegungsmöglichkeit gibt.

Hinter Upshi wird die Straße deutlich enger, bleibt aber asphaltiert.

Likche
: Die ersten Kilometer fährt man durch eine karge Landschaft, die durch steile und felsige Steinwände gekennzeichnet ist. Nach ungefähr 20 Kilometern erreicht man mit dem Dorf Likche die erste grüne Oase. Kurz danach wechselt die Straße hinüber auf die südliche Indus-Seite.

Himya
: Einige Häuser kündigen die nächste Siedlung, Himya, an. Noch in der Ortschaft geht es über eine Brücke zurück auf die nördliche Talseite. Es folgen weitere kleine Dörfer.

Kiari
: Bei Kiari trifft man auf ein riesiges Militärcamp. Dieses ist so groß, dass man vom Dorf selbst kaum etwas mitbekommt. Auffällig sind hier die rotbraunen, mit hellgrün abgesetzten Gesteinsfärbungen, wie es sie auch vielerorts im Stok-Gebirge gibt.

Nurnis
: Anschließend weitet sich das Tal ein wenig, und die Straße führt hinauf in das hoch über dem Flussbett gelegene Dorf Nurnis.

Keshar
: Gleich nach den letzten Häusern geht es aber schon wieder hinab zum Fluss und weiter nach Keshar. In dieser Gegend besitzt der Indus zwischenzeitlich eine enorme Breite. Nun ist es gar nicht mehr weit bis Chumathang.

Chumathang
Heiße
Quellen
: Chumathang ist das größte Dorf zwischen Upshi und dem Tso Moriri. Es ist bekannt durch die heißen Quellen, die an verschiedenen Stellen im Ort sprudeln. Einige sind gefasst, andere speisen eine Badeanstalt. Die meisten von ihnen sind jedoch ungenutzt und vermischen sich einfach mit den anderen Wasserläufen im Talgrund. Manche blubbern gar aus dem kleinen Fluss hervor, der Chumathang durchschneidet. In jedem Fall ist ein kurzer Rundgang durch die Ortschaft sehr beeindruckend und kann daher jedem nur nahegelegt werden.

Unterkünfte/
Verpflegung
: Im Ort gibt es derzeit lediglich einige recht einfache Unterkünfte und Restaurants. Ein weiterer Ausbau der Infrastruktur ist in der nächsten Zeit wohl auch nicht zu erwarten, da man selbst für Chumathang ein zeitlich begrenztes Permit benötigt. So ist es vermutlich zu erklären, dass fast alle Touristen nur deshalb hier aufkreuzen, weil sie auf der Durchreise zum Tso Moriri sind.

Mahe-Brücke
: Nach einer knappen halben Stunde Fahrzeit (ab Chumathang) zeichnet sich eine Brücke über den Indus immer klarer ab. Sie befindet sich kurz vor der Ortschaft Mahe, weshalb sie üblicherweise den Namen »Mahe Bridge« trägt. Dort ist man wiederum gezwungen anzuhalten, um seinen Pass und das Permit prüfen zu lassen. Zusätzlich wird hier eine Gebühr für den Besuch des »Wetland Conservation Area« am Tso Moriri kassiert.

Einheimische dürfen an der Brücke geradeaus, links vom Fluss, weiterfahren und *Abstecher*
können so zum Verwaltungszentrum Nyoma gelangen und sogar bis nach Hanle. In *nach Nyoma*
Hanle befinden sich das größte und sehenswerteste Kloster von Rupshu sowie ein *und Hanle*
Observatorium.

Ausländischen Touristen bleibt an dieser Stelle nur eine Möglichkeit: Sie queren die *Puga Sumdo*
Mahe-Brücke und fahren südwärts nach Puga Sumdo. Auf dem Weg dorthin reist man
an zahlreichen Grünflächen vorbei, auf denen man häufig große Schaf- und Ziegenher-
den der Rupshu-Nomaden grasen sieht. Nach und nach wird die Landschaft wieder
etwas karger, und man trifft auf eine Straßengabelung unweit der Changpa-Siedlung
Puga Sumdo. Auf dem linken Abzweig gelangt man zum Tso Moriri, auf dem rechten
zum Tso Kar.
Die linke Straße führt langsam ansteigend hinauf zu einem Pass, dem Namshang La. *Namshang La*
Viele würden diesen Ort gar nicht als Pass erkennen und ihn eher als unscheinbare
Anhöhe bezeichnen. Wären hier nicht zahlreiche Gebetsfahnen aufgehängt, könnte
man ihn glatt übersehen. Derartige Passübertritte sind aber für die »Hochebene«
Changthang nicht ungewöhnlich.
Nicht wegen der Ausblicke, sondern eher aus Gewohnheit legen fast alle Touristen *Tso Kiagar*
einen kurzen Stopp auf dem Namshang La ein. Viel geeignetere Stellen zum Anhalten
gibt es allerdings während der Passabfahrt: Ziemlich schnell rückt nämlich ein kleiner
türkisblauer See, der Tso Kiagar, näher. Mit den schneebedeckten Bergen als Hintergrund gibt dieser ein prächtiges Fotomotiv ab.
Während die Straße rechts am Tso Kiagar vorbeiführt, ändert sich dessen Farbton je
nach Sonnenstand und Position des Betrachters von ozeanblau über blaugrün bis
himmelblau; ein faszinierender Anblick, wenn man auch die ockerfarbene Ebene und
die eisbedeckten Bergketten mit auf sich wirken lässt. Schaut man genau hin, erkennt
man am Ufer eindeutig Salzablagerungen. Der See ist also merklich salzhaltig, wenn
auch nicht so stark wie der Tso Kar. Daher wurde hier zu keiner Zeit Salz für wirtschaftliche Zwecke gewonnen.

Es dauert nun nicht mehr lange, bis sich auch der Tso Moriri zeigt. In dessen Sichtwei- *Nordufer*
te trifft man auf ein verhältnismäßig breites Flussbett mit einem klaren Bach, dem die *des Tso Moriri*
Piste bis zum Nordufer des Sees folgt. An der dortigen Gabelung darf man nicht nach
links abbiegen, da man so in ein Restricted Area kommen würde, dessen Besuch durch
ein übliches Touristen-Permit nicht abgedeckt ist.
Manch einer wird zunächst von den Abzäunungen am Tso Moriri etwas irritiert sein.
Diese ziehen sich jedoch nur am nördlichen Uferbereich entlang, um den reichhaltigen
Vogelbestand in dieser Gegend zu schützen. Anderswo hat man freien Zugang bis an
das Ufer des Gewässers.
Nun folgt die Piste dem Westufer bis nach Korzok, der einzigen dauerhaften Siedlung *Westufer*
am Tso Moriri. Unmittelbar vor dem Ortseingang kontrolliert ein Posten der Indischen *des Tso Moriri*
Armee abermals die Papiere.

Korzok

Einwohner

Die rund fünfhundert Einwohner von Korzok, die allesamt in ganzjährig nutzbaren Steinhäusern wohnen, rekrutieren sich fast ausschließlich aus sesshaft oder halbsesshaft gewordenen Nomaden. Das Dorf ist von mehreren, überwiegend mit Gerste bepflanzten, Feldanlagen umgeben. Sie bilden das größte zusammenhängende kultivierte Gebiet weit und breit.

Unterkünfte/
Verpflegung

Einige Bewohner vermieten teilweise ihr Haus (Homestay), andere verwenden einen Raum als Gaststätte. Unterhalb des Dorfes am Fluss wurden zuletzt zahlreiche Zelte aufgestellt, die ein ausreichendes Angebot an (vereinzelt nicht ganz billigen) Schlafplätzen sicherstellen.

Korzok Gompa

Wie in nahezu jedem buddhistisch geprägten Dorf nördlich des Himalaja-Hauptkammes gibt es auch in Korzok ein Gompa. Das zur Drukpa-Kargyüpa-Schule gehörende Kloster wurde in den dreißiger Jahren des 17. Jahrhunderts (1636) unter der Schirmherrschaft des Löwenkönigs Sengge Namgyal gegründet, im Krieg mit den Dogras (1834) weitgehend zerstört und anschließend im Laufe der Jahre wieder aufgebaut und stetig erweitert.

Im Inneren des größten, in der Mitte zweistöckigen Raumes der Anlage (Dukhang) findet man an den Wänden farbenfrohe Malereien neueren Datums. Die 15 zylinderförmigen, rotbraun gestrichenen Holzsäulen, welche die Decke des Dukhang stützen, passen optisch gut zur Gesamtatmosphäre, die der Versammlungsraum vermittelt.

Klosterfest

Ein Höhepunkt für die Menschen im Ort ist das jährliche Klosterfest im Juli oder August. Zu diesem Anlass treffen zahlreiche Changpa-Nomaden im Dorf ein. Das ist auch eine willkommene Gelegenheit für Touristen, die Bewohner von Changthang hautnah zu erleben und vielleicht sogar mit einigen ins Gespräch zu kommen.

Rundgang

Der wichtigste Grund für eine Reise nach Korzok sollte aber das Genießen der unvergleichlichen Atmosphäre sein, die die grandiose Landschaft am Tso Moriri bietet. Einigen genügt es schon, durch das Dorf zu gehen und hinüber zum See zu blicken. Andere ersteigen den Bergrücken, an dem die Häuser von Korzok erbaut wurden, und weiten so ihren Blick.

Wanderung
zum Tso Moriri

Viele Touristen wollen hingegen noch intensivere Eindrücke auf sich wirken lassen und unternehmen einen Spaziergang zum See (½ Std.) oder gar einen Trek in Richtung Südufer (2 Tage hin und zurück, Übernachtung im eigenen Zelt).

Wer das vorhat, sollte zunächst die Straße, die Korzok verlässt, einfach solange weitergehen, bis diese auf einem kleinen Hügel endet. Von hier aus hat man nicht nur phantastische Blicke zurück nach Korzok, sondern auch hinunter auf den See. Insbesondere die Korzok-Kette mit dem 6.250 Meter hohen Mentok I (in Blickrichtung rechts) und die links vom See gelegenen Bergriesen Chamser Kangri (6.600 m) und Lungser Kangri (6.650 m) offerieren zusammen mit dem Tso Moriri im Vordergrund traumhafte Fotomotive.

Beide Gebirgszüge sind ganzjährig schneebedeckt und geben die Möglichkeit, »einfache« Sechstausender zu erklimmen (Genehmigungen erforderlich).

Tso Moriri

Der Tso Moriri ist ca. 27 Kilometer lang und bis zu sechs Kilometer breit bzw. 40 Meter tief. Er liegt auf 4.550 Metern Höhe. Sein Wasser schimmert – je nach Witterung – in verschiedenen Blautönen. Der Hochgebirgssee hat mehrere Zuflüsse, aber keinen Abfluss. Daher ist das Wasser ein wenig brackig; allerdings nur ganz leicht, so dass es im Notfall auch getrunken werden kann. *Informationen*

Neben Bergliebhabern zieht es oft auch Vogelfreunde hierher. Der Tso Moriri ist nämlich ein bevorzugtes Brutgebiet für einige seltene Vogelarten. So kann man, vor allem in den Feuchtbiotopen im Norden des Sees, z.B. die bis zu 1,20 Meter groß werdenden Schwarzhalskraniche oder Streifen- und Rostgänse, Braunkopf-Lachmöwen sowie Haubentaucher beobachten. *Brutgebiet von Zugvögeln*

Routenbeschreibung zum Tso Kar

Puga Sumdo   Wer vom Tso Moriri zum Tso Kar fahren möchte, muss zwangsläufig über den Namshang La wieder zurück nach Puga Sumdo reisen und dort an der Gabelung (in Fahrtrichtung) links abbiegen.

Puga   Die Straße führt zunächst durch Puga Sumdo und dann ein karges Tal hinauf nach Puga, einer kleinen grünen Oase. Es lohnt ein Blick in die Talmitte: Dort erkennt man eigenartige Färbungen der Erdoberfläche. Dabei handelt es sich um verschiedene Mineralienablagerungen, u.a. auch von Schwefel. Die Einheimischen nutzen den Schwefel zur Produktion von Zündhölzern.

Polo Kongka La   Unmittelbar nach Puga ist das Tal erneut trocken und unfruchtbar. Die Straße steigt stetig bis zum nächsten Pass, dem Polo Kongka La, hinauf. Auch diesmal sind weder die Auffahrt noch die Abfahrt besonders steil.

Startsapuk Tso   Schon nach wenigen Minuten bergab werden zwei Seen sichtbar: links der Süßwassersee Startsapuk Tso, rechts der salzige Tso Kar. Beide sind durch einen Fluss miteinander verbunden.

Tso Kar

Informationen   Tso Kar (4.550 m) heißt übersetzt »Weißer See«, was auf die großflächigen Salzablagerungen an seinem Ufer hindeutet. Die Farbe des Gewässers gleicht derjenigen der anderen Seen in dieser Gegend. Tatsächlich ist der Tso Kar stark salzhaltig. Am Ufer des Sees fühlt man sich an das Meer erinnert: Man spürt das Salz in der Luft mit jedem Atemzug. Sein Wasser schmeckt aber nicht so, wie man es von den Ozeanen her kennt, sondern eher etwas faulig. Es sollte aus gesundheitlichen Gründen nicht getrunken werden.

Salzabbau   Das Salz ist dennoch essbar. Es wurde früher von den Einheimischen abgebaut und z.B. nach Zanskar, Ladakh, Spiti und Tibet verkauft bzw. gegen nützliche Waren eingetauscht.

Thukje
Gompa
Unterkünfte/
Verpflegung
Die einzige Siedlung am Tso Kar ist Thukje. Dort gibt es neben einer überschaubaren Anzahl von festen Wohnhäusern etwas oberhalb des Dorfes ein kleines Kloster. Touristen können sich hier in Tee-Zelten mit einfachen Nahrungsmitteln verpflegen lassen oder eine Schlafstelle mieten. Wer ein Zelt bei sich hat, darf es im Umland gegen eine Gebühr aufbauen.

Wanderung
zum Tso Kar
Auch wenn alles sehr elementar ist, lohnt es sich, eine Nacht in Thukje zu verbringen. Unbedingt zu empfehlen ist eine Wanderung hin zum See. Er ist stellenweise von einer Art salzhaltigem Sumpfgebiet umgeben, so dass man gar nicht ohne weiteres an ihn herankommt. In jedem Fall übt die Landschaft am See eine eigentümliche Faszination auf den Besucher aus. Beim Umherstreifen (Wanderstiefel unbedingt erforderlich) muss man allerdings sehr aufpassen, dass man nicht zu tief einsinkt. Wenn man sich leise verhält, kann man am Seeufer verschiedene Vogelarten beobachten. Den Abend sollte man dann in jedem Fall draußen verbringen, da der Sonnenuntergang ein sehr schönes Licht auf den Tso Kar und die dahinter liegenden Berge wirft.

Routenbeschreibung zurück nach Leh

Auch der Norden des Sees hält eine angenehme Überraschung bereit. Hier schließt sich *Tibetische* an das Gewässer eine weitläufige Grünfläche an, auf der man häufig die sonst eher *Wildesel* selten anzutreffenden Tibetischen Wildesel beim Grasen beobachten kann. Bei der Rückfahrt nach Leh durchquert man dieses Weideareal zwangsläufig, so dass man keinen gesonderten Ausflug hierher machen muss.

Mit einem Fahrzeug dauert es gar nicht lange, bis man von Thukje aus das obere Ende *More-* der gerade noch zu Changthang gehörenden More-Hochebene und damit die Manali- *Hochebene* Leh-Straße erreicht hat. Hier nimmt das Verkehrsaufkommen schlagartig zu. Schon nach wenigen Minuten auf der Hauptstraße beginnt diese ihren zähen Aufstieg zum Taglang La, dem dritthöchsten befahrbaren Pass der Erde. Linker Hand im Tal kann man Chörten und vielleicht sogar Nomadenzelte erkennen. Das ist Debring, eine *Debring* saisonale Siedlung, die letzte in Changthang. Der Passaufstieg ist diesmal keineswegs so gemütlich wie bei den beiden ersten Pässen, die Abfahrt schon gar nicht. Die Land- *Taglang La* schaft hat sich merklich geändert: Die Abhänge sind steiler, die Schluchten enger und die Bergketten schroffer.

Die Straße schlängelt sich auf zahlreichen Serpentinen hinab ins erste ladakhische *Rückfahrt* Seitental des Indus. Durch die Dörfer Rumtse, Gya, Rong und Meru führt die Fahrstraße *nach Leh* nach Upshi. Auf bekanntem Weg geht es dann wieder zurück nach Leh, dem Ausgangspunkt der Rundreise.

Routenbeschreibung zum Pangong Tso

Manali-Leh-Straße	Die Route zum Pangong Tso führt von Leh aus am Indus entlang nach Karu (Manali-Leh-Straße).
Karu	In Karu, dem Zentrum des gleichnamigen Verwaltungsbezirkes, verlässt man die Hauptstraße und biegt in ein nördliches Seitental ab.
Chemre	Nach einigen Kilometern weitet sich das Tal, und man sieht das Chemre Gompa linker Hand in einiger Entfernung auf einem Hügel liegen. Wer es besichtigen möchte, kann auf eine Nebenstraße dorthin abbiegen.
Sakti	Die Straße zum Pangong-See bleibt rechts vom Fluss und tangiert mit Sakti den von zahlreichen Feldern umgebenen Hauptort des Tales. Etwas oberhalb von Sakti, dort, wo sich das Tal teilt, liegt das Trakthok Gompa, das einzige Felsenkloster in Ladakh.
Chang La	Die Straße hält sich rechts von Sakti und beginnt ihren langwierigen Aufstieg zum Chang-Pass durch eine immer rauer werdende Landschaft. Der Chang La gilt als der zweithöchste befahrbare Pass der Erde. Er ist eine von drei Stellen, an denen eine Straße die Ladakh-Kette überquert. Auf ihm befindet sich ein Kontrollposten der Indischen Armee. Die Soldaten, die am Pass stationiert sind, um die Reisepässe und die Permits zu kontrollieren, sind keinesfalls zu beneiden, da das Klima hier so eisig ist, dass es das ganze Jahr über zu Schneefällen kommen kann. Die meisten Touristen sind hingegen vom Pass äußerst angetan. Man hat nämlich einen schönen Blick auf einen steil abfallenden Gletscher sowie auf das Stok-Massiv und bei klarem Wetter sogar auf den Kang Yatse (6.400 m).
Changpa-Nomaden	Die ersten Meter der Abfahrt sind verhältnismäßig steil und führen durch eine karge, felsige Landschaft mit Weidegründen in der Talmitte. Mehrere Male muss der Bus hier einen Seitenfluss überqueren. In diesem Bereich kann man oft schon Changpa-Nomaden, die Bewohner des Pangong-Tso-Gebietes, antreffen.
Darbuk	Nach einem kleinen See wird das Tal noch einmal für kurze Zeit deutlich enger. Nur wenige Kilometer danach erkennt man das Dörfchen Darbuk auf dem Talgrund. Es besteht die Möglichkeit, dort den Fluss zu überqueren und das Kloster zu besuchen oder in Dorfnähe zu zelten. (Weitere offizielle Campingplätze gibt es in Tangtse, Lukung und Spangmik.)
Tangtse *Unterkünfte/* *Verpflegung*	Die Straße bleibt rechts vom Shyok und nimmt Kurs auf Tangtse, die Endstation des öffentlichen Busses. Im Ort gibt es neben einem großen Militärgebiet einige Läden, einfache Restaurants und Unterkünfte. Für Urlauber mit kleinem Budget bieten sich die Tourist Lodge und einige private Pensionen zum Übernachten an.
Karawanen	In früheren Zeiten war Tangtse eine wichtige Zwischenstation für Karawanen, die von Leh nach Tibet (Ruthog, Lhasa) unterwegs waren.
Schlacht bei Tangtse	Später erlangte der Ort Bekanntheit durch eine folgenreiche Schlacht (1842), in der die Tibeter die Dogras, die nach Ladakh auch Tibet einnehmen wollten, schlugen und somit zum Rückzug nach Leh zwangen.
Muglib	In Tangtse wechselt die Straße auf die Nordseite des Flusses und führt anschließend in ein erstaunlich grünes Seitental. Man gelangt so zum kleinen Dorf Muglib und passiert später den lieblichen Chagar-See.
Lukung	Kurz danach erscheint erstmals der Pangong Tso. In Lukung, ganz am Anfang des Sees, trifft man auf einen Armeeposten sowie mehrere Gasthäuser, die teilweise auch Übernachtungen bereitstellen.

Die Jeeppiste geht nun am südlichen Ufer des Pangong-Sees weiter in Richtung Tibet. *Spangmik*
Das nächste Dorf, Spangmik, war lange Zeit der letzte für Touristen zugängliche Ort. *Unterkünfte/*
Hier vermietet nahezu jeder Bewohner einen Platz in seinem Haus (Homestay). Neben *Verpflegung*
diesen preiswerten Unterkünften kann man auch in Zelten oder Holzhütten übernachten und sich dort verpflegen lassen.

Als besondere Attraktion bietet seit einigen Jahren die Indische Armee von Spangmik *Bootsfahrten*
aus Bootsfahrten auf dem See an. Daran kann man aber nur teilnehmen, wenn man
sich vorher eine Erlaubnis dafür in Tangtse geholt hat.

Da in den vergangenen Jahren die Anzahl der Ausflügler zum Pangong Tso enorm
zugenommen hat, ist Spangmik inzwischen ein recht geschäftiger Ort: Jeden Nachmittag rollen mehrere Fahrzeuge an, die das Dorf meist am nächsten Vormittag schon
wieder verlassen. Dennoch gibt es außerhalb der Unterkünfte keine Verpflegungsmöglichkeiten.

Wer es ruhiger mag, muss dem Seeufer weiter nach Osten folgen. Momentan ist das *Merak*
(auf einem holprigen Fahrweg) jedoch bloß bis Merak möglich. Merak ist ein kleines,
verträumtes Dörfchen mit einem Hügel im Ortszentrum, auf dem das (nicht unbedingt
sehenswerte) Kloster thront. Zuletzt gab es hier lediglich eine sehr einfache Unterkunft.

Lohnenswerter als die Übernachtung im Ort ist ein Abstecher hierher. So hat es sich *Tagesausflug*
bewährt, die Ausfahrt zum See einen Tag länger zu buchen als von den meisten Agenturen empfohlen und am »Ruhetag« früh mit dem Jeep nach Merak zu fahren. Auf dem
Rückweg lässt man sich dann einfach ein Stück vor Spangmik absetzen und läuft die
letzten paar Kilometer auf der praktisch unbefahrenen Straße zu seiner Unterkunft. So
kann man die Ruhe des Sees und die Weite der Landschaft richtig genießen und dabei
vielleicht sogar noch Wildesel, Murmeltiere oder Vögel beobachten.

Pangong Tso

Der Pangong Tso (4.250 m) ist ca. 130 Kilometer lang und zwischen zwei und sechs *Informationen*
Kilometer breit. Er liegt größtenteils in Tibet. Sowohl von daher als auch aus der
nördlich und der südlich vom See gelegenen, teilweise vergletscherten Gebirgskette
kommen mehrere Zuflüsse.

Sein überaus klares und meist ruhiges Wasser schmeckt leicht salzig. Trotzdem ist der
See im Winter – zumindest größtenteils – zugefroren.

Im Sommer hingegen brüten an seinem Ufer zahlreiche Zugvögel.

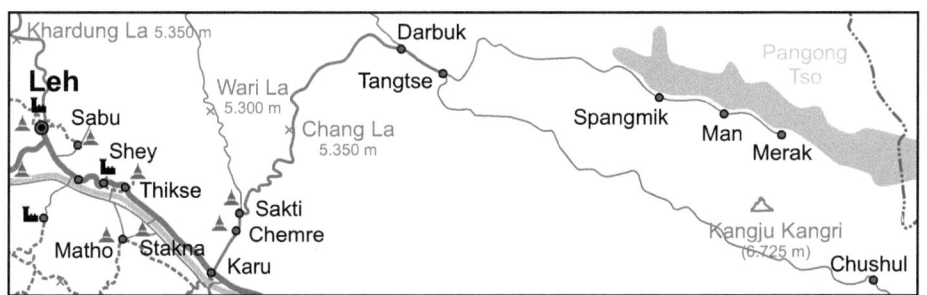

Reiseinformationen zu Nubra

Individuelle
Anreise

Nach Nubra gibt es täglich mindestens eine Busverbindung. Einige Fahrzeuge fahren nach Diskit bzw. Hundar, andere nach Sumur bzw. Panamik. Sie starten in Leh am frühen Morgen, sind überwiegend voll besetzt und erreichen ihr Ziel am Nachmittag oder Abend. Am nächsten Morgen geht es wieder zurück nach Leh.

Infrastruktur
in Nubra

Innerhalb von Nubra verkehren weitere öffentliche Busse. Beispielsweise gibt es jeden Tag einen Bus zwischen Diskit und Sumur bzw. Panamik, so dass man praktisch fast jeden touristisch relevanten Ort der Region täglich anfahren kann. Wer flexibler agieren will, kann sich in Diskit einen Jeep (als Taxi) mieten.

Organisierte
Anreise

Viele Reisebüros in Leh bieten auch organisierte Touren ins Nubra-Tal an. Normalerweise kann man sich dabei sein Programm frei zusammenstellen. (Die Buchung funktioniert, wie im Kapitel Changthang beschrieben.)

Permit

Da Nubra im Grenzgebiet zu Baltistan (unter pakistanischer Verwaltung) und Tibet (unter chinesischer Verwaltung) liegt, ist ein Innerline Permit erforderlich, das begrenzt auf die Dauer von 14 Tagen in Leh ausgestellt wird.

Reisedauer

Wer Nubra mit öffentlichen Verkehrsmitteln besuchen möchte, sollte mindestens vier (besser fünf) Tage einplanen; mit einem privat gebuchten Jeep kann man einen Tag einsparen.

Empfohlener Reiseplan

Nubra

1. Tag: Fahrt nach Panamik (Start am Morgen, Ankunft am Abend)
2. Tag: Besichtigungen im Nubra-Tal
3. Tag: Fahrt nach Diskit, weitere Erkundungen im Nubra- oder Shyok-Tal (je nach verfügbarer Verkehrsverbindung)
4. Tag: Besichtigungen im Shyok-Tal
5. Tag: Rückfahrt nach Leh (Start am Morgen, Ankunft am Abend)

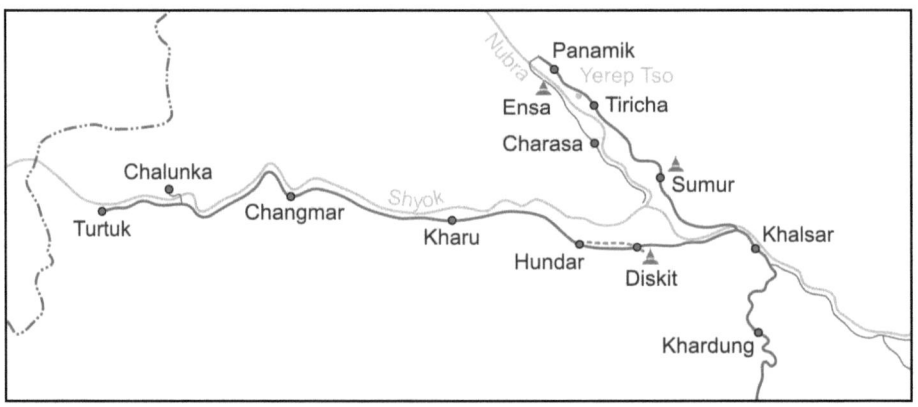

Routenbeschreibung nach Nubra

Die Straße in die Region Nubra beginnt am alten Busstand von Leh und führt dann *Leh* rechts des grünen Leh-Tales nordwärts. Sie wurde im Laufe mehrerer Jahre von der Indischen Armee gebaut und schließlich 1976 fertiggestellt. Erst im Jahre 1988 hat sie die Regierung für den öffentlichen Verkehr freigegeben. Aus militärischen Gründen wird diese Verbindung das ganze Jahr über offengehalten. (Im Gegensatz dazu ist die Manali-Leh-Straße zum Beispiel nur in den Sommermonaten geöffnet.)

Schon wenige Minuten nach Leh sieht man das Dorf Ganglas unterhalb der Straße am *Ganglas* Fluss liegen. In diesem Bereich sollte man hin und wieder auch einen Blick zurückwerfen, da man stellenweise eine herrliche Aussicht auf Leh und das Indus-Tal hat. Hier beginnt der lange Anstieg in weiten Serpentinen zum Khardung La, der gemeinhin als der höchste befahrbare Pass der Welt gilt. (Es scheint allerdings zweifelhaft, ob seine offizielle Höhe von 5.600 Metern stimmt.)

In Süd-Pullu erreicht man den ersten Kontrollposten. Die Landschaft wird nun immer *Süd-Pullu* alpiner. In den oberen Bereichen kann man manchmal sogar im Sommer einige kleine Schneefelder am Straßenrand erblicken. Lange Zeit war es so, dass der Pass von 9.00 Uhr bis 13.00 Uhr nur in Richtung Norden geöffnet war und von 13.00 Uhr bis 17.00 Uhr nach Süden.

Der Khardung La ist einer von drei befahrbaren Übergängen der Ladakh-Kette. Auf der *Khardung La* meist kalten und windigen Höhe ist nur wenig Platz zum Anhalten und Pause machen. Man sieht im Süden die Berge der Zanskar-Kette und im Norden die östlichen Ausläufer des Karakorum. In diesem Gebirgszug liegt der höchste Gipfel der Region, der vom Pass aus erkennbare schneebedeckte Saser Kangri (7.672 m).

Nur ein paar Kilometer hinter dem Pass muss man in Nord-Pullu das nächste Mal *Nord-Pullu* Kontrollen über sich ergehen lassen.

Jetzt führt die Straße hinab zum Dorf Khardung, dem ersten nennenswerten Ort in *Khardung* Nubra. Am Straßenrand der angenehmen Siedlung gibt es mehrere Gaststätten, so dass hier die Fahrer gerne für eine Weile zum Rasten bleiben.

Anschließend geht es weiter bergab, und schon bald erreicht man das breite Tal des *Shyok-Tal* Shyok-Flusses. Auf der anderen Seite befindet sich das in fruchtbarer Umgebung *Satti* gelegene Dorf Satti. Wenig später erscheint mit Khalsar die erste Ortschaft auf der *Khalsar* linken Shyok-Seite. Von dort aus kann man im Tal eine Brücke über den Hauptfluss ausmachen.

Bei Khalsar teilt sich die Straße: Es besteht einerseits die Möglichkeit, die Talseite zu *Wegalternativen* wechseln und dann in Richtung Norden bis nach Panamik zu fahren. Diese Straße (ab Panamik für den öffentlichen Verkehr gesperrt) führt anschließend weiter über den Karakorum-Pass nach Tibet. Andererseits kann man auf der linken Talseite bleiben und westwärts durch Diskit und Hundar bis nach Turtuk fahren.

Wer sowohl das Shyok-Tal als auch das Nubra-Tal besuchen möchte, muss sich in Khalsar entscheiden, welche Richtung er zuerst einschlagen will. Eigentlich ist das egal, so dass man einfach danach gehen kann, wie man verkehrstechnisch am besten vorankommt.

Nubra-Tal

Shyok-Brücke

Wer ins Nubra-Tal weiterreisen möchte, überquert die Brücke unterhalb von Khalsar und gelangt bei Lugzhum in das Gebiet des Zusammenflusses von Nubra und Shyok. Bei niedrigem Wasserstand erscheint der Nubra nicht als einheitlicher Fluss, sondern in Form mehrerer Arme, die sich durch das breite steinige Flussbett schlängeln.

Sumur

In Mündungsnähe liegt mit Sumur auch die erste touristisch interessante Siedlung. Sumur heißt »drei Flüsse«, was darauf hindeutet, dass sich hier mehrere Wasserläufe vereinigen, nämlich die bereits genannten Nubra und Shyok sowie der aus einem Seitental kommende Sumur Tokpo. Dieser wird direkt vom gleichnamigen, an den Abhängen der Karakorum-Kette gelegenen Gletscher gespeist.

Im Zentrum von Sumur gibt es einige einfache Restaurants und Unterkünfte. Hier biegt nach rechts eine Nebenstraße zum 1840 gegründeten Gelbmützen-Kloster Samstang Ling ab. Alternativ kann man auch innerhalb einer Dreiviertelstunde dorthin laufen.

Samstang Ling Gompa

Das Samstang Ling Gompa ist das größte Kloster im Nubra-Tal. Es wurde kürzlich vollkommen neu renoviert, so dass man zunächst ein viel jüngeres Gründungsdatum vermuten würde. Ebenfalls sehenswert ist ein alter, ungewöhnlich großer Lhato (Sitz von Schutzgöttern), den man unterhalb des Klosters besuchen kann.

Tegar

Jenseits des Sumur Tokpo liegt das Dorf Tegar. Hier existieren neben wenigen einfachen Unterkünften auch ein paar sehr ansprechende, aber auch sehr teure Hotels. Anschließend führt die Straße weiter nach Norden und passiert dabei einige unbedeutende Siedlungen.

Charasa

Auf der anderen Seite des Hauptflusses kann man das kleine Dorf Charasa erkennen, von dem aus einstmals das Königreich Nubra regiert wurde.

Danach, ein Stück hinter Tiricha, zweigen mehrere Jeeppisten nach links von der *Yerep Tso*
Straße ab. Sie enden scheinbar im Nichts, haben aber den Zweck, dem Yerep Tso,
einem kleinen, versteckt liegenden See, nahezukommen. Egal welche Zufahrt man
nutzt, es sind jeweils nur noch wenige Minuten Fußweg bis zu seinem Ufer.
Wenngleich der liebliche Yerep Tso keine herausragende Sehenswürdigkeit darstellt,
sind er und seine idyllische Umgebung doch eine willkommene Abwechslung auf der
Fahrt nach Panamik, dem letzten Ort, der für Touristen zugänglich ist.

Früher galt Panamik als ein bedeutender Zwischenstopp für die Karawanen, die über *Panamik*
den Karakorum-Pass zwischen Ladakh und Tibet (und weiter nach Yarkand in Zentral- *Bedeutung*
asien) unterwegs waren. Ein wichtiges Argument für den oft mehrtägigen Stopp (meist
drei bis vier Tage) waren die heißen Quellen von Panamik. Hier konnten sich die
Händler noch einmal richtig aufwärmen, bevor es wieder in die kalten und rauen Berge
der Karakorum- bzw. Ladakh-Kette ging. Damals gab es in Panamik sogar einen großen
Getreidespeicher, so dass die Karawanen ihre Vorräte für die Weiterreise aufstocken
konnten. Die Einheimischen bauten zu dieser Zeit vorwiegend Luzernen an, die sie den
Händlern als Futtermittel für ihre Tiere verkauften.
Noch heute können die heißen, etwas südlich des Zentrums gelegenen Quellen genutzt *Heiße*
werden: Die Dorfbewohner haben Badehäuser errichtet, in denen man entweder die *Quellen*
Gemeinschaftsanlage (getrennt nach männlich und weiblich) nutzen oder eine Zelle für
ein privates Bad anmieten kann. Das Ganze ist nicht besonders luxuriös, erfüllt aber
durchaus seinen Zweck.
Ebenfalls wenig komfortabel sieht es in Panamik mit den Unterkünften aus: Es gibt zwar *Unterkünfte/*
einige Hotels bzw. Homestays; diese genügen jedoch nur elementaren Ansprüchen. *Verpflegung*

Der Ort Panamik selbst ist nicht weiter sehenswert. Es besteht hingegen die Möglich- *Ensa Gompa*
keit, das beinahe 600 Jahre alte Ensa-Kloster auf der anderen Flussseite aufzusuchen.
Das Gompa ist bekannt durch einen Fußabdruck von Tsongkhapa, dem Gründer des *Tsongkhapa*
Gelbmützen-Ordens. Leider steht man hier aber oft vor verschlossenen Türen. Dann
entschädigen allerdings wenigstens die hervorragenden Ausblicke über das weite Tal.
Für den Ausflug zum Ensa Gompa muss man ungefähr einen halben Tag einplanen.

Entfernungstabellen für Diskit

Von Diskit nach ...	Khardung La	76 km	*Diskit-Leh-*
	Leh	116 km	*Route*
Von Diskit nach ...	Hundar	8 km	*Nubra-Tal*
	Turtuk	90 km	
Von Diskit nach ...	Sumur	30 km	*Shyok-Tal*
	Yerep Tso	48 km	
	Panamik	54 km	
	Ensa	66 km	

Shyok-Tal

Vegetation

Das mittlere Shyok-Tal bildet neben dem Nubra-Tal den zweiten Teil der Region Nubra. Am Ufer des Shyok ist die Vegetation noch reichhaltiger als am Nubra. Man glaubt, dass es dort bis zum Anfang des 20. Jahrhunderts großflächige zusammenhängende Waldgebiete gab. Diese sollen einer verheerenden Überschwemmung zum Opfer gefallen sein.

Diskit

Die wichtigste Ortschaft in Nubra ist Diskit. Hier, noch im Bereich der Mündung des Nubra in den Shyok, weist das Tal eine enorme Ausdehnung auf. Die Ortschaft liegt relativ weit vom Fluss entfernt am linken Talrand.

Alt-Diskit

Als guter Orientierungspunkt gilt eine große Gebetsmühle am Ortseingang links der Straße. Zweigt man kurz danach rechts ab, kommt man ins alte Dorf. Schließlich erreicht man die Marktstraße, die den Übergang zum neuen Ortsteil bildet.

Neu-Diskit

Fährt man dagegen an der Gebetsmühle weiter geradeaus, gelangt man mittels einer Umgehungsstraße ebenfalls nach Neu-Diskit. Dort befinden sich neben Verwaltungsgebäuden und Einkaufsmöglichkeiten auch der Bus- und der Taxistand.

Unterkünfte/ Verpflegung

Zum Wohnen und Spazierengehen ist das alte Diskit wesentlich schöner. Im Dorf gibt es noch Häuser im traditionellen ladakhischen Baustil, Feldanlagen und sogar Aprikosenbäume. Dazwischen sind vielerorts Mani-Mauern und Chörten errichtet.

Diskit Gompa

Oberhalb des alten Zentrums liegt das sehenswerte Diskit Gompa. Man hat die Möglichkeit, in einer knappen Dreiviertelstunde dahin zu laufen. Alternativ kann man auch über eine (unweit der o.g. Gebetsmühle beginnende) Nebenstraße zum vermutlich ältesten Kloster in der Nubra-Region hinauffahren (2 km).

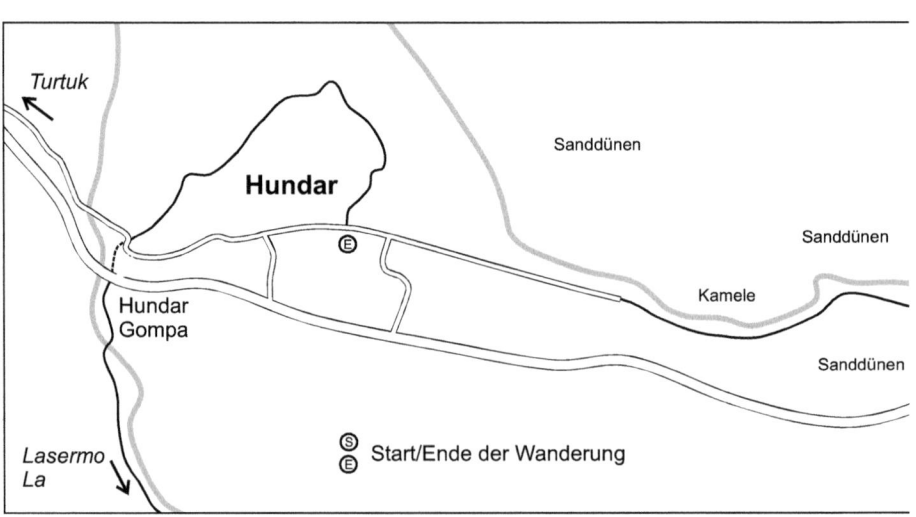

Hinter Diskit bleibt die Straße auf der linken Talseite und erreicht noch vor Hundar ein *Sanddünen* Gebiet mit großflächigen Sanddünen. Hier kann man des Öfteren Kamele beobachten, *auf dem Weg* deren Vorfahren als Karawanentiere Verwendung fanden. Da der Handel mit Tibet aber *nach Hundar* zum Erliegen kam, waren die Tiere lange Zeit »arbeitslos«. Geschäftstüchtige Einheimische sind inzwischen auf die Idee gekommen, Kamelritte für Touristen anzubieten.

Hundar war bis in die Neuzeit die größte Ansiedlung in Nubra. Trotzdem hat sich das *Hundar* Dorf über die Jahre hinweg noch einiges an Schönheit und Gemütlichkeit bewahrt. Obwohl mittlerweile in Hundar schon fast alles sehr touristisch ist, lohnt sich ein *Unterkünfte/* Ausflug hierher. Im Ort gibt es viele Unterkünfte (jeweils mit Verpflegungsmöglichkeit). *Verpflegung* Es überwiegen Hotels, »Luxuszelte« und Hütten der mittleren Preiskategorie. Nahezu alle Einrichtungen verfügen über einen ruhigen Garten. Die Dorfanlage ist sehr weitläufig und eignet sich daher in verkehrsarmen Zeiten auch für größere Spaziergänge. Die meisten Touristen, die hierher kommen, haben (obwohl das keineswegs notwendig ist) ihre Unterkunft mit Halb- oder Vollpension in Leh bereits gebucht. Dennoch existieren v.a. im unteren Ortsteil entlang der Hauptstraße zahlreiche Cafés und Gaststätten.

Am Ortsende, kurz bevor man einen Nebenfluss überquert, erreicht man die Klosteran- *Gompa* lage von Hundar. Rechts der Durchgangsstraße liegt das Hauptgebäude. Im Inneren findet man eine vergoldete Maitreya-Statue sowie ein Idol des tausendarmigen Avalokiteshvara.

Auf der anderen Straßenseite, am Abzweig in ein Seitental, fällt eine ungewöhnlich *Rundweg* lange Mani-Mauer ins Auge. Hier beginnt ein gut ausgebauter Rundweg (20-30 Min.) zu einigen Tempeln, die deutlich oberhalb der Straße errichtet wurden. Wegen der Aussicht auf Hundar und seine Umgebung ist es durchaus zu empfehlen, die Mühen des Aufstieges nicht zu scheuen.

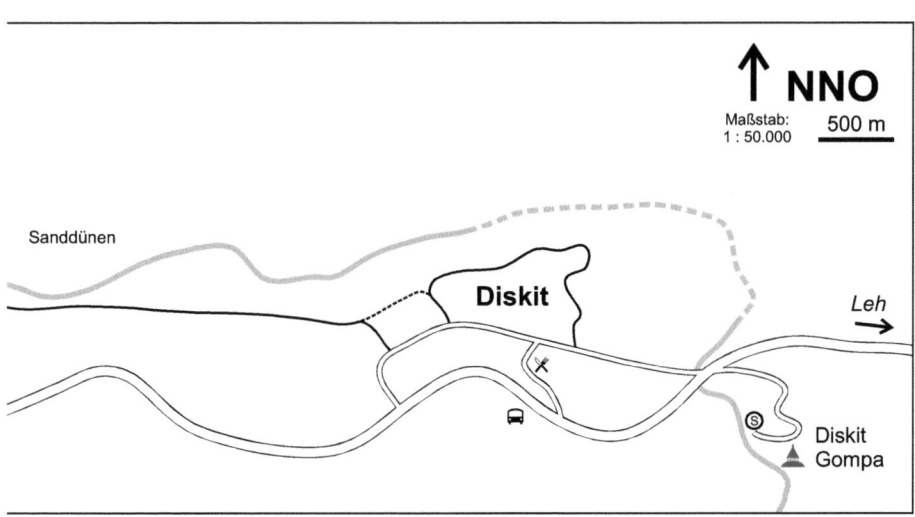

Mittleres
Shyok-Tal

Bis 2010 war Hundar der letzte Ort im Shyok-Tal, den Touristen besuchen durften. Inzwischen ist es möglich, bis nach Turtuk zu reisen. Ab Diskit verkehrt sogar täglich ein öffentlicher Bus dorthin.

Karakorum

Die Straße nach Turtuk führt durch eine karge Landschaft mit vereinzelten grünen Oasen. Ab und zu wechselt sie die Talseite. Geographisch pendelt sie damit zwischen dem Himalaja und dem Karakorum hin und her.

Turtuk

Allmählich wird der Shyok, verursacht durch die zahlreichen Zuflüsse, die in ihn münden, immer mächtiger. Kurz vor Turtuk braust er förmlich auf. Das Wasser lässt seine unbändige Kraft eindrucksvoll erahnen. In Dorfnähe hat er sich dann wieder beruhigt, um die grüne Idylle, die sich weit in ein Seitental hinauf ausbreitet, nicht zu stören.

Unterkünfte/
Verpflegung

Die Bewohner dieses kleinen Ortes sind – wie die meisten Baltis auch – schon größtenteils Moslems. Ihr Geschäftssinn ist bemerkenswert: Obwohl es erst seit kurzem möglich ist, hier Urlaub zu machen, gibt es schon mehrere Homestays und ein paar einfache Restaurants.

Spaziergang

Um Turtuk besser kennenzulernen, empfiehlt sich folgender lohnenswerter Rundgang: Fast am Ende des Ortes überquert die Straße einen wasserreichen Fluss. Hier zweigt nach links eine talaufwärts führende Jeepstraße ab. Schon nach kurzer Zeit erkennt man eine imposante Fußgängerbrücke über den Wasserlauf. Diese leitet ins Dorfzentrum. An den Häusern der Bauern und ihren Feldern vorbei, kann man (fast) nach Belieben durch Turtuk streifen und an einer geeigneten Stelle wieder hinab zur Straße nach Hundar steigen.

Skardu

Schon kurz nach den letzten Gehöften von Turtuk trifft man auf einen Kontrollposten. Anschließend geht die Militärstraße weiter durch Sperrgebiete bis letztlich nach Skardu (Baltistan, derzeit unter pakistanischer Verwaltung).

Trekking nach
Leh über den
Lasermo La

Wer gut zu Fuß ist, kann vom Nubra-Tal (Start in Hundar) zurück nach Leh laufen. Der Trek, für den man fünf oder sechs Tage einplanen muss, ist allerdings sehr anstrengend. Er führt über den ungefähr 5.500 Meter hohen Lasermo-Pass, dessen Nordseite selbst im Sommer meist noch schneebedeckt ist. Steigeisen sind normalerweise aber nicht erforderlich.

Diskit Gompa

Die Besichtigung startet an dem Parkplatz, der das Ende einer bei Diskit beginnenden *Rundgang*
Jeepstraße zum Gompa markiert. Er befindet sich direkt am Fuße der Klosteranlage. Von
hier aus ist der Weg zu den wichtigsten Tempeln gut beschildert.

Erstaunlicherweise nicht ausgezeichnet ist eine ganz besondere Sehenswürdigkeit: *Wasser-*
Aufgrund der exponierten Lage des Klosters war die Wasserversorgung für die Mönche *versorgung*
seit jeher ein ernstzunehmendes Problem. Der einzige Bach der Umgebung fließt
nämlich in einer tiefen Schlucht weit unterhalb der Gebäude. Der Pfad dorthin zweigt
unmittelbar hinter dem Torbogen vom üblichen Rundgang nach rechts ab. Bereits
wenige Meter danach steht man vor einem tiefen Abgrund. Von da aus kann man
gedanklich gut einen Weg verfolgen, der hinab zum Wasser führt. Er beginnt mit einer
waghalsigen Treppenkonstruktion aus Holz. Schon alleine die Vorstellung, den Pfad
herunterzugehen, erschüttert fast alle Besucher innerlich. Wer sich jetzt noch vor
Augen führt, dass früher die Mönche auch bei Eis und Schnee dort unten ihr Wasser
holen mussten, ist vermutlich vollkommen ratlos, wie das möglich war.

Das Diskit Gompa gründete Sherab Zangpo, ein Schüler von Tsongkhapa, um 1420. Das *Geschichte*
zunächst recht kleine Kloster wurde nach und nach erweitert.
Aus dem Jahre 2010 stammt das neueste, zum Gompa gehörende Bauwerk: Nach
sechsjähriger Bauzeit wurde unweit des Klosters eine über 30 Meter hohe Statue von
Buddha Maitreya, die damals größte ihrer Art in Ladakh, vom Dalai Lama höchstpersönlich eingeweiht. Ihr Bau kostete rund eine halbe Million Euro.

Zurück auf dem ausgeschilderten Rundgang passiert man zunächst die Wohnhäuser *Klosterhof*
der Mönche. Der teils überdachte Weg endet auf dem relativ engen Festspielhof, der an
zwei Seiten überdachte Stehplätze für die Besucher des Klosterfestes bereithält.
Auf der gegenüberliegenden Seite des Platzes führt eine Freitreppe weiter nach oben zu *Ausblick*
den Tempeln der Anlage. Besonders bemerkenswert sind die grandiosen Ausblicke von
hier. Man schaut direkt auf den breiten Talgrund, in dem der Nubra-Fluss in den Shyok
mündet. Davor erkennt man die eigentlich überdimensionierte, neu erbaute Buddha-
Statue, die sich aus dieser Perspektive wunderbar in die Weite der Landschaft einfügt.
Wendet man sich ein bisschen nach links, so erstreckt sich Diskit im Vordergrund, und
man sieht den mächtigen Shyok-Fluss in Richtung Indus strömen.
Es lohnt sich, die goldene Buddha-Statue mit ihrer reichverzierten Krone und dem *Buddha-*
farbenfrohen Gewand jetzt genauer in Augenschein zu nehmen: Sie wurde auf einer *Statue*
natürlichen Erhöhung über dem Talgrund errichtet, die an einen Kegelstumpf erinnert.
Darauf sitzt der Buddha des künftigen Weltzeitalters auf einem »Hocker«. Dieser ent-
puppt sich (bei eingehender Besichtigung vor Ort) als zweistöckiges Gebäude, in dessen
erster Etage ein schlichter Tempel untergebracht ist: Die mittlere Figur darin stellt
Shakyamuni dar, links davon erkennt man Tsongkhapa und rechts Padmasambhava.
Am Fuße des Bergkegels befindet sich (vom Kloster aus gesehen links) eine Residenz *Photang*
des Dalai Lama (Photang). Es besteht die Möglichkeit, vom Sockel der Statue aus, über
Treppen dorthin abzusteigen.

Orientierung   Die unterste Tempelzeile, eine Etage über dem Klosterhof, bilden der Gonkhang und der vier Stufen höher liegende Chokhang. Dazwischen führt eine zusätzliche Treppe hinauf zu einem zweiten, kleineren Klosterhof, von dem aus der Shakyamuni-Tempel zu erreichen ist. Noch weiter oben findet man im angeblich ältesten Tempel der Anlage eine große Tsongkhapa-Statue. Man vermutet, dass schon der Klostergründer Sherab Zangpo selbst diese Figur in Auftrag gegeben hat.

Gonkhang   Der mit Abstand interessanteste Tempel des Klosters ist der Gonkhang. Der kleine, dunkle Raum, in dem das Fotografieren verboten ist, wird lediglich durch zwei mal zwei Säulen unterteilt. Gleich nach dem Eingang rechts existieren Tische und Sitzkissen für die Mönche. An mehreren Stellen sind Statuen unterschiedlicher Schutzgottheiten untergebracht. Mehrere wurden mit Tüchern verhängt. Die wichtigste Figur im Raum ist der Weiße Mahakala (hinten rechts). Rechts hält er die Knochen einer Menschenhand, links einen Schädel. Beide Skelettteile sollen von einem Mongolen stammen, der versucht hat, das Kloster zu zerstören.

Neben einem Blick auf die faszinierend anmutenden Schutzgottheiten lohnt zudem die Betrachtung der Thankas im Raum, die wahrscheinlich aus dem 15. Jahrhundert stammen.

Vor allem für Touristen, die in Hundar Unterkunft bezogen haben, ist folgender Tagesausflug besonders reizvoll: *Wanderung nach Hundar*

Es empfiehlt sich, bereits am frühen Morgen zur Besichtigung des Klosters von Diskit aufzubrechen und anschließend auf einem sehr schönen Weg nach Hundar zurückzuwandern. Da in den Randbezirken von Diskit möglicherweise große Pfützen durchschritten werden müssen, ist festes Schuhwerk erforderlich. Des Weiteren sollte man unbedingt daran denken, auf dem Markt in Diskit genügend Wasser für die Tour zu kaufen. *Vorbereitung*

Die Wanderung beginnt direkt am Kloster von Diskit: Man läuft die Jeepstraße hinab auf die Hauptstraße, die Diskit mit Leh verbindet. Dabei muss man selbstverständlich nicht jede Kurve mitnehmen, sondern kann vielmehr an geeigneten Stellen etwas abkürzen. *Wegbeschreibung*

Auf der Fernverkehrsstraße wendet man sich nach links, überquert die Brücke über den vom Kloster kommenden Fluss und zweigt unmittelbar nach einer großen Gebetsmühle nach rechts auf die frühere Hauptstraße ab. Dieser folgt man ungefähr eine Viertelstunde leicht bergab bis zur Gabelung mit einer weiteren Gebetsmühle. Dort hält man sich links, um fünf Minuten später, kurz nach dem Passieren der Poststation, das untere Ende der Marktstraße zu erreichen. Jetzt bleibt man im Tal und folgt dem Wegweiser »Tsaking Yak Farm«. Ungefähr 10-15 Minuten nach der Gabelung am Markt biegt ein nicht asphaltierter Fahrweg in Richtung Hundar nach rechts über eine unscheinbare Brücke ab. Schon fünf Minuten später, an der nächsten Verzweigung, gilt es, links zu laufen. Vorbei an hohen Gräsern, Bäumen und Sträuchern wandert man nun durch die unbewohnten Ausläufer von Diskit.

Mit der Zeit rücken der Shyok und die Sanddünen immer stärker ins Blickfeld. Eine ungewöhnliche Strauchvegetation macht sich breit. Die Landschaft strahlt eine eigentümliche Faszination aus. Die Sanddünen werden immer mächtiger, bis sie die Straße unter sich begraben. Dann läuft man richtungshaltend am Fluss einfach im Sand weiter und erreicht so schon bald die Ausleihstation für die Kamele (erkennbar an einigen Häusern bzw. Zelten und Hinweisschildern). Kurz danach trifft man auf eine geteerte Straße, die bis ins Zentrum von Hundar leitet.

Für die Wanderung von Diskit nach Hundar sollte man ungefähr 3 Stunden einplanen: *Zeitplanung*

Diskit Gompa – Diskit (Markt):	¾ Std.	2,9 km
Diskit (Markt) – Hundar (Teer-Straße):	1½ Std.	+ 6,2 km = 9,1 km
Hundar (Teer-Straße) – Hundar (Zentrum):	¾ Std.	+ 1,9 km = 11,0 km

Ensa Gompa

Anreise

Schon bei den heißen Quellen von Panamik kann man das Ensa Gompa mit einem Fernrohr recht gut auf der anderen Flussseite ausmachen. Der Weg dorthin ist allerdings noch länger, als man zunächst vermutet, weil es in Panamik keine Brücke über den Nubra-Fluss gibt. Da zudem keine öffentliche Transportmöglichkeit zum Kloster existiert, ist seine Besichtigung eigentlich nur möglich, wenn man über ein privat gebuchtes Fahrzeug verfügt: Damit geht es zuerst noch fast fünf Kilometer (ab den Badehäusern) talaufwärts. Hinter einem Kontrollposten, noch vor dem nächsten Dorf, zweigt nach links eine Straße zu einer Brücke ab. Auf der anderen Flussseite fährt man an der Gabelung (knapp 2 km nach der Kontrolle) links und folgt der staubigen Jeepstraße bis zu einem Parkplatz unterhalb des Ensa-Klosters (weitere 6,5 km; Fußweg etwas kürzer).

Orientierung

Zum Gebäudekomplex hinauf gibt es mehrere Pfade. Beim Aufstieg sollte man – der buddhistischen Tradition der Rechtsumrundung folgend – das (in Blickrichtung) linke Ende der Anlage anvisieren.

Seinen Rückweg beginnt man später an der anderen Seite des Klosters, wo sich ein kleines Wäldchen befindet. Dort biegt linker Hand ein Pfad zu dem etwas abseits liegenden Avalokiteshvara-Tempel ab. Der kurze Ausflug dorthin (5 Min.) lohnt allerdings »nur« wegen der phantastischen Aussicht.

Klosterhof

Vom Parkplatz aus hinter dem Hauptgebäude findet man im Zentrum eines unbefestigten Platzes die wichtigste Sehenswürdigkeit des Klosters, nämlich eine Steinplatte, die angeblich einen Fußabdruck von Tsongkhapa, dem Gründer des Gelbmützen-Ordens, enthält.

Dukhang

Von hier aus erreicht man den wenig sehenswerten Dukhang, der in einem Nebengebäude untergebracht ist. Nahezu der gesamte Raum wurde mittig durch eine (nicht begehbare) Lichtkuppel erhöht. Buddha Shakyamuni ist die zentrale Figur auf der Stirnseite des spärlich eingerichteten Tempels.

Hauptgebäude

Als viel interessanter erweisen sich der Lhakhang und der Gonkhang, die beide in unmittelbarer Nähe zueinander in der ersten Etage des Haupthauses angeordnet sind.

Gonkhang

Der Gonkhang ist ein kleiner dunkler Raum mit Wandmalereien aus der Gründungszeit des Klosters. An beiden Längsseiten können sich die Mönche hinsetzen. Neben den Figuren von Tsongkhapa, Avalokiteshvara, Shridevi und Vajrapani gehören alte Tanzmasken zum Inventar des Tempels. Die Statue von Manjushri ist nicht leicht zu identifizieren, da sie fast ganzjährig mit Tüchern verhängt ist. Nur im September besteht die Möglichkeit, sie während eines Klosterfestes für kurze Zeit zu sehen.

Lhakhang

Der Lhakhang, direkt gegenüber, beherbergt ebenfalls sehenswerte Masken. Noch bedeutender sind hier aber die zahlreichen Thankas, von denen einige fast 600 Jahre alt sein sollen. Als bemerkenswert gilt außerdem die Sammlung der 21 Taras, die auf einem Tisch vor der verglasten Altarwand untergebracht ist.

Sumur: Samstang Ling Gompa

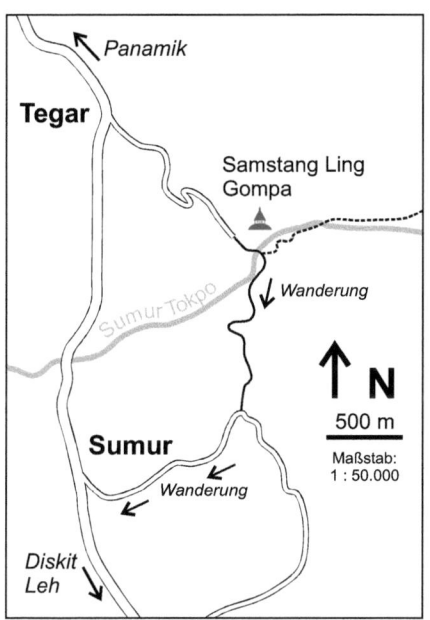

Anreise

Fast am Ende von Tegar zweigt eine befestigte Straße zum Samstang Ling Gompa ab (1¾ km). Der Ausbau endet an einem Parkplatz unterhalb des Klosters.

Orientierung

Von dort aus gelangt man vorerst zu einem weitläufigen, mit roten Fliesen ausgelegten Platz, an den sich das Hauptgebäude mit den wichtigsten Tempeln anschließt. Über den zentralen Eingang, der mit ausladenden Treppen versehen ist, erreicht man einen großen Vorraum, der zum neuen Dukhang leitet. Rechts davon liegt der alte Versammlungsraum. Dieser ist mittels einer separaten Treppe vom Hauptplatz aus zugänglich. Im ersten Obergeschoss befinden sich zwei weitere kleine Innenhöfe sowie ein paar (selten geöffnete) Tempel. Für Touristen verschlossen bleibt das Schulgebäude mit seinem gepflegten Gärtchen, das den rechten Abschluss der Klosteranlage bildet.

Neuer Dukhang

Der neue Versammlungsraum ist durch vier mal fünf Holzsäulen unterteilt. In der Mitte, zwischen der zweiten und der dritten Säulenreihe, stehen die Tische für die Mönche, daneben ihre Sitzgelegenheiten. Über den Gebetstischen wurde ein Obergeschoss, das Lichteinfall gewährleistet, konstruiert.
An der Stirnseite findet man den Buddha dieses Weltzeitalters im Zentrum der Figurengruppe. Er wird u.a. flankiert von zwei Tara-Idolen, Avalokiteshvara, Manjushri sowie dem Ordensgründer Tsongkhapa.

Alter Dukhang

Auch im alten, merklich kleineren Versammlungsraum (zwei mal vier Säulen) ist Buddha Shakyamuni die wichtigste Figur. Interessant sind hier die Malereien (schmale, helle Pinselstriche auf schwarzem Grund) im Eingangsbereich.

Wanderung nach Sumur

Wer etwas Zeit hat, kann die Klosterbesichtigung mit einem schönen Spaziergang durch die gemütlichen Außenbezirke von Sumur verknüpfen:
Dazu geht man den Fahrweg am Ende des Jeepparkplatzes einfach weiter, überquert den Sumur Tokpo und folgt seinem linken Ufer bergab. Schon bald verlässt die fast unbefahrene Straße das Flussbett und führt in einem Bogen ins Zentrum von Sumur. Auf der gesamten, rund drei Kilometer langen Tour muss man nur einmal aufpassen: Nach der halben Strecke biegt die Route auf eine asphaltierte Straße, der man nach rechts folgt. Anschließend liegen einige sehr schöne Hotelanlagen direkt am Weg. Diese kann man gleich mit inspizieren, falls man vorhat, hier zu übernachten.

Reiseinformationen zu Purig

Verkehrs-
verbindungen

Nach Purig existieren ab Leh nur vereinzelte Reisemöglichkeiten. Eine ist der Direktbus (täglich) nach Kargil. Dieser startet in Leh am Poloplatz. Die Fahrscheine (schon am Abend des Vortages besorgen) werden im Bus verkauft. Des Weiteren kann man vom Busstand aus mehrmals in der Woche direkt nach Chiktan reisen.

Die Leh-Kargil-Route (ab Khaltsi)

Leh – Khaltsi –
Khangral

Die Fahrt von Leh nach Purig führt zunächst durch das Untere Ladakh bis nach Khaltsi. Nur wenige Kilometer hinter dem Ortsausgang von Khaltsi verlässt die Straße das Indus-Tal. Nach einer Brücke über den deutlich kleineren Yapola-Fluss beginnt der

Lamayuru

steile Anstieg nach Lamayuru. Der durch sein großes Kloster bekannte Ort ist von einer einzigartigen »Mondlandschaft« umgeben. Hinter Lamayuru geht es weiter bergan bis

Fatu-Pass

auf den 4.100 Meter hohen Fatu-Pass. Das ist die höchste Erhebung der Leh-Kargil-Route. Kleine Ortschaften mit ihren fruchtbaren Feldern prägen fortan die Landschaft.

Bodhkarbu

Eine der bedeutenderen Siedlungen ist Bodhkarbu. Im Jahre 1639 fand hier eine blutige Schlacht statt, in der die ladakhische Armee unter der Führung von Sengge Namgyal wenig erfolgreich gegen Baltistan kämpfte. Aufgrund der Niederlage wurden Ladakh Tributzahlungen auferlegt, die das Land jedoch nie erfüllte.

Khangral

Es folgt ein relativ langer grüner Abschnitt bis hin nach Khangral, dem ersten Dorf entlang der Route mit moslemischer Bevölkerungsmehrheit.

Hier zweigt eine Nebenstraße nach Chiktan ab, die letztlich bis in die Dha-Hanu- *Chiktan*
Region führt. Vom Straßenabzweig aus ist es nur ein kurzer Abstecher (ca. 10 km) in
die frühere »Hauptstadt« von Purig.

Die einst dort in einer mächtigen Burganlage residierenden Fürsten waren lange Zeit *Geschichte*
selbständig und buddhistischen Glaubens. Anfang des 17. Jahrhunderts konvertierten
sie dann aber zum Islam und bezeichneten sich fortan als Sultane von Purig. Schließlich wurden sie von Sengge Namgyal bezwungen und mussten daraufhin Tribut an
Ladakh zahlen.

Das inzwischen vollständig islamisch geprägte Chiktan verteilt sich heute auf mehrere, *Burganlage*
räumlich getrennte Ortsteile. Über dem »alten« Hauptort thronen die Ruinen der
historischen Festung.

Der Aufstieg dorthin (75 Höhenmeter) dauert ungefähr 20 Minuten und beginnt mit *Rundgang*
Treppen an der Hauptstraße, direkt unterhalb der ehemaligen Darden-Burg. Von oben
kann man einen schönen Rundblick auf das am grünen Talgrund gelegene Dorf sowie
das gesamte Umland genießen.

Auf dem Rückweg hat man die Möglichkeit, (weitgehend querfeldein) einen kleinen
Bogen über einen Aussichtspunkt zu gehen, so dass man am oberen Ende von Chiktan
das Haupttal wieder erreicht. Hierfür ist allerdings festes Schuhwerk zwingend erforderlich.

Die Straße nach Kargil verlässt hinter Khangral das Haupttal und steigt an zum Namika *Namika La*
La, dem letzten Pass auf dieser Route. Dann geht es hinab zum Wakha-Fluss.

Der erste wichtige und zugleich größte Ort im Wakha-Tal ist Mulbekh, das einzige Dorf *Mulbekh*
in dieser Gegend mit einem nennenswerten Anteil von Buddhisten.

Hier gibt es ein uraltes Felsrelief aus dem siebten Jahrhundert. Das wunderschöne, *Felsrelief*
sieben Meter hohe Kunstwerk versinnbildlicht den Buddha des künftigen Weltzeitalters.

Oberhalb von Mulbekh existieren, unweit der Ruine einer ehemaligen Darden-Burg, zwei *Klöster*
Klöster. Eines gehört der Drukpa-, das andere der Gelugpa-Sekte an. Leider steht man hier
oft vor verschlossenen Türen. Der Aufstieg dorthin lohnt sich aber trotzdem (auch wenn
er ziemlich mühselig ist), weil man von hier aus eine sehr schöne Aussicht hat.

Der folgende Straßenabschnitt nach Kargil verläuft stets in unmittelbarer Flussnähe. *Kargil*

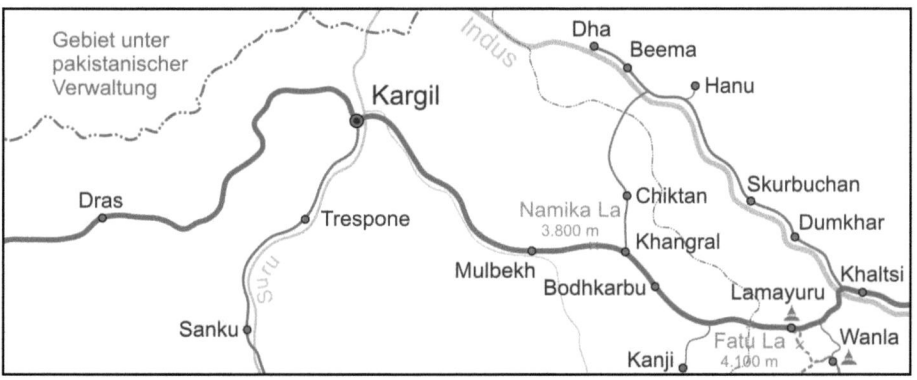

Kargil
Purig

Legende

Unterkünfte/Verpflegung
- ✗ A Shangrilla, Las Vegas
- ✗ B Ladakh Darbar
- ⌂ C Siachen
- ⌂ D Greenland
- ⌂ E Larsa
- ⌂ F Brownhills
- ⌂ G Mountain Palace

Sonstiges
- ✉ 1 Post
- ☆ 2 Krankenhaus
- ☆ 3 Jama Masjid
- ☆ 4 Gemüsemarkt
- ☆ 5 Hussaini Park
  (Parkplatz)
- ⓘ 6 Touristeninformation

- ☆ 7 Supermarkt Highland
- 🚗 8 Sammeltaxis
  nach Padum und Leh
- 🚌 9 Busstand

Hinweis: Es existieren
mehrere Geldautomaten.

Position
N 34.5600°
O 76.1263°

Höhe
2.675 m

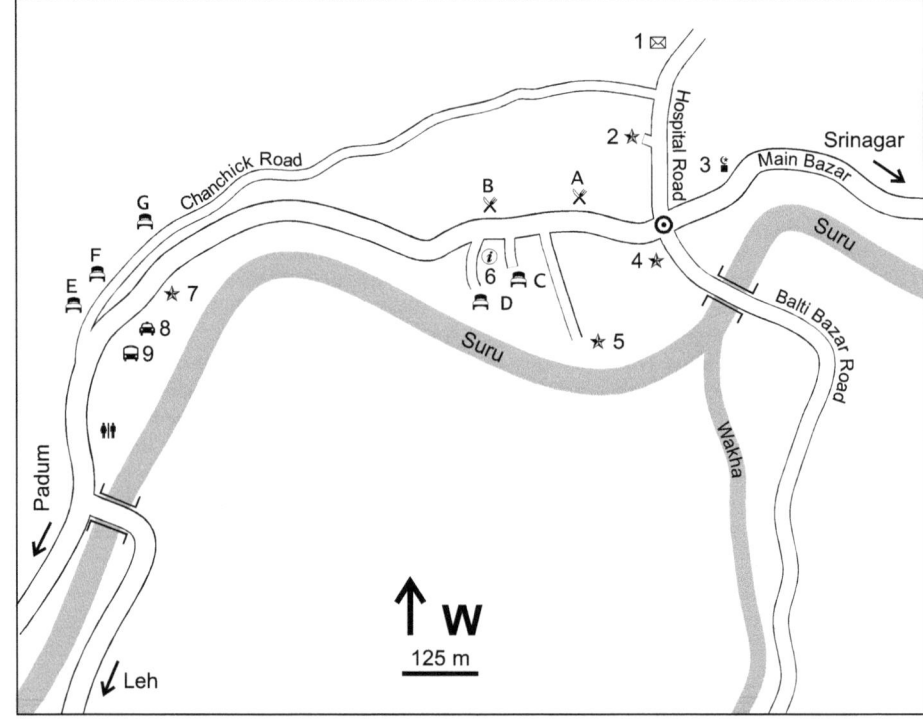

Kargil

Kargil ist die zweitgrößte Stadt in Ladakh. Seine Bewohner sind überwiegend baltista- *Bedeutung*
nischen Ursprunges und daher Moslems. Seit der Öffnung von Ladakh für Touristen
fungiert Kargil hauptsächlich als Ort für nächtliche Zwischenstopps.

Demzufolge existieren in der Stadt mehrere, vorwiegend einfache Hotels. Weil die *Unterkünfte/*
meisten Gäste eine Unterkunft nur für ein paar Stunden suchen, wechselt die Belegung *Verpflegung*
ständig.
Das hatte in der Vergangenheit dazu geführt, dass die Hotelbesitzer verhältnismäßig
wenig Wert auf Qualität und Service legten und trotzdem recht hohe Preise verlangten.
Kargil hatte diesbezüglich lange Zeit einen ziemlich schlechten Ruf. Es galt als unange-
nehm und schmutzig.
Diese Situation hat sich in den letzten Jahren jedoch spürbar gebessert: Es entstanden
mehrere gut brauchbare Hotels (am Busstand) sowie eine Reihe von neuen Gaststätten
in der Innenstadt und am Bus- und Sammeltaxistand, der leider etwas außerhalb des
Zentrums liegt.

Da am Morgen die überregionalen Busse und Sammeltaxis (nach Padum, Leh oder *Weiterreise*
Srinagar) sehr früh starten, ist es für Durchreisende nicht empfehlenswert, allzu viel
Zeit für die Hotelsuche aufzuwenden.

Reiseinformationen zu Zanskar

Wege
nach Padum

Lange Zeit war Padum, die »Hauptstadt« von Zanskar, ausschließlich zu Fuß oder im Sattel erreichbar. Eine dieser traditionellen Routen (Padum – Lamayuru) ist noch immer ein beliebter Langstreckentrek. Er ist im Rother Wanderführer (Tour 19) genau beschrieben.

Kargil-Padum-
Route

1980 wurde dann die erste (und heute noch meistgenutzte) Straße nach Padum fertiggestellt. Sie zweigt in Kargil von der gut ausgebauten Srinagar-Leh-Route ab.

Bus

Von Leh aus fährt hin und wieder ein Direktbus (mit nächtlichem Zwischenstopp in Kargil) nach Padum. Er startet am sehr frühen Morgen am Busstand von Leh und erreicht Kargil am Nachmittag. Die Fahrkarte sollte man schon am Vortag lösen. Am nächsten Tag geht es wiederum sehr früh los. So ist es möglich, dass man in Padum bereits am späten Nachmittag ankommt.

Sammeltaxi

Deutlich problemloser ist es, mit einem Sammeltaxi nach Padum zu gelangen. Meistens verkehren zwei bis drei Fahrzeuge täglich ab Kargil. Da die Fahrer dort ebenfalls recht früh aufbrechen, muss man unbedingt am Vorabend bei ihnen einen Sitzplatz reservieren.

Taxi

Wer sich den Stress der langen Fahrten in einem öffentlichen Verkehrsmittel ersparen will und außerdem über ausreichende finanzielle Mittel verfügt, kann sowohl von Leh als auch von Kargil aus ein Taxi nach Padum buchen. Überlegenswert ist diese Variante vor allem dann, wenn man in einer größeren Gruppe unterwegs ist.

Weitere
Verbindungen

Ungefähr 40 Jahre nach dem ersten Straßenbau ins Zanskar-Tal wurden drei weitere Straßen eröffnet, die Padum mit Ladakh bzw. Lahaul verbinden:

Darcha –
Padum

Die erste (2019 fertiggestellt) zweigt in Darcha von der Manali-Leh-Straße ab und folgt im Wesentlichen der ehemals beliebten Trekkingroute Darcha – Padum (»Zanskar-Durchquerung«).

Padum –
Nimmu

Diese Verbindung wurde bis 2024 in Richtung Leh erweitert. Sie führt ab Padum geradewegs den Zanskar flussabwärts und biegt bei Nimmu auf die Srinagar-Leh-Straße. Von den Einheimischen wurde ihre Fertigstellung lange Zeit sehnlich erwartet. Zwischen Planung und Eröffnung, die sich aufgrund umfangreicher Sprengarbeiten im Bereich der Zanskar-Schlucht mehrfach verzögerte, vergingen immerhin 20 Jahre.

Padum –
Khaltsi

Schon seit 2020 besteht jedoch die Möglichkeit, von Padum aus über Photoksar, Phanjila und Wanla die Srinagar-Leh-Straße zwischen Lamayuru und Khaltsi zu erreichen.

Die Kargil-Padum-Route

Die Straße nach Padum führt hinter Kargil streng in Richtung Süden durch das frucht-bare Suru-Tal. *Kargil*

Der größte Ort in diesem Tal ist Sanku. Aufgrund der ertragreichen Landwirtschaft geht es den Familien in Sanku relativ gut. *Sanku*

Hinter Sanku wird die Natur rauer. Die Straße quert kurzzeitig auf die – in Fahrtrich-tung – linke Flussseite und dann wieder zurück auf die rechte. Schon bald darauf erreicht sie Panikhar. *Panikhar*

Die kurze Pause, die die Fahrer hier meist einlegen, sollte man nutzen, um einen Blick auf das Nun-Kun-Bergmassiv zu werfen. Die Aussicht auf die beiden Siebentausender ist wirklich beeindruckend. Gleich nach der sich anschließenden Flussbiegung ver-schwindet der pyramidenförmige Gipfel des Nun. Das zerklüftete Massiv des Kun-Berges hingegen bleibt auf der gesamten Strecke bis Rangdum sichtbar. *Nun-Kun-Massiv*

Parkachik ist das letzte vom Islam dominierte Dorf auf dem Weg nach Padum. Der Ort ist unter Bergsteigern bekannt, da von hier aus die Expeditionen zum Nun bzw. Kun starten. *Parkachik*

Hinter Parkachik wird die Gegend nochmals deutlich karger. Die Piste führt hinauf zu einer Hochebene, auf der die wenigen verstreuten Häuser der Ortschaft Yüldo liegen.

Kulturell zählt das Gebiet um Yüldo bereits zu Zanskar, politisch allerdings zu Purig. In der Vergangenheit hat es immer wieder Streitigkeiten um die hiesigen Weidegründe zwischen Hirten aus der Region Jammu (jenseits des Himalaja-Hauptkammes) und den Einheimischen gegeben. *Yüldo*

Relativ unvermittelt erscheint plötzlich ein Kloster, das Rangdum Gompa. Es wurde im späten 16. Jahrhundert auf der Spitze eines kleinen Hügels gebaut. Dieser erhebt sich in einem breiten, von einigen Flussarmen durchzogenen Tal. Heute leben hier lediglich noch ein paar Mönche, die dem Gelbmützen-Orden angehören. *Rangdum Gompa*

Nach dem Kloster führt die Straße wieder bergan zum ca. 25 Kilometer entfernten Pensi La. Dieser, nur zwischen Ende Juni und Ende Oktober befahrbare Pass, markiert die Verwaltungsgrenze zu Zanskar. *Pensi La*

Die ersten Meter der Passabfahrt sind geradezu atemberaubend: Einer der mächtigsten Gletscher weit und breit, der Darang-Durung-Gletscher, wälzt sich rechter Hand ein Seitental hinab. *Darang-Durung-Gletscher*

Die Eismassen sind die Quelle des Doda-Flusses, dem die Straße bis hinunter nach Padum folgt. Kurz vor der Mündung des Doda in den Zanskar, keine zehn Kilometer vor Padum, überquert sie bei Tungri den Flusslauf. *Doda-Tal*

Hier biegt eine überwiegend asphaltierte Straße zum alten Felsenkloster Dzongkhul ab. Auf der Hauptroute bleibend erreicht man Sani, ein Dorf mit einer über zweitausend-jährigen Geschichte. *Dzongkhul Sani*

Nur wenige Minuten später zweigt eine Nebenstraße nach links zum außerhalb gelege-nen Taxistand von Padum ab. Die Bus- und Sammeltaxifahrer bringen ihre Gäste jedoch meistens bis ins neue Zentrum von Padum. *Padum*

Die Chadar-Route von Leh nach Padum

Bedeutung

Zanskar ist schon seit Jahrhunderten auf engste Weise mit Ladakh verbunden. Die wichtigste Stadt der Region war und ist zweifellos Leh. Daraus leitet sich seit Generationen der Wunsch der Zanskaris ab, möglichst schnell und unkompliziert nach Leh zu kommen. Doch dies war lange Zeit ein zeitraubendes Unterfangen. Im Sommer nahmen die Bewohner von Zanskar die Route über Lingshed und Hanupatta, die heute noch unter dem Namen »Zanskar-Durchquerung« bekannt ist. In den Wintermonaten war es nur schwer möglich, dort entlang über die hohen Pässe zu steigen. Sie kamen auf eine verblüffende Lösung: Sie nutzen den zugefrorenen Zanskar-Fluss für ihr Vorhaben. Die Decke (»Chadar«) aus gefrorenem Eis wurde also zum Weg. In Eiseskälte transportierten sie so allerlei Gegenstände von Zanskar nach Ladakh und wieder zurück.

Planung

Schon in den 1970er Jahren kam die Idee auf, eine direkte Straße zwischen Leh und Padum zu bauen. Man begann von beiden Seiten, so dass ein Straßenabschnitt von Nimmu in Richtung Chilling und einer von Padum hinauf nach Zangla entstand. Beide waren allerdings bis zur Jahrtausendwende noch ungeteerte Jeeppisten.

Kargil-Padum-Route

1979 wurde politisch entschieden, Ladakh in zwei Distrikte zu teilen, wobei Zanskar zu Kargil kam. Möglicherweise resultierte diese Entscheidung daraus, dass Padum von Kargil aus wesentlich leichter zugänglich ist. Schon ein Jahr später wurde nämlich eine Straße zwischen beiden Orten eröffnet. Daraus ergab sich eine engere Koppelung von Padum an Kargil, und die Notwendigkeit einer schnellen Verbindung nach Leh war nicht mehr so dringlich. Doch die Idee blieb bestehen.

Militärische Überlegungen

Die militärischen Auseinandersetzungen mit Pakistan im Gebiet um Kargil (1999) gaben dem Vorhaben neue Nahrung. Sowohl die Srinagar-Kargil-Leh-Straße als auch die Manali-Leh-Straße verlaufen nahe der Waffenstillstandslinie bzw. der indischen Außengrenze. Die verfeindeten Armeen aus Pakistan bzw. China könnten im Ernstfall Ladakh schnell von Indien abschnüren, so die Befürchtung des indischen Militärs. Eine dritte Straße von Darcha über Padum nach Leh im Landesinneren könnte Abhilfe schaffen. Zudem bindet sie das sonst entlegene Zanskar viel besser an Ladakh bzw. Indien an.

Genehmigung

So kam es, dass im Jahre 2004 dieses Straßenprojekt genehmigt wurde. Der Baubeginn war 2007. Ursprünglich sollte die Verbindung schon 2012 fertig sein. Doch die Schwierigkeiten wurden massiv unterschätzt. Während der Bauphase stiegen die Kosten um ungefähr das Zehnfache gegenüber der Planung. Nach mehreren Verzögerungen konnte die Straße schließlich im Frühjahr 2024 eröffnet werden.

Nimmu

Die Chadar Road zweigt 35 Kilometer nach Leh, kurz vor Nimmu, von der Leh-Srinagar-Route ab. Sie beginnt als breite, zweispurige Straße und überquert zunächst

Choksti

den Indus und etwas später den Zanskar. Bereits wenige Minuten danach erkennt man hoch oben auf der anderen Talseite Choksti.

Sumdah Do

In Sumdah Do, das aus nur wenigen Häusern besteht, geht eine Nebenstraße nach Sumdah Chun ab. Dort beginnt der selten genutzte Trekkingweg über den Stakspi La nach Alchi.

Das nächste und zugleich letzte Dorf in Ladakh ist das schön gelegene Chilling. Da die *Chilling*
Ortschaft am Ende einer Trekkingroute aus Richtung Lamayuru und nahe dem Start-
punkt ins Markha Valley ist, existieren hier mehrere Übernachtungsmöglichkeiten bei
Einheimischen sowie ein Zeltplatz.
Darüber hinaus wird Chilling oft als »Künstlerdorf« bezeichnet. Seine Gründung soll es *Geschichte*
nämlich aus Nepal stammenden Kupferschmieden zu verdanken haben. Mitte des 17.
Jahrhunderts wollte der ladakhische König Deldan Namgyal in einem Tempel des
Palastes zu Shey eine Buddha-Statue von unvergleichlicher Schönheit bauen lassen.
Dazu beauftragte er fünf bekannte Kupferschmiede aus Nepal, welches damals berühmt
für dieses Kunsthandwerk war. Angeblich gefiel dem König seine Statue so gut, dass er
die Künstler bat, in Ladakh zu bleiben.
Er versprach ihnen dafür ein fruchtbares Stück Land am Zanskar-Fluss, in dessen Nähe *Gründung*
Kupfer und andere Metalle (darunter sogar Gold) gewonnen werden konnten. Sie
nahmen das Angebot an, gründeten Familien und ließen sich im heutigen Chilling
nieder. Die Bezeichnung Chilling bedeutet so viel wie »Ort der Ausländer«.
Noch heute ist Chilling das einzige Dorf in Ladakh, in dem Schmiedearbeiten (aus *Bedeutung*
Kupfer, Messing und Silber) hergestellt werden. Dabei setzen die Menschen noch
vollständig auf Handarbeit und benutzen dazu teils sehr alte Werkzeuge. Die meisten
Besucher werden von diesen Tätigkeiten allerdings nichts mitbekommen, da sie fast
ausschließlich im Winter ausgeführt werden.

Ungefähr vier Kilometer hinter Chilling führt eine Brücke über den Zanskar-Fluss ins *Markha-Tal*
Markha-Tal. Der hier beginnende Trek gehört schon immer zu den beliebtesten Wanderungen der Ladakh-Touristen.

Nun ist es nicht mehr weit bis zum Beginn der spektakulären Zanskar-Schlucht. Dort *Zanskar-*
hat sich der Zanskar-Fluss über Jahrtausende hinweg in massives Gestein förmlich *Schlucht*
hineingefressen. Im Ergebnis entstanden auf einer Länge von rund 40 Kilometern teils
mehrere hundert Meter hohe Felswände neben dem Wasserlauf. Wie schon erwähnt,
waren selbst die überaus geschickten Wegbauer dieser Himalaja-Region nicht in der
Lage, von Menschenhand einen Pfad entlang dieser Schlucht zu legen. Erst die moderne Technik machte dies möglich. Auch wenn man auf der Fahrt über Kilometer hinweg
nichts als Felsen sieht, ist diese Strecke unbedingt eine Reise wert.
Erst gegen Ende der Zanskar-Schlucht münden drei Straßen auf: Die erste kommt aus *Yulchung*
Yulchung herab (Abzweig nach rechts), die zweite aus Nyerak (nach links) und die *Nyerak*
dritte aus Lingshed (nach rechts). Kurz danach öffnet sich die enge Schlucht zum *Lingshed*
Zanskar-Tal.

Bei Zangla, dem ersten zanskarischen Dorf an der Straße, werden die Pässe kontrolliert. *Zangla*
Das Tal hat hier schon eine beachtliche Breite erreicht, so dass es fortan auf beiden
Flussseiten mehrere Ortschaften gibt, oft sogar mit ausgedehnten Nutzflächen.
Eines der größten Dörfer an der Strecke ist Tongde mit seinem bedeutenden Kloster *Tongde*
weit oberhalb der Fahrbahn.
Padum liegt im weitläufigen zentralen Zanskar-Tal, das aus der Vereinigung zweier *Padum*
breiter Täler entsteht: Das Tsarap-Tal führt weiter in Richtung Darcha, das Doda-Tal in
Richtung Kargil.

Padum
Zanskar

Legende

Unterkünfte/Verpflegung
- △ A Zeltplatz
- 🏨 B Hotel Potala
- 🏨 C Tourist Bungalow
- 🏨 D Kailash Hotel & Rest.
- 🏨 E Zambala
- ✗ F Zanskar Restaurant
- 🏨 G Ibex
- ✗ H Uttrakhand
- 🏨 J Mont Blanc

Sehenswürdigkeiten
- ▲ 1 Gompa
- ★ 2 Buddhistischer »Friedhof«
- ★ 3 Felsreliefe

Sonstiges
- 🚗 4 Taxistand (Kargil, Leh, Manali)
- ★ 5 Community Health Centre
- ★ 6 Mini Mart, Zanskar Bakery
- 🚶 7 ZAP
- 🕌 8 Jama Masjid
- ★ 9 Polizei

Position
N 33.4683°
O 76.8781°

Höhe
3.575 m

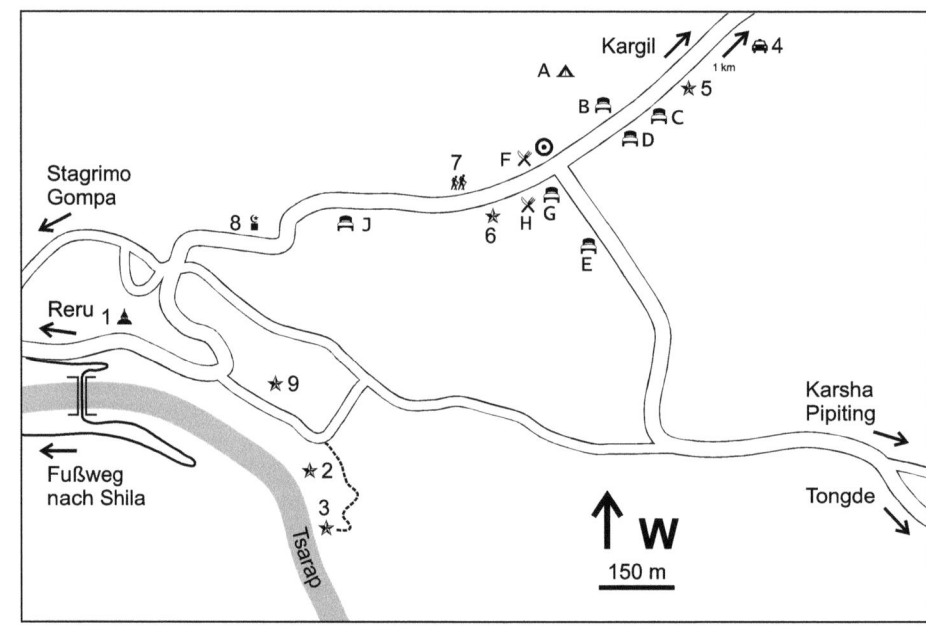

Die Busse und die Sammeltaxis beenden ihre Fahrt üblicherweise am Ortseingang von *Ankunft* Padum, am Straßenabzweig nach Pipiting/Tongde. Schnell wird klar, dass die »Haupt- *in Padum* stadt« von Zanskar eigentlich nur ein großes Dorf ist. Dementsprechend ruhig und gelassen geht es hier zu. Es fehlen die Hotelvermittler, die man zum Beispiel aus Leh kennt. Deshalb braucht man klare Vorstellungen, wohin man überhaupt will.

In Zanskar ist ein öffentliches Nahverkehrsnetz praktisch nicht existent. Auch die *Reisen durch* Einheimischen nutzen normalerweise unregelmäßig fahrende Sammeltaxis, um von *Zanskar* ihrem Dorf nach Padum und zurückzukommen.

Neben Sammeltaxis, die natürlich auch den Touristen zur Verfügung stehen, kann man im Regelfall unkompliziert ein Taxi buchen. Am besten schaut man sich hierfür am Straßenabzweig nach Pipiting/Tongde um.

Im Prinzip gleicht die Rückfahrt der Anreise: Sein Ticket nach Leh sollte man bereits am *Rückreise* Vortag (direkt im Bus bzw. beim Fahrer eines Sammeltaxis) kaufen. *nach Kargil/Leh*

Wer die Route über Kargil wählt, verbringt dort erneut die recht kurze Nacht. Die Fahrzeuge starten sowohl in Padum als auch in Kargil am frühen Morgen und erreichen ihr Ziel (Kargil bzw. Leh) am Nachmittag.

Der neue Taxistand von Padum (auch für Sammeljeeps nach Kargil, Leh und Manali) *Sitzplatz-* befindet sich rund einen Kilometer außerhalb der Stadt in Richtung Kargil. *reservierung*

Wenn man sich den Weg dorthin ersparen möchte, sollte man in seinem Hotel nachfragen, ob das Personal die telefonische Reservierung eines Sitzplatzes vornehmen kann. Normalerweise wird man am Reisetag vom Taxifahrer an jeder beliebigen Stelle in Padum abgeholt.

Entfernungstabellen für Padum

Von Padum nach ...	Kargil	230 km	*Überregionale*
	Leh (über Kargil)	448 km	*Entferungen*
	Srinagar	434 km	
Von Padum nach ...	Nimmu	159 km	*Chadar-Route*
	Leh	194 km	
Von Padum nach ...	Purni	53 km	*Padum-*
	Lakang Sumdo	92 km	*Darcha-Route*
	Shingo La	103 km	
	Darcha	141 km	
Von Padum nach ...	Bardan	10 km	*Regionale*
	Dzongkhul	29 km	*Entfernungen*
	Karsha	10 km	
	Mune	19 km	
	Sani	9 km	
	Tongde Gompa	16 km	

Padum

Orientierung

Die Orientierung in Padum fällt ausgesprochen leicht: Es gibt lediglich eine Hauptstraße, die den neuen Ortsteil (um den Straßenabzweig nach Pipiting/Tongde) mit dem alten Ortsteil (rund um den ehemaligen Palast bzw. das Gompa) verbindet. An dieser Straße liegen fast alle Läden, Hotels und Gaststätten.

Unterkünfte/ Verpflegung

Die Anzahl der Unterkünfte ist nicht gerade überwältigend, aber durchaus ausreichend. Es überwiegen einfache Hotels. Ähnlich sieht es mit Gaststätten aus.

Sehenswertes Palasthügel

Der Ort Padum selbst ist recht arm an Sehenswürdigkeiten.
Wer etwas spazieren gehen möchte, kann den Hügel erklimmen, um den das alte Dorf errichtet wurde. Auf seiner Spitze findet man ein paar Klostergebäude sowie die Überreste des zerstörten Palastes. Lohnenswert ist der Aufstieg vor allem wegen der Aussicht auf Padum.

Flachreliefe

Blickt man vom Hügel aus in Richtung Norden, so erkennt man über dem Tsarap-Fluss (rechter Hand) im Grünen einen auffälligen Felsen. Der Weg dorthin führt nicht – wie es zunächst aussieht – direkt am Ufer flussaufwärts. Man muss vielmehr von der Hauptstraße abzweigen, bevor man zum Tsarap hinabsteigt. Nach dem Polizeigebäude macht die Straße einen Linksknick. Hier geht man den Fußweg geradeaus weiter und hält sich anschließend leicht rechts. Wer sich letztlich bis zu dem Felsen durchgefunden hat, entdeckt recht schöne Darstellungen der fünf Dhyani-Buddhas. Die Flachreliefe stammen vermutlich aus dem zehnten Jahrhundert.

Stagrimo Gompa

Zum Stagrimo Gompa ist es von Padum aus nur ein kurzer Spaziergang: Man folgt dem Fahrweg, der am Palasthügel von der Hauptstraße in Richtung Reru rechts abbiegt, und erreicht so ungefähr 2½ Kilometer nach dem Abzweig das Eingangstor zum Kloster. Seine Gebäude sind nicht besonders sehenswert, liegen aber in einer herrlich grünen Oase, in der es Wasser scheinbar im Überfluss gibt. Für den Rückweg, auf dem es dann nur noch bergab geht, sollte man sich etwas Zeit nehmen, um den herrlichen Panoramablick auf Padum und das zentrale Zanskar-Tal so richtig genießen zu können.

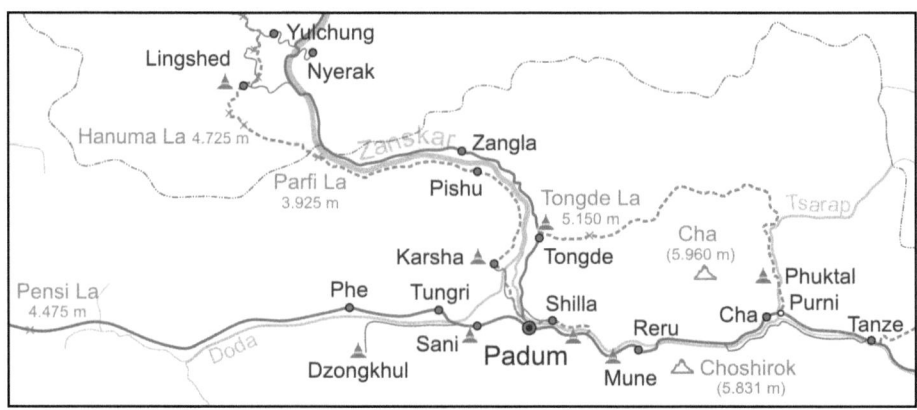

Wer gut zu Fuß ist, kann zusätzlich eine Reihe anderer Klöster erwandern. Im nachfol- *Sehenswertes*
genden Text sowie im Rother Wanderführer sind hierfür einige Empfehlungen zu *im Umland*
finden. Alternativ kann man – mit Ausnahme von Phuktal – alle im Zanskar-Teil dieses
Buches vorgestellten Gompas von Padum aus leicht mit einem Taxi erreichen.
Sofern nicht anders erwähnt, gibt es bei den Klöstern weder Unterkünfte noch Verpflegungsmöglichkeiten.

Padum ist eigentlich ein geeigneter Ausgangsort für zahlreiche schöne Wanderungen *Trekking*
und Treks. Trotzdem ist es schwierig, Touren von Padum aus zu organisieren. Manch- *um Padum*
mal jedoch gelingt es, für ein paar Tage Pferde zu mieten. Geführte Wanderungen
sollten hingegen bevorzugt in Leh gebucht werden.
Wer Proviant zum Trekken besorgen möchte, findet in Padum durchaus geeignete *Einkaufs-*
Nahrungsmittel. Entlang der Hauptstraße gibt es mehrere Geschäfte, in denen man *möglichkeiten*
verschiedene Waren des täglichen Bedarfs kaufen kann. Die Auswahl in Leh ist diesbezüglich allerdings um ein Vielfaches besser als in Padum.

Die große Zanskar-Durchquerung auf Rädern

Bedeutung

Noch zu Beginn dieses Jahrtausends war die Zanskar-Durchquerung Darcha – Padum – Lamayuru einer der Standardtreks in Ladakh. Doch mit dem Straßenbau verlor diese Tour nach und nach an Attraktivität. Heute verlaufen viele Straßenabschnitte entlang oder unweit der alten Fuß- oder Reitwege. Es lohnt sich nur noch, Teilstücke der ehemaligen Route zu wandern (vgl. Rother Wanderführer, Tour 19). Dafür kommen Motorrad- oder Fahrradfahrer, aber auch Kulturreisende mehr und mehr auf ihre Kosten. Die Landschaft, durch die die Straße verläuft, ist nämlich nach wie vor sehr schön und empfiehlt sich durchaus für Ausfahrten.

Indus-Tal

Von Leh kommend folgt man der Hauptstraße nach Srinagar, bis sie das Indus-Tal verlässt. Am Beginn des Aufstieges nach Lamayuru trennt sich die Route in Richtung Zanskar von der nach Kaschmir.

Yapola-Tal

In Richtung Padum bleibt man zunächst weiter rechts vom Yapola in Flussnähe. Nahezu ohne Steigungen verläuft die Straße eine ganze Zeitlang im Uferbereich. Dabei passiert sie mehrere kleine Dörfer.

Wanla

Ein Stück vor Wanla, dem ersten Ort im Yapola-Tal, quert man den Wasserlauf. Es eröffnet sich ein schöner Blick auf das über dem Ort liegende Kloster, das für die Bewohner des gesamten Tales von großer Bedeutung ist.

Trek nach Lamayuru

Noch bevor man das Dorfzentrum erreicht, zweigt nach rechts ein Fahrweg ab. Dieser bildet den Einstieg zu einer imposanten Wanderung nach Lamayuru (Rother Wanderführer, Tour 19).

Unterkünfte

Wer in Wanla nächtigen möchte, findet sowohl (gebührenpflichtige) Zeltplätze als auch Homestays.

Brukbruzka

Flussaufwärts schließen sich die Dörfer Tarchiat und Brukbruzka an. Letzteres überrascht in seiner Umgebung mit bemerkenswerten Sandsteinabbrüchen.

Phanjila

Phanjila ist die letzte Ortschaft am unteren Yapola. In ihrem Zentrum mündet ein Seitental von links ein, von dem mehrere Trekkingpfade, beispielsweise nach Alchi, abgehen. Phanjila besitzt auch noch viel an alter, leider aber auch stark verfallener Bausubstanz. Sehr schön hingegen ist die Homestay mit Zeltplatz und Gaststätte am Ortseingang. Man kann unter Bäumen sitzen und dabei seinen Blick auf gepflegte Blumenbeete schweifen lassen.

Sumdo

Hinter Phanjila steuert die Straße auf eine Talenge zu. Rechts und links beeindrucken hohe Felswände, die für den Straßenbau teilweise sogar weggesprengt werden mussten. Ziemlich schnell gelangt man an eine auffällige Stahlbrücke, die die Zufahrt nach Sumdo, ein kleines Dorf weit über dem Talgrund, ermöglicht.

Hanupatta

Hier verlässt die Route das Yapola-Tal und steigt auf nach Hanupatta. Obwohl die Siedlung schon fast 3.800 Meter hoch liegt, haben ihre Bewohner noch die Möglichkeit, Ackerbau zu betreiben.

Auffahrt zum Sirsir La

Anschließend wird die Landschaft weitläufiger und zusehends kahler. Stellenweise bieten sich jedoch schöne Blicke auf faszinierende Gesteinsformationen. Nach einer Brücke über den Hauptfluss des Hochtales beginnt der finale Anstieg zum Sirsir-Pass.

Dieser verläuft in ausgedehnten Serpentinen. Auf halbem Weg zum Pass erkennt man *Sirsir-La-* linker Hand eine kleine Steinhütte. Diese gehört zum Sirsir-La-Basislager, das aber *Basislager* wegen Wassermangels nur noch selten von Wanderern genutzt wird. Weiter oben kreuzt der Trekkingweg mehrfach die Straße.

Der Pass stellt eine Grenze zwischen Ladakh und Zanskar dar. Die nachfolgenden Täler *Sirsir La* zählt man aus geografischen und historischen Gründen häufig schon zu Zanskar, obwohl sie politisch noch zu Ladakh gehören.

Auf dem Sirsir La hat man prächtige Ausblicke: Nach Norden hin zeigt sich die bizarre *Aussicht* Gesteinswelt des Nigutse-Pass-Gebietes mit einer außerordentlich schönen (aber auch sehr anstrengenden) Route nach Lamayuru (Rother Wanderführer, Tour 19, Variante 3). Im Süden erkennt man in der Ferne die eindrucksvolle Silhouette eines mächtigen Granitberges. Links darunter liegt der Sengge La. Dahinter türmen sich ganzjährig schneebedeckte Eisriesen auf. Das Massiv westlich des Sirsir-Passes ist Teil der Zanskar-Kette, die man später auf dem Sengge La überquert.

In weiten Serpentinen schlängelt sich die Passstraße abwärts und erreicht am Tief- *Abfahrt* punkt erneut den Yapola. Hier existieren Verpflegungsmöglichkeiten direkt an der Fahrbrücke über den Fluss. Unterhalb liegt Photoksar, das wichtigste Dorf in der *Photoksar* Umgebung.

Während der Fahrt auf den Bumiktse La, einen unscheinbaren Pass, den man kaum als *Bumiktse La* solchen wahrnimmt, sieht man erst so richtig, wie schön Photoksar liegt.

Nachdem die Straße die Talseite gewechselt hat, steigt sie kontinuierlich an zum *Sengge La* Sengge La. Dieser ist schon fast fünftausend Meter hoch und damit die höchste Stelle auf dem Weg nach Padum.

Recht schnell ist das Sengge-Pass-Hochlager erreicht, das immerhin noch auf 4.625 *Straßengabel* Metern liegt. Die Piste verliert anschließend kaum an Höhe und gelangt drei Kilometer später an eine Straßengabelung.

Wer nach Lingshed will, bleibt am Hang und kommt ohne großen Höhengewinn zum *Lingshed* Kiupa La. Dann geht es oberhalb an Gongma vorbei zum erneut unscheinbaren Mur- gum La, wiederum ohne nennenswerte Steigungen. Danach gelangt man an eine etwas tiefer gelegene Straßengabelung: Rechter Hand geht es weiter bergab nach Lingshed, linker Hand bleibt man in der Höhe. Es bieten sich schöne Ausblicke auf das Kloster und die weit verstreut liegenden Gehöfte von Lingshed. Die Route nimmt einen Berg- kamm und steigt dann stetig ab zum Zanskar-Fluss.

Der Alternativweg führt schon an der ersten Gabelung über Yulchung, ein deutlich *Yulchung* kleineres und unbedeutenderes Dorf als Lingshed, hinab in die Zanskar-Schlucht. Man erreicht den Fluss unterhalb von Nyerak.

Am Talgrund angelangt, trifft man auf die Chadar-Straße, die Hauptverbindung von Leh *Zanskar-* nach Padum. Noch bevor diese die Zanskar-Schlucht verlässt, mündet die beschriebene *Schlucht* Nebenstraße aus Lingshed ein. Innerhalb der Schlucht wechselt man mehrfach die Talseite.

Danach gewinnt die Straße an Höhe. Rechts vom Fluss ist jetzt ein klarer Weg am Hang *Zanskar-Tal* erkennbar. Dabei handelt es sich um die Aufstiegsroute zum Parfi La (Rother Wander- führer, Tour 19).

Hanamur	Etwas später sieht man ebenfalls auf der anderen Talseite die wenigen Häuser von Hanamur unten in Flussnähe liegen. Einige Sandsteintürmchen verzieren den Weg
Pidmo	nach Pidmo, dem ersten »richtigen« Dorf im Zanskar-Tal. Eine Fußgängerbrücke über den Zanskar verbindet Pidmo mit der Hauptstraße.
Zangla	Nun sind es nur noch wenige Kilometer bis Zangla, neben Padum und Karsha der wichtigste Ort in Zanskar. Früher wurde sogar einmal ein Teil von Zanskar aus Zangla verwaltet. In der Ortsmitte befindet sich das prächtige Haus der ehemaligen Herrscherfamilie. Ihr bereits teilweise verfallener Palast wacht über das hier schon breite Zanskar-Tal etwas außerhalb. Durchreisende bekommen von Zangla jedoch nicht viel mit, da die Hauptstraße das Dorf lediglich tangiert.
Tongde	Es folgen mehrere kleinere Ortschaften an der Route, wovon Tongde die größte und bedeutendste ist. Das Dorf liegt zwischen der Straße und dem Fluss in einer grünen Ebene, das Tongde Gompa hingegen links oberhalb des Ortes. Dort beginnt eine Trekkingroute zum 5.150 Meter hohen Tongde La (Rother Wanderführer, Tour 18).
Karsha	Auf der anderen Talseite rückt Karsha mit seinem am Berg aufsteigenden Klosterkomplex immer dominanter ins Blickfeld. Unterhalb vereinigen sich die Flüsse Tsarap und Doda zum Zanskar.
Padum	Die Straße überquert den Tsarap und erreicht wenig später das neue Zentrum von Padum. Sie durchquert Padum entlang der Hauptstraße, vorbei an der kleinen bunten Moschee, dem Altstadt-Hügel und dem alten Dieselkraftwerk am Ortsende. Von Padum nach Darcha folgt die Route bis zum Fuß des Shingo-Passes zwei Flussläufen, dem Tsarap und dem Kargyak.
Shilla	Zunächst kommt ein trockener Abschnitt ohne Nebenflüsse. Erst bei Shilla wird es auf der anderen Talseite wieder grüner. Am Dorfrand existiert – neben den Feldanlagen – sogar ein kleines Wäldchen. Am hinteren Ortsende kann man außerdem einen Wasserfall erkennen, der von einem Nebenfluss gespeist wird. Dort beginnt ein schöner Wanderweg über Pipcha zum Bardan Gompa (Rother Wanderführer, Tour 17).
Bardan Gompa	Von der Straße aus gesehen liegt das Bardan Gompa prominent auf einem mächtigen Felsen, der (mit etwas Phantasie) an eine Muschel erinnert. Es lohnen sich ein kurzer Fotostopp in einiger Entfernung vor dem Kloster sowie die Besichtigung der Anlage. Das Dorf auf der anderen Flussseite ist Pipcha. Dann folgen die Orte Mune und Reru.
Flussquerung	Anschließend wird das Tal enger. Die Straße wechselt auf die andere Seite des Tsarap. Unmittelbar danach steigt sie an nach Ichar und bleibt nun ein ganzes Stück deutlich oberhalb des Talgrundes. Über Dorzong und Garashiza geht es weiter nach Anmu.
Abzweig nach Tsetan	Direkt vor den ersten Häusern leitet eine Nebenstraße hinab zum Tsarap, überquert diesen, passiert Tsetan und führt rechts des Flusses weiter talaufwärts. Jetzt häufen sich die Dörfer jenseits des Tsarap: Deutlich über dem Flussniveau liegt Surle. Wenig später sieht man an der Straße Kalbok.
Cha	Die Route erreicht Cha. Hier macht der Tsarap einen markanten Knick nach links und wird gleich hinter Cha überquert.
Purni	Unmittelbar danach ist man in Purni, dem Ausgangspunkt der sehr beliebten Wanderung zum spektakulär gelegenen Phuktal-Kloster (Rother Wanderführer, Tour 16, Variante 1). Aufgrund der genannten Bedeutung existieren in Purni mehrere Unterkünfte und Versorgungseinrichtungen.

Anschließend steigt die Piste erneut an und folgt dem Kargyak flussaufwärts. Hinter *Unteres* dem kleinen Yal (gegenüberliegende Talseite) gelangt man nach Marling. Die Straße *Kargyak-Tal* tangiert das Dorf aber nur. Danach wird es rechts vom Tsarap wieder einmal deutlich grüner. Mehrere Wasserarme aus den Bergen ermöglichen eine ertragreiche Landwirtschaft. Die Orte Testa und Kuru profitieren davon.

Schon kurz nach Kuru erreicht die Route Tanze. An dessen Ortsende zweigt ein Trek- *Tanze* kingpfad ab, der über den 5.550 Meter hohen Phirtse La auf die Manali-Leh-Straße leitet (Rother Wanderführer, Tour 16).

Die Straße bleibt nun in der Nähe des Kargyak. Gegenüber von Ralta (andere Flussseite) *Gumburanjon* passiert sie die wenigen Häuser von Table. Nach einer Biegung taucht plötzlich der Gumburanjon auf, eine mehrere hundert Meter hohe Felspyramide, ein Berg, der den Einheimischen heilig ist. Er dominiert das gesamte obere Kargyak-Tal, samt dem gleichnamigen Dorf.

Wohl aufgrund der herrlichen Lage hat sich in Kargyak der Tourismus stark entwickelt. *Kargyak* Es existieren einige Unterkünfte und Gaststätten. Kargyak ist das letzte Dorf vor dem Anstieg zum Shingo La.

Nach der Passkontrolle am Ortsrand fährt man durch einen besonders lieblichen *Oberes* Abschnitt. Früher, als es hier noch keine Straße gab, leitete ein schmaler Pfad durch *Kargyak-Tal* saftige Blumenwiesen mit klaren Bergbächen. Die Gegend war durch eine wohltuende Ruhe und Einsamkeit geprägt.

Obwohl der Straßenbau einiges zerstört hat, ist diese Gegend immer noch sehr schön. *Camping* Es existieren mehrere Campingplätze mit fest aufgestellten Zelten und Dhabas, die um Gäste werben. Bei einer Pause kann man auf ebenen Grasflächen verweilen und den Anblick des Gumburanjon genießen.

Mit der Zeit wird die Gegend dann wieder steiniger. In Lakang Sumdo beginnt schließ- *Shingo La* lich der durch Geröll geprägte Anstieg zum Shingo La. Auf dem Pass überquert man den Hauptkamm des Himalajas und verlässt Zanskar.

Während der Passabfahrt, die ziemlich geradlinig erfolgt, zeigt sich Lahaul von seiner *Lahaul* rauen Seite. Es ist nur selten ein Gewächs zu sehen. Ungefähr nach zwei Dritteln der Strecke passiert man Ramjak. Vor dem Straßenbau gab es hier lediglich eine Hütte, die den Hirten Unterschlupf gewährte. Heute stehen ein paar Dhabas am Straßenrand.

Das Seitental vom Shingo La mündet bei Zangskar Sumdo (Hubschrauberlandeplatz *Barai-Nala-Tal* vorhanden) in ein ebenso karges Haupttal. Die Straße überquert dort den Barai-Fluss. Ab Takpachan, einem einsamen Gehöft, wird es ein bisschen grüner. Wenige Kilometer später, an einer sehenswerten Schlucht, quert die Piste den Barai Nala erneut und nimmt Kurs auf Chika und Rarik. Das sind die ersten beiden Dörfer auf der Route in Lahaul. In dieser Gegend tauchen auch die ersten Bäume auf. Die Landschaft wird nach und nach immer grüner.

Mit einem Fahrzeug sind es nur noch wenige Minuten bis zur Manali-Leh-Straße, wo *Manali-Leh-* an einem Armeeposten erneut die Papiere kontrolliert werden. Über Darcha, Keylong *Straße* und den Atal-Tunnel kann man mit einem Auto bereits gut zwei Stunden später (reine Fahrzeit) in Manali sein. Mit einem Bus braucht man ungefähr eine Stunde länger.

Bardan Gompa

Lage
Aus Padum kommend sieht man das Bardan Gompa auf einem riesigen Felsblock thronen. Insbesondere in den Nachmittagsstunden (günstiger Sonnenstand) lohnt es sich, diesen Anblick zu fotografieren.

Bedeutung
Das Kloster ist die Hauptniederlassung der aus Bhutan stammenden Lho-Drukpa-Sekte in Zanskar. Es untersteht direkt seinem Mutterkloster in Stakna (Indus-Tal) und kontrolliert neben einigen kleineren Klöstern in Zanskar die Gompas zu Sani und Dzongkhul.

Geschichte
Ursprünglich wurde das Kloster vor über tausend Jahren auf dem jenseits der heutigen Jeepstraße gelegenen Berg Tharla, weit oberhalb des Tsarap-Flusses, gegründet. Ursache der Klostergründung soll eine aus Kaschmir hierher gelangte, ungefähr einen halben Meter hohe sprechende Statue des Buddha Maitreya gewesen sein.

Legende
Folgende Legende berichtet über die Verlegung des Klosters an seinen jetzigen Ort: Im 16. Jahrhundert unternahm der tibetische Lama Barapa eine Pilgerreise zum Tharla. Bei einem Gebet kam ein Rabe daher und flog mit seiner Butterlampe davon. Er setzte die Lampe auf der Spitze eines Felsens, der einer rechtsdrehenden Muschel ähnelte, ab. Die Tatsache, dass das Licht während des Fluges nicht verlosch, inspirierte Barapa, diesen Ort zu segnen. Das hiesige Kloster wurde einige Zeit später durch Deba Gyatso gegründet. Infolgedessen verfiel der alte Klosterbau.

Aufgrund dieser Geschichte erhielt Bardan seinen heutigen Namen, der frei übersetzt so viel bedeutet wie »Ort, an dem das Zeichen der Religion sichtbar wird«.

Klosterhof
Den engen Innenhof, dessen Zentrum ein hoher Fahnenmast bildet, erreicht man über einen teilweise von Mönchswohnungen überdachten Gang. Von hier aus gelangt man über drei Stufen auf eine Veranda, die durch Wandmalereien verziert ist. Die Wächter der vier Himmelsrichtungen bilden das zentrale Motiv.

Chokhang
Im Anschluss daran kann man den wichtigsten Versammlungsraum des Klosters, den aus drei Etagen bestehenden Chokhang mit dem Thron für den inkarnierten Abt von Stakna, betreten. Auf dem Altar finden sich neben den in Zanskar häufig anzutreffenden Statuen von Marpa, Naropa und Tilopa auch Figuren, die auf die Herkunft des Klosters hindeuten. Besonders hervorzuheben ist der als Gründer eines einheitlichen Staates Bhutan verehrte Shabdrung Ngawang Namgyal. Verschiedene Buddha-Figuren komplettieren das Ensemble.

Gonkhang
An den Chokhang linker Hand schließt sich der Gonkhang an: Der Zugang zum Raum der zornvollen Schutzgottheiten beginnt in einer Ecke des Klosterhofes zwischen einer Gebetsmühle und einem gehörnten Ziegenschädel, dessen rote Färbung auf die Verwendung des dahinter liegenden Raumes als Gonkhang hindeutet. Frauen ist der Zutritt verboten. Im Inneren des Gonkhang gibt es die Masken für die festlichen Tänze sowie Figuren von Palden Lhamo und Mahakala zu bestaunen.

Dachterrasse
Unbedingt empfehlenswert ist der Gang auf die Dachterrasse. Von hier aus kann man u.a. die Ruinen der ursprünglichen Klosteranlage gut in Augenschein nehmen. Wenn man Glück hat, bekommt man auch das Abtszimmer (Zimchung) gezeigt, das eine uralte Statue von Buddha Maitreya beherbergt.

Dzongkhul Gompa

Obwohl man Dzongkhul seit einiger Zeit mit dem Jeep erreichen kann, hat es viel von   *Lage*
seiner Ruhe und Einsamkeit bewahrt. Nach wie vor verirren sich hierher nur sehr
wenige Touristen.

Das zur Lho-Drukpa-Schule gehörende Kloster untersteht dem Gompa in Bardan. Seine   *Legende*
Ursprünge gehen auf eine Eremiten-Höhle zurück. Anfang des elften Jahrhunderts soll
Naropa die Gegend besucht haben. Dabei hörte er von einer geheimnisvollen Höhle.
Um sie zu finden, schleuderte er seinen Zauberdolch in die Luft. Dieser wies ihm dann
den Weg nach Dzongkhul. Unglücklicherweise spaltete das Messer den Fels der späteren Meditationshöhle. Bis heute ist es dort verblieben.
Nicht nur Naropa verbrachte hier mehrere Jahre. In den darauffolgenden Jahrhunderten
zog es immer wieder Yogis und Pilger aus den verschiedensten Landesteilen an diesen
inspirierenden Ort.

Die Erweiterung der Meditationshöhle zu einem Kloster soll erst im 17. Jahrhundert   *Hauptgebäude*
stattgefunden haben. Die meisten Klostergebäude befinden sich unterhalb der Höhle
des Naropa. Um dorthin zu gelangen, geht man an den drei Versammlungsräumen von
Dzongkhul vorbei, die allesamt direkt übereinander liegen. Der unterste fällt durch ein
Regal mit verschiedenen Schriftstücken sowie mehrere Thankas an den Wänden auf.
Im ersten Stock findet man alte Druckstöcke aus Holz, die auch heute noch Verwendung finden. Der oberste Versammlungsraum beinhaltet u.a. Glaskästen mit Figuren
von Buddha Shakyamuni, Naropa und Padmasambhava. Auch in diesem Raum werden
die Wände durch Thankas verziert.
Von hier aus führt eine enge und steile Treppe hinauf in den Gonkhang, die sogenannte   *Höhle*
Höhle des Naropa. Diese ist direkt in den Fels gebaut. Die Statue von Naropa bildet die   *des Naropa*
zentrale Figur des Raumes. An der Decke kleben mehrere Münzen; der Fußboden ist
aus Holz. Neben dem bereits erwähnten Dolch findet man hier ein weiteres überaus
heiliges Relikt, nämlich einen Fußabdruck von Naropa.

Von den Versammlungsräumen aus, an der Wasserquelle vorbei und zwischen den   *Einsiedelei*
restlichen Klostergebäuden und der Felswand hindurch, gelangt man zu einem schmalen Pfad, der hinauf zu einer Einsiedelei führt. Auch diese wurde von zahlreichen Yogis
zu meditativen Zwecken genutzt. Die Räume befinden sich vorwiegend in Felsnischen,
die durch Gesteinskonstruktionen in Häuser umfunktioniert und so wetterfest gemacht
wurden. Im Hauptgebetsraum, den man erst erreicht, nachdem man sich durch eine
enge Eingangstür und einen dunklen Vorraum gezwängt hat, sind noch einige Fresken
zu erkennen.
Vor allem aber lohnt der knapp zehn Minuten dauernde Anstieg wegen der schönen
Ausblicke auf Dzongkhul und seine Umgebung.

Wandert man das Gebirgstal weiter aufwärts, kann man den Himalaja-Hauptkamm über   *Umasi-Pass*
den Umasi La queren und so auf einer anspruchsvollen Route nach Kaschmir gelangen.

Karsha: Jam Ling Gompa

Bedeutung

Das Kloster zu Karsha ist das größte und reichste in Zanskar. Schon von weitem ist das an einem Felshang gelegene und das umliegende Tal beherrschende religiöse Zentrum zu erkennen. Aufgrund seiner exponierten Lage strahlt es die Macht aus, die es für viele Zanskaris tatsächlich hat. Noch immer leben im Gompa zahlreiche Mönche. Mehrere Felder, die den Ort umgeben, gehören zum Kloster und werden von diesem an die Bauern verpachtet.

Geschichte

Das im elften Jahrhundert durch Phagspa Sherab, einen bedeutenden zanskarischen Übersetzer, gegründete Gompa gehörte ursprünglich zu den Rotmützen. Im 15. Jahrhundert wandelte es Sherab Zangpo in ein Gelbmützen-Kloster um.

Orientierung

Aus dieser Zeit stammen auch die heute wichtigsten religiösen Räumlichkeiten. Sie liegen am oberen Ende der Anlage gruppiert um den Klosterhof. Um diesen zu erreichen, muss man einen steilen Anstieg bewältigen, vorbei an den ältesten Teilen des Klosters und den Mönchswohnungen.

Chokhang

Wenn man den Klosterhof betritt, blickt man direkt auf den unteren zweistöckigen Versammlungsraum (Chokhang). Den Mittelpunkt des Raumes bildet der Thron für den Dalai Lama. Davor sind Sitzkissen für die hiesigen Mönche ausgelegt. Links und rechts neben dem Thron schließen sich Bücherregale an. Dahinter findet man eine etwa zwei Meter hohe Statue, die Buddha Maitreya darstellt. Die Hauptfigur wird von weiteren Idolen flankiert. Darunter ist auch Tsongkhapa, der Begründer der Gelbmützen-Schule.

Dukhang

Das dem Chokhang gegenüberliegende Gebäude, welches man über ein paar Treppen erreicht, beinhaltet den oberen Versammlungsraum (Dukhang) sowie den Gonkhang. Schon äußerlich ist diese Zweiteilung an den Farben Weiß (Dukhang) und Rot (Gonkhang) zu erkennen. Man betritt zunächst den Dukhang mit seinen zwei augenfälligen, riesigen Trommeln. Die Altarfiguren, von denen Buddha Shakyamuni die zentrale ist, stehen hinter Glastüren.

Gonkhang

Um den Gonkhang zu erreichen, muss man quer durch den Dukhang gehen. Dort werden die Masken für die alljährlich stattfindenden Tänze sichtbar aufbewahrt. Ebenfalls markant sind einige verrostete Waffen, die an den geschnitzten tragenden Holzsäulen befestigt wurden. An einer Außenwand sind Glasvitrinen aufgestellt, die eine Vielzahl von Bronzefiguren beinhalten.

Folgt man dem Weg, der am Gonkhang vorbei den Gebäudekomplex umrundet, kann man durch eine Ruine hindurch das Kloster verlassen und erreicht so einen schönen Aussichtspunkt. *Aussichtspunkt*

Von hier aus blickt man auf das am Gegenhang gelegene Nonnenkloster Chu Chik Shal. Es ist deutlich schlichter ausgestattet als das der Mönche. Eine geringere gesellschaftliche Stellung der Nonnen und damit weniger Geld sind die Hauptursachen dafür. *Nonnenkloster Chu Chik Shal*

Der alte Versammlungsraum des Klosters ist Avalokiteshvara (tib.: Chu Chik Shal) gewidmet. Er gibt dem Kloster seinen Namen. In diesem Raum findet man auch die zornvolle Schutzgottheit Mahakala. Einen gesonderten Gonkhang gibt es im Gompa nicht. *Dukhang*

Die Ursprünge des heutigen Nonnenklosters sollen im elften Jahrhundert liegen. Rinchen Zangpo hat dort angeblich eine Wehranlage ins Leben gerufen, die nun religiösen Zwecken dient. *Gründung*

Aus der Gründungszeit des Klosters stammt vermutlich der auffällige weiße Chörten, der noch alte Malereien in seinem Inneren aufweist. Leider befindet sich das Bauwerk in einem sehr mitgenommenen Zustand.

Interessant ist der Abstecher zu den Nonnen auch deshalb, weil sich das Gompa in vielen Details von den üblichen Klöstern für Mönche unterscheidet: Mehrere Wohnhäuser sind von einem kleinen Gärtchen mit angepflanzten Blumen umgeben. Auch in den Fenstern erkennt man Blumentöpfe. Ein Haus besitzt sogar einen Wintergarten. *Wohnhäuser*

Auf der Bergspitze oberhalb des Nonnenklosters sind die Ruinen alter Wachanlagen zu erkennen. In früheren Zeiten dienten derartige Bauten dazu, die Bevölkerung vor anrückenden Feinden zu warnen. Durch Rauchzeichen verbreitete sich die betrübliche Nachricht in Windeseile über das gesamte Land. Die wenig kampferprobten Zanskaris konfrontierten ihre Feinde dann häufig mit Abwesenheit. Das heißt, sie versteckten ihre wenigen Habseligkeiten an einem geheimen Ort und flohen in die Berge. So konnten sie wenigstens ihr Leben sicher retten, und die Räuber, die nichts vorfanden, verloren die Lust an Überfällen. *Wachanlage*

Lingshed: Tashi Chos Ling Gompa

Bedeutung

Lingshed mit seinen Ortsteilen ist Heimat für rund tausend Menschen. Es besteht aus etwa 80 weitverstreuten Gehöften. Die Siedlung mit ihrem großen Kloster ist für ihre Umgebung ein wichtiges Zentrum. Für Zanskar und Ladakh als Ganzes hingegen ist das Dorf eigentlich fast bedeutungslos. Und trotzdem gilt der Ort als etwas Besonderes: In den vergangenen Jahren wurde Lingshed von einigen – vor allem aus dem deutschsprachigen Raum stammenden – Helfern als Wirkungsschwerpunkt auserkoren. So wurden verschiedene Projekte ins Leben gerufen und Patenschaften übernommen. Es ist daher wohl kein Zufall, wenn man auf dem Weg nach Lingshed viele deutsche Reisegruppen trifft.

Padum-Lamayuru-Trek

Egal, ob man sich zu Fuß von Norden (Lamayuru) oder Süden (Padum) aus dem Ort nähert, die Strecke ist jeweils etwa gleich weit. Beide Varianten sind ausgesprochen schön. Am besten verbindet man den Klosterbesuch jedoch mit einer Zanskar-Durchquerung. Die dabei meistgenutzte Route, die ausführlich im Rother Wanderführer (Tour 19) beschrieben ist, startet in Padum und führt innerhalb von ungefähr zehn Tagen nach Lamayuru.

Lage

Folgt man diesem Vorschlag und kommt aus Richtung Padum, so wirkt Lingshed besonders eindrucksvoll: Bereits von weitem ist die (vergleichsweise) riesige Klosteranlage gut erkennbar. Unterhalb liegen fruchtbare Felder, dazwischen ein paar Häuser.

Orientierung

Das Kloster selbst ist an einem steilen Abhang gebaut worden. Im oberen Teil befindet sich das religiöse Zentrum, darunter liegen die Häuser der Mönche. Die Gänge zwischen den Mönchswohnungen sind schmal, steil und verwinkelt. Oberhalb des Klosterbaus schließen sich herrliche Gesteinsformationen mit einigen Höhlen an. Diese werden jedoch nicht zu religiösen Zwecken genutzt und sind auch nicht ohne weiteres zugänglich.

Im Klosterhof finden alljährlich Maskentänze statt. Interessant sind die Malereien an *Klosterhof* der Wand, die den Hof nach oben hin begrenzt: Hier sind u.a. die hinduistischen Gottheiten Brahma und Indra in landestypischer Ausprägung dargestellt. Wenn man davor steht, erkennt man links Brahma mit seinem orangenen Körper und einem (buddhistischen) Lebensrad in der Hand. Indra, dem im frühen Hinduismus eine große Bedeutung zukam, ist weiß und auf eine Muschel blickend verewigt.

Seitlich an den Malereien vorbei führt eine Treppe in die oberen Stockwerke des *Dukhang* Gebäudes. Der wichtigste Versammlungsraum des Klosters befindet sich oberhalb der Küche. In diesem teilweise zweistöckigen Zimmer fällt eine weit überlebensgroße Buddha-Maitreya-Statue ins Auge. Die Wände sind farbenfroh bemalt. Neben den üblichen religiösen Kultgegenständen, die hier untergebracht sind, muss die Bücher-sammlung erwähnt werden. Während man in anderen Gompas die heiligen Schriften meist im historischen Stil vorfindet, gibt es hier auch ein Regal mit gebundenen Werken.

Auf dem breiten Gehweg zwischen den Höhlen und dem Kloster gelangt man zum *Unterkünfte/* Zeltplatz. Dort wird auch ein Laden mit ein bis zwei Schlafplätzen vom Kloster betrie- *Verpflegung* ben. Die Mönche verkaufen einfache Waren des täglichen Bedarfes, vor allem aber Kekse und Tee.

Manchmal kann man auch in der »Lingshed Solar Homestay« unterhalb des Camping-platzes (in fast leeren, mäßig sauberen Zimmern) nächtigen. Bei Interesse sollte man im Kloster nachfragen.

Mune: Deskit Ling Gompa

Das kleine Gelbmützen-Kloster von Mune soll um 1450 von Sherab Zangpo gegründet *Lage* worden sein. Es befindet sich direkt an der von Padum in Richtung Reru führenden Jeepstraße. Trotzdem wird die Anlage von Touristen eher selten besucht. Die wenigen Mönche, die derzeit zum Kloster gehören, freuen sich über jeden Besucher und öffnen bereitwillig ihre Tore.

Durch einen langen Gang hindurch gelangt man ins Innere des Klosters. Gleich rechter *Klosteranlage* Hand erreicht man den religiösen Haupttrakt: Der Gonkhang wird von Mahakala dominiert. Im gleich daneben liegenden Dukhang befinden sich u.a. Buddha-Figuren sowie Darstellungen des Sektengründers Tsongkhapa. Beide Räume sind in einem Haus untergebracht. Ihre Türen werden durch eine farbenfrohe Wandmalerei verbunden.

Oberhalb der jetzigen Klostergebäude erkennt man eine niedrige Erhebung. Dort wurde einstmals das Kloster gegründet. Überreste alter Gebäude sind heute jedoch nicht mehr zu erkennen.

Besondere Beachtung verdient das vom Kloster betriebene Hotel. Fünf Zweibettzimmer, *Unterkunft/* ein Speiseraum, gute sanitäre Anlagen, auf Wunsch heißes Wasser sowie ein kleines *Verpflegung* Gärtchen mit Blick auf das Kloster gestalten den Aufenthalt sehr angenehm.

Man kann hier (gegen eine Gebühr) auch sein Zelt aufstellen.

Phuktal Gompa

Lage
Das wohl beeindruckendste Kloster in Zanskar lag bis weit ins zweite Jahrzehnt des 21. Jahrhunderts fernab von jedem Fahrweg. Heutzutage übernachten die meisten Touristen in Purni, an der Darcha-Padum-Straße, und besuchen das Kloster im Rahmen eines Tagesausfluges. Besonders reizvoll ist der letzte Abschnitt, der begeisternde Ausblicke auf das Gompa offeriert:

Architektur
Die heiligen Räume des Klosters und die Zimmer der Mönche sind unterhalb einer riesigen Felshöhle gruppiert. Von weitem erscheint es, als wäre das Heiligtum Zentrum eines symmetrischen, mit Zinnen versehenen Bauwerkes. Oberhalb der Anlage thront in völliger Einöde ein Wacholderbaum. Die Höhle liegt in einer steil abfallenden Felswand, die ein enges Tal begrenzt. Weit unten sieht man den Tsarap-Fluss. Mit jedem Schritt, den man dem Gompa näher kommt, ändert sich die Perspektive, und die Versuchung zu rasten, um zu staunen oder zu fotografieren, wächst.

Die Felshöhle, von der der Name des Klosters (frei übersetzt) herrührt, erreicht man über steile, verwinkelte Gänge, die teilweise unter den verwegen erbauten Häusern der Mönche hindurchführen.

Legende
In vorgeschichtlicher Zeit befand sich hier ausschließlich eine Meditationshöhle. Sie wurde der Legende nach von drei aus der Gegend stammenden Brüdern als solche genutzt. Sie wählten den Ort aus, da er sich vortrefflich eignet, längere Zeit hier zu verweilen: In der Höhle gibt es nämlich eine Quelle, die klares Wasser spendet.

Ein weiterer wichtiger Grund für ihre Wahl war wohl die sonnenbegünstigte Lage der Behausung, die im überwiegend kalten Zanskar ein durchaus wichtiges Kriterium darstellt.

Geschichte
Das Kloster wurde erst viel später, im elften Jahrhundert, von Phagspa Sherab gegründet. An Größe gewann die Anlage dann im 15. Jahrhundert durch Sherab Zangpo. Er zog von Tibet aus los, um die Lehre der Gelbmützen-Schule zu verbreiten. Als er nach Zanskar kam, sollen ihn drei mystische Wesen, die mit den Gründern der Meditationshöhle identifiziert werden, nach Phuktal geführt haben. Das hiesige Gompa gehörte damals wahrscheinlich der Kargyüpa-Sekte an. Er reformierte es und machte das Gompa zu einem Gelugpa-Kloster. Seither gilt er als Gründer des »neuen« Klosters und wird auf besondere Weise verehrt: Eine zentrale Bedeutung kommt dabei dem weißen Chörten in der Felshöhle zu. Unter diesem soll der Meister begraben liegen. Daher gleicht eine Umrundung des Chörten einer Ehrerbietung an Sherab Zangpo.

Meditations-höhle
Gleich hinter dem Chörten liegt die heilbringende Quelle, die zuletzt immer häufiger versiegte. Die historischen Meditationsorte sind kleinere, zurzeit nicht zugängliche Nischen in der großen Höhle. Etwas ungewöhnlich ist die Tatsache, dass Teile des Heiligtums als Lagerraum genutzt werden. Sowohl der Dukhang (in Richtung Höhle blickend rechts) als auch der Gonkhang (links) sind teilweise in die Höhle hineingebaut.

Gonkhang
Der Gonkhang ist der Raum, der den zornvollen Schutzgottheiten geweiht ist. Das doch recht dunkle Zimmer wird durch einige Lämpchen etwas erhellt. Es beherbergt u.a. Figuren von Palden Lhamo und Mahakala.

Im Versammlungsraum hingegen findet man eine nennenswerte Anzahl alter Thankas sowie Figuren von Buddha Shakyamuni, Avalokiteshvara sowie von Sherab Zangpo und dessen Lehrer Tsongkhapa. Auch die drei mystischen Yogis, die die Meditationshöhle einrichteten, werden hier verehrt. *Dukhang*

Gleich unterhalb des Gonkhang liegt die Klosterküche. Hier bereiten die Mönche ihre Speisen noch auf traditionelle Art zu: In einer Ecke des Raumes lodert ein Feuer, das eine steinerne Herdplatte erhitzt. Darüber befindet sich der Abzug. Wenn es nicht zu hektisch zugeht, reichen die Mönche dem Besucher häufig etwas Tee und freuen sich über eine Spende für das verhältnismäßig arme Gompa. *Küche*

Besondere Erwähnung verdient ein äußerlich recht unscheinbarer Tempel, der etwas abseits der Höhle gelegen ist: Der Lhakhang Nyingpa enthält sehr schöne Fresken, die teilweise sogar aus der Zeit der Gründung des Klosters stammen sollen. Diese Wand- und Deckenmalereien sind mit echtem Gold verziert. Leider (oder zum Glück) steht dieser geschichtlich überaus bedeutende Raum meist nicht zur Besichtigung offen. *Lhakhang Nyingpa*

Um das Kloster rankt sich eine weitere interessante Legende: Im 16. Jahrhundert litt Zanskar unter dem Einfall der Mongolen. Zahlreiche Häuser wurden durch sie zerstört. Doch Phuktal blieb verschont, obwohl es von einem einzelnen mongolischen Späher entdeckt wurde. Da dieser keine Bewohner sah, benutzte er den obenerwähnten Wacholderbaum, um an ihm einen langen Strick zu befestigen. So seilte er sich ab. Dabei überraschte ihn ein Mönch. Um sein Kloster vor Unheil zu schützen, schlug er dem Eindringling eine Hand ab. Dieser fiel in die Tiefe. Zurück blieben das Seil und seine Hand. *Mumifizierte Hand*

Die mumifizierten Überreste dieser Hand sind angeblich noch immer vorhanden. Man sagt, sie werden an einem geheimen Ort im Kloster aufbewahrt und deshalb den Besuchern nicht gezeigt.

Die Mönche betreiben ein eigenes Hotel unterhalb des Klosters. Neben Schlafgelegenheiten bieten sie auch einfache Nahrungsmittel an. *Unterkunft/ Verpflegung*

Rangdum Gompa

Lage

Das Rangdum Gompa liegt in einer weiten Hochfläche am oberen Ende des islamisch geprägten Suru-Tales, verwaltungstechnisch gesehen in der Region Purig.

Südlich des Klosters erhebt sich eine hohe Bergkette, die Zanskar und Purig voneinander trennt. Westlich thront das vergletscherte Nun-Kun-Massiv über dem Tal.

Die Gegend hat jedoch eine buddhistische Bevölkerung und kann damit zumindest kulturell zu Zanskar gezählt werden. Es existieren mehrere kleine Dörfer unweit der Kargil-Padum-Straße, deren religiöses Zentrum das Rangdum Gompa darstellt.

Das Hochplateau ist mehrere Quadratkilometer groß. Hier münden insgesamt fünf breite Täler mit Zuflüssen des Suru ein, so dass Wasser im Überfluss zur Verfügung steht. Daher wird die Region neben zahlreichen Wasserläufen und ausgedehnten Schotterflächen durch große, feuchte bis sumpfige Wiesen geprägt. Die Einheimischen nutzen diese zur Aufzucht von Tieren.

Inmitten der weiten Landschaft erhebt sich ein kleiner, teils felsiger Hügel, auf dem das Rangdum Gompa erbaut wurde.

Legenden

Einer volkstümlichen Legende nach soll um 1550 ein Mann namens Yeshe Dragspa aus Westtibet auf einem Adler hierher geflogen sein und diese Stelle als religiös bedeutend erkannt haben. Er meditierte dort eine Zeitlang, vollbrachte aufsehenerregende Wunder und flog schließlich wieder davon. Dies inspirierte die Menschen, so dass sie unterstützt durch Schenkungen des ladakhischen Königs Tsewang Namgyal am Ende des 16. Jahrhunderts auf der Spitze des mystischen Hügels ein Kloster erbauten.

Eine weitere Legende berichtet vom Schutz des Klosters vor der Zerstörung im 19. Jahrhundert: Beim Einmarsch der Dogra-Armee unter Führung von Zorawar Singh verwandelte sich demnach Dorje Shugden, die Schutzgottheit des Klosters, in einen feuerspeienden Yak und bewahrte somit das Gompa vor Schaden.

Orientierung

Zum Eingang des Klosters führt eine Straße, die an einem Parkplatz endet. Diese Stelle bietet, insbesondere im weichen Licht des Sonnenuntergangs, einen wunderschönen Blick auf das obere Suru-Tal sowie die dahinter aufsteigenden Bergketten.

Die Klosteranlage ist nicht sehr groß, so dass man schnell den zentralen Platz, mit einer Fahne in der Mitte, erreicht hat. In Gehrichtung geradeaus blickt man direkt auf den Versammlungsraum, in dem die wichtigsten Zeremonien stattfinden.

Dukhang

Man betritt den Dukhang über einen hinter einer Fensterfront liegenden Vorraum. Dieser ist durch eine Reihe von kleinen Gebetsmühlen rechts und links des Einganges erkennbar. Dort kann man seine Schuhe stehen lassen, bevor man den Tempel betritt.

Insgesamt 24 Säulen aus Holz, an denen teilweise prachtvolle Thankas hängen, stützen die Decke des Hauptraumes. Sein mittiger Gang wird durch die Sitzreihen für die Mönche gebildet. Er leitet direkt zum Thron für den Klosterabt mit einem Bild vom Dalai Lama sowie den dahinter befindlichen kleinen Chörten. Dieser verdeckt vom Eingang aus gesehen den Blick auf den Figurenraum. An der linken Wand sind Bücherregale. Rechts ist in einer Vitrine ein Schriftstück (Kopie der englischen Übersetzung) ausgestellt, das Landesübertragungen an das Kloster bestätigt.

Gegenüber dem Eingang befindet sich der zweiteilige Altar mit seinen Butterlampen. *Altar*
Darüber werden zahlreiche Figuren (teilweise beschriftet) hinter Glas aufbewahrt. Eine
dieser Figuren stellt Yeshe Dragspa, den Initiator der Klostergründung, dar.

Hinter dem Hauptaltar existiert noch ein langgestrecktes, schmales Zimmer, der Figu- *Tsankhang*
renraum (Tsankhang). Die große Buddha-Figur in der Mitte ist umgeben von Tsongkhapa, dem Gründer des Gelbmützenordens (links) und heiligen Schriften (rechts).

Ebenfalls über den Versammlungsraum ist der kleine Gonkhang zugänglich. Hier spielt *Gonkhang*
die Verehrung von Dorje Shugden eine besondere Rolle.

Eine Außenstelle des Klosters befindet sich in Tashitongde, dem nächsten Dorf in *Labrang*
Richtung Pensi La. Das Gebäude wurde früher als Abtshaus (tib.: Labrang) genutzt. Es
diente dem Klostervorsteher als ruhiger Ort zur Meditation.

Sani: Kanikha Gompa

Bedeutung

Die Klosteranlage in Sani, nur acht Kilometer von Padum entfernt an der Hauptstraße nach Kargil, gehört zu den ältesten und sagenumwobensten Gompas in Zanskar. Seine Gründung soll auf Padmasambhava zurückgehen. Der Tantriker zog im achten Jahrhundert aus, um in Zanskar und Ladakh den Buddhismus zu verbreiten. Er soll mehrere Jahre in einer Felshöhle nördlich vom heutigen Sani verbracht haben.

Legende

Eine Legende erzählt von einem bösen Ungeheuer, das die Umgebung in Angst und Schrecken versetzt hat. Mit magischen Kräften besiegte Padmasambhava das Untier und zerteilte es durch einen Schlag in acht Teile. Seither bringen die Gläubigen jedes dieser Körperteile mit einer Erscheinungsform von Padmasambhava in Verbindung. An der Stelle seines Sieges wurde eine Verbrennungsstelle errichtet. Sie befindet sich neben einem farbenfrohen Chörten außerhalb der Klostermauern, zwischen dem Gompa und der Straße.

Opferstätte

Diese Opferstätte gehört aufgrund der geschilderten Begebenheit zu den heiligsten im gesamten Himalaja. Bis in die zweite Hälfte des 20. Jahrhunderts hinein wurden hier Tiere geopfert. Seit dem Einschreiten einflussreicher Mönche ersetzte man diesen uralten Brauch durch das Verbrennen schafähnlicher künstlicher Figuren. Die Verbrennungsstätte ist durch mehrere Reliefplatten gekennzeichnet. Die größte, übermannshohe trägt das Abbild von Buddha Maitreya.

Das Gompa zu Sani ist ein hervorragendes Beispiel für die mystische Anlage eines *Architektur*
Klosters in der Frühzeit des Buddhismus in Zanskar und Ladakh.
Besonders markant ist die Tatsache, dass das Kloster nicht auf oder an einem Berg
errichtet wurde, sondern mitten in der Ebene. Deshalb ist es von einer schützenden
Mauer umgeben. Auch die sonst so auffälligen Behausungen der Mönche sind in Sani
wenig offensichtlich.
Die magischen Zahlen 8 (Anzahl der Manifestationen von Padmasambhava) und 108
(Anzahl der durch Buddha Shakyamuni verkündeten Lehren) fanden in der Architek-
tur besondere Berücksichtigung: Die Anlage enthält acht Chörten. Sieben sind in der
Klostermauer verbaut. Der achte, der auffällige Kanikha Chörten, liegt innerhalb der
Ummauerung, zwischen dem neuen Klosterteil und der Verbrennungsstätte.
Die Zahl 108 kam früher im überdachten Klostergang zum Ausdruck, der die innere
Anlage umgibt. Dieser enthielt nämlich 108 Mantras (teilweise nicht mehr erhalten),
die in bildlich-schriftlicher Form vorlagen. Der Gang wurde zum Zwecke der heiligen
Rechtsumwandlung entworfen. Auf halber Höhe sind Nischen für Gebetsmühlen,
Steintafeln sowie andere rituelle Gegenstände eingearbeitet.

Neben den Chörten gehören der Guru Lhakhang sowie der Naropa Lhakhang zum alten *Alter Klosterteil*
Teil des Klosters.
Der erstgenannte Tempel enthält verschiedene Stuckdarstellungen des großen Meisters *Guru*
Padmasambhava.   *Lhakhang*
Der Naropa-Tempel beinhaltet u.a. eine wertvolle Figur von Naropa. Besuchern wird er *Naropa*
nur einmal im Jahr zum Sani-Nasgyal-Fest geöffnet. Seine besondere Heiligkeit rührt *Lhakhang*
daher, dass Naropa selbst einige Jahre im Kloster verbracht und meditiert haben soll.
Der Lhakhang befindet sich gleich gegenüber dem Kanikha Chörten.
Benannt wurde der Kanikha Chörten (und später das gesamte Kloster) nach Kanishka, *Kanikha*
einem bedeutenden kaschmirischen Herrscher aus dem zweiten Jahrhundert. Man   *Chörten*
glaubt gegenwärtig, dass die Ursprünge des buddhistischen Heiligtums auf diese Zeit
zurückgehen. Eine alte Klosterinschrift berichtet angeblich davon, dass der Chörten
eine Reliquie vom leibhaftigen Buddha enthält.

Zentrum des religiösen Alltags in Sani ist der neue, im 17. Jahrhundert entstandene, *Neuer Klosterteil*
Teil der Klosteranlage. Dazu gehören u.a. der Versammlungsraum (Dukhang) mit der
Bibliothek sowie der Raum der zornigen Schutzgottheiten (Gonkhang).
Unmittelbar nach dem Betreten des Klosters erreicht man über dessen Hof das Haupt- *Klosterhof*
gebäude.
Direkt vor dem Eingang in den Dukhang kann man (wegen der Umwandlung im *Wandelgang*
Uhrzeigersinn nach links!) in den Wandelgang abbiegen.
Der Altar des Versammlungsraumes befindet sich gegenüber dem Eingang. Er beher- *Dukhang*
bergt eine Reihe von Figuren, darunter mehrere Buddha-Darstellungen. Dahinter liegt
die kleine, aber recht sehenswerte Bibliothek mit ihren hohen Bücherregalen. Selbstverständlich finden sich in den Regalen keine gebundenen Ausgaben, sondern ausschließlich Bücher in traditioneller Fertigung.
Den Gonkhang erreicht man über die bemalte Tür rechts des Altars. Der Zugang zu *Gonkhang*
diesem Raum bleibt jedoch meist verschlossen.

Stagrimo Gompa

Lage

Das Stagrimo Gompa befindet sich eine halbe Stunde Fußweg oberhalb von Padum. Es ist umgeben von hohen Pappeln, die so dicht stehen, dass sie sogar ein kleines Wäldchen bilden.

Man erreicht das Kloster vom alten Zentrum Padums aus über eine kaum befahrene Jeepstraße. Nachdem sie die Klosterherberge unweit des Haupteinganges passiert hat, führt die Piste weiter am linken Rand der Anlage zu einer Parkmöglichkeit, an der sie endet.

Geschichte

Gegründet wurde das Kloster vermutlich um 1640 von einem bhutanesischen Mönch, der der Lho-Drukpa-Schule angehörte. Der Überlieferung nach kam dieser vom Kloster Punakha zu Missionierungszwecken hierher.

Die Bezeichnung »Stagrimo« ist abgeleitet vom Namen des Mutterklosters Stakna (nahe Thikse, am Indus gelegen).

Orientierung

Normalerweise betritt man das Gelände durch das im unteren Bereich gelegene große Tor an der Straße, nahe einer auffälligen Gebetsmühle neben ebenso augenscheinlichen Chörten.

Ein steiler Pfad unter Bäumen führt zunächst hinauf zu einem kleinen Platz mit einer hohen Fahne in der Mitte. Seine gesamte obere Seite wird von einem länglichen Gebäude begrenzt. Darin befinden sich die alten Klosterräume (Dukhang Nyingpa, Lhakhang Phima, Kanjur Lhakhang), die der Öffentlichkeit allerdings nur noch selten gezeigt werden.

Folgt man der Treppe an der überdachten Gebetsmühle weiter aufwärts, gelangt man zum Eingang des neuen Tempels (rechter Hand), der heute das religiöse Zentrum darstellt. Links erkennt man den über ein paar weitere Stufen erreichbaren Zimchung. Geradeaus leitet ein schmaler Pfad hinauf zu einem Chörten an der höchsten Stelle des Komplexes neben dem Stahlmast.

Auf dem Rückweg vom Chörten fällt unweigerlich der Blick auf den Neubau mit seiner *Neubau* wuchtigen Dachkonstruktion. Er beherbergt nicht nur den neuen Tempel, sondern integriert offensichtlich auch ältere Teile des Klosters, die durch die Überbauung vermutlich vor der Witterung geschützt werden sollen.

Der neue Tempel wurde um die letzte Jahrtausendwende herum eingeweiht. Er gefällt *Neuer Tempel* durch seine farbenfrohen Wandmalereien. Insgesamt sechs Holzsäulen gliedern den Raum.
An der Stirnwand finden sich, wie üblich, religiöse Figuren. Davor steht mittig ein Thron für den Klosterabt. Es folgen die Sitzreihen für die Mönche.
Die Fensterfront auf der rechten Seite ermöglicht durch den Lichteinfall eine angenehme Atmosphäre. Sie bietet außerdem Gelegenheit für einen Blick auf die alten Klosterteile.

Die alten Tempel betritt man vom bereits erwähnten Platz unterhalb des Neubaus. Sie *Alte Tempel* befinden sich allesamt in einem einzigen großen Gebäude.
Zunächst sollte man den Lhakhang Phima ansteuern. Es handelt sich um einen kleinen *Lhakhang* Raum mit Oberlicht, der von vier Säulen mit schmuckvollen Kapitellen gestützt wird. *Phima* Gegenüber dem Eingang werden Bücher aufbewahrt. Links davon führt eine Türe in einen weiteren Raum, den Dukhang Nyingpa.
Der Alte Versammlungsraum ist klein und dunkel. Beim Betreten des ehemaligen *Dukhang* religiösen Zentrums des Klosters blickt man direkt auf den Altar, dessen linken Ab- *Nyingpa* schluss eine auffällig große Statue von Buddha Maitreya bildet.
Über dem Dukhang Nyingpa wurde die Bibliothek in einem fensterlosen, stockfinsteren *Bibliothek* Raum eingerichtet. Sie dient der Aufbewahrung des 108-bändigen buddhistischen Kanons, Kanjur genannt. Die zentrale, von Büchern umrahmte Figur stellt Buddha Shakyamuni dar.

Tongde: Marpa Ling Gompa

Der Name des Klosters leitet sich vom tibetischen Yogi Marpa ab, der Naropa aufsu- *Geschichte* chen wollte, als dieser in Dzongkhul meditierte. Eine Eingebung ließ ihn auf der Spitze des Berges, auf dem das Kloster heute steht, ein Gompa gründen.
Durch seine strategisch günstige Lage, mit weiten Blicken in beide Richtungen des Zanskar-Tales, war der Ort auch als Herrschaftssitz prädestiniert. Aus diesem Grunde befand sich früher neben dem Kloster eine inzwischen zerstörte und abgetragene Burg.
Bei seiner Gründung durch Marpa war Tongde ein Rotmützen-Kloster. Wie so viele Gompas in Zanskar wurde auch das Marpa Ling später, d.h. im 15. Jahrhundert, durch Shakya Zangpo, zu einem Gelbmützen-Kloster.

Die religiös bedeutendsten Klostergebäude gruppieren sich um den Klosterhof. Von *Dukhang* dessen Eingang aus gesehen linker Hand führt eine eher unauffällige Tür in den unteren Versammlungsraum (Dukhang). In ihm gibt es schöne Fresken an den Wänden zu bestaunen. Leider wurden sie durch einen Wassereinbruch teilweise zerstört.

Gonkhang Durch den Dukhang hindurch erreicht man den Gonkhang, den interessantesten Raum des Klosters. Bemerkenswert sind vor allem die Malereien an der Fensterseite: Der Künstler zeichnete die Figuren mit feinen Pinselstrichen auf schwarzen Untergrund. Neben verrosteten Waffen werden hier auch die Masken für die alljährlichen Tänze gelagert. Im Gegensatz zu vielen anderen Klöstern sind diese meist durch Stoff verhängt, auf dem wiederum Gesichter gemalt sind. Zusätzlich gewinnt der Raum dadurch an Bedeutung, dass hier die Statue von Palden Lhamo, der Schutzgöttin des Klosters, aufbewahrt wird.

Chokhang Ein weiterer Versammlungsraum (Chokhang) liegt direkt gegenüber dem Eingang des Klosterhofes. Er ist im augenfälligsten Gebäude des Karrees untergebracht und über eine Reihe von Treppen zu erreichen. Im Inneren des im Wesentlichen leeren Raumes befinden sich u.a. der Thron des Dalai Lama und der des Klosterabtes. Die farbenfrohen Darstellungen an seinen Wänden verleihen dem Chokhang eine durchaus angenehme Atmosphäre.

Lage Sehr zu empfehlen ist ein kleiner Rundgang durch das Kloster. An der dem Tal zugewandten Außenseite hat man einen gigantischen Ausblick auf das zentrale Zanskar sowie das Dorf Tongde mit seinen fruchtbaren Feldern.

Tongde-Pass In der entgegengesetzten Richtung sieht man einen Pfad zu einem 5.150 Meter hohen Pass, dem Tongde La, emporsteigen. Der Weg dorthin gilt aufgrund der Höhe des Passes als anspruchsvoll. Oben angekommen ist man fast so hoch wie die umliegenden Bergkämme. Ein Gefühl der Erleichterung und der Freude über das Geschaffte macht sich breit. Die Fernsicht ist überwältigend.
Tipps zur Passbegehung findet man im Rother Wanderführer (Tour 18).

Zangla

Dem kleinen Dorf Zangla kommt als ehemaliger Sitz eines winzigen Königreiches eine *Bedeutung* besondere Bedeutung zu. Vermutlich im 15. Jh. teilte der damalige König von Zanskar sein Reich unter seinen Söhnen auf. Der eine erhielt Zangla, der andere blieb in Padum. Obwohl später Zanskar seine Unabhängigkeit verlor und von wechselnden Herrschern regiert wurde, behielten die Könige von Zangla als Verwalter vor Ort einen Teil ihrer Macht. Bis zur Eroberung durch Zorawar Singh (1834) regierten sie von ihrem Palast aus das Umland (Tsazar, Pishu, Pidmo).
Dann zogen sie ins Dorf um und bewohnen seither ein ansehnliches Haus mitten im Zentrum des Ortes (bis heute).

Der alte Palast von Zangla thront förmlich über dem Zanskar-Tal. Er soll in seiner Form *Palast* an den mythologischen Vogel Garuda erinnern, der sowohl im Buddhismus als auch im Hinduismus in vielfältiger Weise eine Rolle spielt.
Das Gebäude befindet sich ungefähr einen Kilometer vom Dorfzentrum entfernt und ist *Lage* von da aus sowohl durch eine Straße (mit Parkplatz im Eingangsbereich) als auch einen Fußweg erreichbar.
Normalerweise sind die Innenräume verschlossen. Wer sie besichtigen möchte, muss *Schlüssel* sich in Zangla den Schlüssel dafür holen. Wie das genau funktioniert, kann man im Dorf erfragen.

Der ehemalige Königssitz liegt deutlich über dem Parkplatz, so dass von dort noch eine *Besichtigung* Reihe von Treppen bewältigt werden muss. Dabei kommt man zunächst an mehreren Chörten, aber auch an Ruinen vorbei.
Die Palastanlage selbst gilt leider nur als mäßig gut erhalten. Sie ist vom Stadium einer *Innenbereich* Ruine nicht sonderlich weit entfernt. Im Inneren kann man lediglich einen Tempel besichtigen. Alle anderen Zimmer dienen als Lagerräume für vermutlich nicht mehr benötigte Gegenstände.
Nach dem Öffnen des normalerweise zugeschlossenen Eingangs steigt man im Haupt- *Tempel* gebäude zunächst steile Treppen aus Stein empor. Danach muss man noch eine alte Holzleiter erklimmen, um zum Tempel zu gelangen (durch ein weiteres Schloss gesichert). Im Grunde gibt es hier jedoch nichts Sehenswertes.
Vom Tempel gelangt man leicht zur Dachterrasse, die ihrerseits wirklich lohnenswerte *Dachterrasse* Ausblicke bietet.
Wenn man das Palastgebäude an seinem Fuße umrundet (also sich nicht die Mühe *Aussicht* macht, den Schlüssel zu besorgen), ist die Aussicht allerdings auch nicht viel schlechter.

Ein berühmter Gast in Zangla war der ungarische Tibetologe Csoma de Körös, der den *Csoma de Körös* Winter 1823/24 im Palast verbrachte. Infolge seines Aufenthaltes in Zanskar und Ladakh veröffentlichte er 1834 die erste wissenschaftliche tibetische Grammatik sowie das erste tibetische Wörterbuch. Da er sich zusätzlich mit religiösen Texten des tibetischen Buddhismus beschäftigte, gilt er als Begründer der Tibetologie in Europa.

Himachal Pradesh

Reiseinformationen zu Kullu (Manali)

Direkt-
verbindungen

Die meistgenutzte Route von Delhi nach Ladakh führt über das in der Region Kullu gelegene Manali. Dorthin fahren täglich mehrere staatliche Direktbusse (früh und abends). Sie starten am ISBT Kashmere Gate, der bei optimalen Verkehrsbedingungen vom Flughafen aus innerhalb einer halben Stunde mit dem Taxi erreichbar ist.

Umsteige-
verbindungen
Chandigarh

An den Ständen Nr. 19 bis 21 besteht auch die Möglichkeit, zunächst nach Mandi oder Kullu zu reisen und dort umzusteigen.

Tagsüber sind allerdings alle Direktverbindungen nach Himachal Pradesh rar. Wer um diese Zeit trotzdem nach Manali aufbrechen möchte, sollte einen Bus nach Chandigarh (ständige Verbindungen) nehmen. Da gibt es zwei Busstände (Sektor 17 und Sektor 43), die durch den Nahverkehr hochfrequent miteinander verbunden sind. Beide werden von Delhi aus angefahren. Busse nach Manali starten jedoch ausschließlich im Sektor 43.

Staatliche
Luxusbusse

Außerdem werden am ISBT Kashmere Gate täglich klimatisierte HPTDC-Luxusbusse eingesetzt. Sie fahren am Abend in Delhi los und erreichen Manali am Vormittag des nächsten Tages. Fahrscheine dafür erhält man in der ersten Etage, unweit des Informationsschalters.

Private
Luxusbusse

Alternativ kann man auch mit einem privaten Nachtbus nach Manali kommen. Zahlreiche Vertreter von Touristenbüros in der Umgebung des Bus-Terminals werben dafür recht aufdringlich. Sie verkaufen Tickets mit Sitzplatzreservierung für Busse, die ihre Tour in der Regel nicht am ISBT beginnen. Fast immer ist eine zusätzliche Anfahrt notwendig.

Die Delhi-Manali-Route (bis Mandi)

Busse nach Manali verlassen Delhi nach Norden auf dem berüchtigten ehemaligen *NH 1* National Highway Nr. 1 (jetzt NH 44) in Richtung Amritsar. Die mehrspurige »Autobahn«, auf der teilweise auch noch Ochsenkarren verkehren, ist die wahrscheinlich befahrenste Straße Indiens.

Bei Ambala, einer etwas größeren Provinzstadt, zweigt die Route vom National High- *Ambala* way 44 in Richtung Chandigarh ab.

Chandigarh ist die Hauptstadt zweier indischer Bundesstaaten, nämlich von Punjab *Chandigarh* und von Haryana. Es wurde in den fünfziger und sechziger Jahren des 20. Jahrhunderts vollkommen neu erbaut. Europäer sind vom Baustil meist ziemlich geschockt: Betonbauten, wohin das Auge auch blickt. Viele Inder hingegen sind stolz auf Chandigarh. Sie schätzen die weiträumige und übersichtliche Anlage der Stadt und erfreuen sich an ihrer Sauberkeit und Ordnung sowie den außergewöhnlich zahlreichen Grünflächen.

Ab Chandigarh geht es weiter in Richtung Amritsar. Schon bald verlässt man die indi- *Himachal* sche Tiefebene. Gleich nach dem Passieren der Grenze zu Himachal Pradesh wird die *Pradesh* Straße enger und die Landschaft bergiger.

Ungefähr drei Stunden hinter Chandigarh zweigt eine wichtige Hauptstraße nach *Bilaspur* Shimla ab. Wenig später erreicht man mit Bilaspur den ersten größeren Ort im Himalaja-Staat. Die Busse legen hier meist eine kurze Pause ein.

Die Gründung von Bilaspur geht auf das Jahr 1663 zurück. Es erwuchs recht schnell *Geschichte* zur Hauptstadt des schon viel länger existierenden Königreiches Kahlur (697-1859). Dieses wurde unter britischer Herrschaft zum Fürstenstaat Bilaspur und gehörte später eine Zeitlang zu Punjab. Nach der Unabhängigkeit trat der »Staat Bilaspur« der Indischen Union bei und wurde schließlich 1954 Himachal Pradesh zugeordnet. Noch heute ist Bilaspur ein selbständiger Distrikt innerhalb dieses Bundesstaates.

Die kleine Stadt liegt an den Ausläufern des Govind Sagar, eines Stausees mit einer *Govind Sagar* beachtlichen Länge von 56 Kilometern. Die bereits 1962 fertiggestellte Staumauer war damals mit einer Höhe von 225 Metern eine der größten der Erde.

Hinter Bilaspur geht es hinunter zum Sutlej, dem mächtigen Fluss, der durch den *Sutlej* Bhakra-Damm zum Govind Sagar angestaut wird.

Schon zum Distrikt Mandi gehört die gemütliche Stadt Sundernagar. Sie liegt am Fuße *Sundernager* bewaldeter Himalaja-Hügel, knapp 900 Meter hoch. Eine breite Straße leitet durch den Ort zu einem kleinen Stausee.

Jetzt sind es noch etwa 25 Kilometer bis nach Mandi. Dort geht eine Straße nach *Mandi* Dharamsala und Pathankot von der Hauptroute ab. Sie verläuft am südlichen Rand des Dhauladhar-Kammes und dient damit als Zufahrt für zahlreiche beliebte alpine Treks.

Der Dhauladhar ist in dieser Gegend der südlichste Ausläufer des mittleren Himalajas. *Dhauladhar-* Seine zentralen Pässe liegen schon über viertausend Meter hoch, die zugehörigen Wege *Gebirge* führen teilweise über Gletscher hinweg.

Mandi

Geschichte
Die Stadt Mandi ist eine verhältnismäßig junge Gründung (1526). Ihr Name leitet sich vermutlich von der hinduistischen Bezeichnung für »Markt« ab.

Suket
Die Gegend gehörte früher zum Königreich Suket. Dieses wurde 765 vom Sohn eines aus Bengalen stammenden Herrschers gegründet. Wohl deshalb war die frühe Geschichte von Suket durch zahlreiche Kriege mit den umliegenden Himalaja-Staaten gekennzeichnet.

Teilung
Um das Jahr 1200 herum kam es infolge von Familienstreitigkeiten zur Teilung. Der nördliche Bereich wurde von Suket abgetrennt und bestand als das eigenständige Königreich Mandi fort. Im ersten Sikh-Krieg (1845-46) stellten sich die Rajas von Mandi und Suket auf die britische Seite.

Zusammen-legung
Nach der Unabhängigkeit legte man die ehemaligen Fürstenstaaten Mandi und Suket (Hauptstadt Sundernagar) zusammen. Der neue Distrikt wurde am 15. April 1948 Bestandteil von Himachal Pradesh. Damit gehört Mandi zu den »Gründungsmitgliedern« des indischen Bundesstaates.

Bedeutung
Mandi liegt am Zusammenfluss von Beas und Suketi Khand. Aufgrund seiner vielen Tempel, es sollen über dreihundert sein, bezeichnet man die Stadt manchmal auch als Klein-Varanasi (Choti Kashi). Einige der alten Tempel wurden vom Survey of India aufgrund ihrer historischen Bedeutung zu geschützten Denkmälern erklärt.

ISBT
Der Busstand (ISBT) befindet sich zwischen den beiden o.g. Flüssen. Um in die Innenstadt zu gelangen (zehn Minuten Fußweg), muss man den Suketi Khand überqueren.

Versunkener Garten
Das Zentrum von Mandi bildet der »Versunkene Garten«. Ursprünglich hat sich an dieser Stelle ein See befunden, der schon bald nach der Stadtgründung in einen Park umgewandelt wurde. In seiner Mitte steht ein etwas eigenwillig aussehender Uhrenturm (Clock Tower). Der ein Stück tiefer gelegene Park ist heute von zweistöckigen Einkaufspassagen umgeben. Er gilt auch aufgrund der Veranstaltungen, die hier abgehalten werden, als kultureller Mittelpunkt der Stadt.

GPO
Etwas oberhalb des Gartens befindet sich in einer Nebenstraße die Post (GPO), die in einem sehenswerten kolonialen Gebäude untergebracht ist.

Unterkünfte/ Verpflegung
Zwischen dem Busbahnhof und der Innenstadt sowie im Zentrum selbst existieren eine Reihe von einfachen Hotels und Gaststätten.

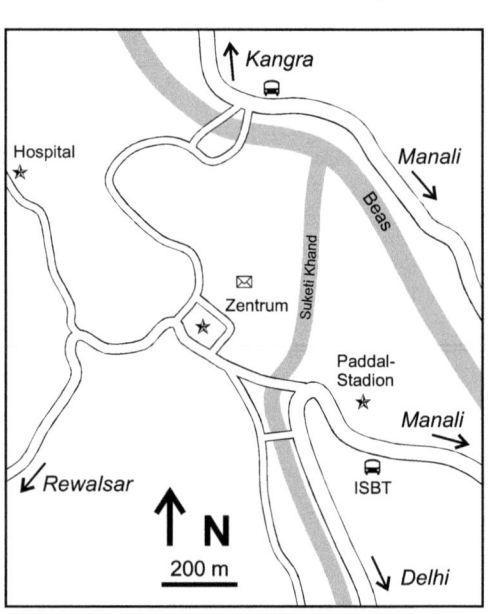

Die Delhi-Manali-Route (ab Mandi)

Die Route von Mandi nach Manali bleibt am Beas-Fluss. Zunächst passiert sie noch *Beas* einige Dörfer. Doch schon bald wechselt man die Flussseite über eine Staumauer. Das Tal wird enger und reizvoller. Man fährt an schönen Bergformationen vorbei. In geschützten Lagen wachsen sogar Palmen.

In diesem Bereich nimmt die Hauptstraße mehrere Abkürzungen durch Tunnel. Nach *Aut-Tunnel* dem ältesten Tunnel bei Aut verläuft sie streng nach Norden und erreicht in etwa eine halbe Stunde später Bhuntar.

Der Bhuntar Airport ist ein Regionalflughafen, der bereits seit den 1960er Jahren *Bhuntar* existiert. Allerdings wurde seine Start- und Landebahn erst rund 20 Jahre später *Flughafen* asphaltiert. Trotz der zusätzlichen Erweiterung im Jahre 2008 wird er bis heute nur selten angeflogen.

Unmittelbar hinter Bhuntar zweigt vom National Highway eine Nebenstraße in das Tal *Parvati-Tal* des Parvati-Flusses ab, die in Barsheni endet.

Die meisten öffentlichen Busse bleiben in Bhuntar jedoch links vom Beas-Fluss, da sie das nur zwölf Kilometer vom Flughafen entfernte Kullu ansteuern.

Als Hauptstadt des gleichnamigen Distriktes besitzt der Ort heute eine gewisse Bedeu- *Kullu* tung. Ein planmäßig längerer Aufenthalt in Kullu lohnt sich allerdings kaum. Die einzigen zwei Sehenswürdigkeiten sind vom Busstand aus schnell erreicht:

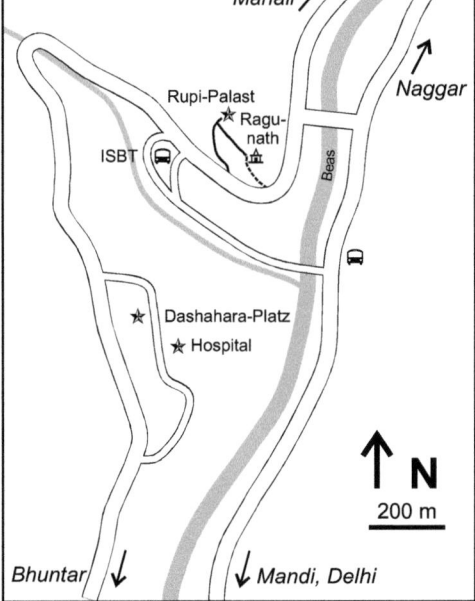

Wer sich für die Geschichte der *Rupi-Palast* Region interessiert, kann den alten Raja-Palast, auch »Rupi Palace« genannt, in Sultanpur (Stadtteil von Kullu) anschauen. Allerdings wurde der historische, 1660 unter Raja Jagat Singh erbaute Palast im Jahre 1905 durch ein Erdbeben schwer zerstört. Beim Wiederaufbau legte man aber Wert darauf, dass das ursprüngliche Aussehen weitgehend wieder hergestellt wird.

Nicht weit entfernt vom Palast liegt *Raghunath-* der Raghunath Mandir, der Haupttem- *Tempel* pel von Kullu. Sein Besuch könnte aus religiösen Gründen interessieren.

Die Auswahl an Unterkünften in *Unterkünfte/* Kullu ist nicht überwältigend: Einige *Verpflegung* brauchbare Hotels gibt es jenseits des Flusses, der den Busstand begrenzt (bergaufwärts). Verpflegungs- und Einkaufsmöglichkeiten findet man in der gesamten Bahnhofsgegend und im Gebäude selbst.

Kullu - Manali   Von Kullu nach Manali existiert auf jeder Talseite eine Hauptstraße. Um das Verkehrs-
                     aufkommen etwas zu entlasten, werden beide Routen regelmäßig von öffentlichen
                     Bussen bedient.

Naggar   Rechts vom Fluss fährt man längere Abschnitte deutlich über dem Talgrund. Man
                     kommt durch das historisch bedeutende Naggar, das immerhin über 1400 Jahre Herr-
                     schaftssitz war. Erst im 17. Jh. wurde dann Sultanpur zur Hauptstadt des Königreiches
                     Kullu.

Jagatsukh   Ungefähr auf halbem Weg von Naggar nach Manali ist Jagatsukh erreicht. Dieses kleine
                     Dorf mit einer heißen Quelle war die »alte Hauptstadt« von Kullu, bevor die Pal-Könige
                     ihre Residenz nach Naggar verlegten.

Patlikuhal   Die Strecke auf der rechten Talseite führt durch mehrere Straßendörfer, darunter
                     Patlikuhal (Abzweig zu einem herausfordernden Trek in die Regionen Kangra bzw.
                     Chamba). Sie ist kürzer und hält sich fast ausschließlich in Flussnähe.

Ankunft   Auf beiden Routen nimmt der Verkehr nach Manali hin immer mehr zu. Oft steht man
in Manali   schon kurz vor dem Ferienort im Stau. Die Fahrzeit von Delhi nach Manali dauert
                     planmäßig ca. 16-18 Stunden (ohne längere Aufenthalte).

Der staatliche Busbahnhof (ISBT) von Manali befindet sich direkt im Zentrum des *ISBT*
Ortes. Fast zu jeder Tageszeit warten mehrere Werber für Hotels am Busstand. Wer
Manali nur als Durchgangsstation nutzen möchte, kann gut bedient sein, auf eines ihrer
Angebote einzugehen. In jedem Fall sollte man zuerst auf den Preis zu sprechen kom-
men und anschließend das Ausstattungsniveau und die Lage der Unterkunft abklären.
Privatbusse haben ihren Stellplatz ca. eine halbe Stunde Fußweg südlich des Stadtzen- *Privater*
trums, so dass sich die Weiterfahrt dorthin mit einer Rikscha empfiehlt. *Busstand*

Manali

Lage und Bedeutung

Manali ist eines *der* Touristenzentren von Himachal Pradesh. Der Ort liegt im oberen Kullu-Tal am Zusammenfluss von Manaslu und Beas. Die Abhänge des Tales sind schroff und von dichten Kiefernwäldern bewachsen. Im Frühjahr und Herbst zieht es aufgrund des angenehmen Klimas unzählige Touristen hierher. Viele junge indische Paare verbringen in Manali ihre Flitterwochen. Doch auch wenn zahlreiche Werbebroschüren Manali als »Queen of Hill Stations« bezeichnen, darf man sich vom Ort nicht zu viel versprechen. Wer beispielsweise Mussoorie, die beliebteste Hill Station von Uttarakhand, kennt, wird möglicherweise von Manali enttäuscht sein. Trotzdem eignet sich die Gegend vortrefflich, um ein paar Tage auszuspannen.

Geschichte

Der Name des Ortes geht auf den aus uralten vedischen Schriften bekannten Manu zurück. Frei übersetzt bedeutet Manali: Heimat des Manu (Manu-alaya). Zeugnis von dieser Beziehung ist der Manu-Tempel, der sich in Alt-Manali, einem etwas abseits gelegenen Dorf, befindet.

Orientierung

Das heutige Stadtzentrum liegt ungefähr zwei Kilometer südlich des Manu-Tempels. Die Mall, die Hauptstraße der Stadt, verbindet den Busbahnhof mit dem Nehru-Park.

Unterkünfte/ Verpflegung

An der Mall sowie in ihren Seitengassen gibt es eine Vielzahl von Hotels, Restaurants, Läden, Reisebüros und Trekkingagenturen. Während die Hotels in dieser Gegend meist einfach sind, verfügen einige Restaurants über ein hervorragendes Speiseangebot.

Wer eine längere Zeit im Kullu-Tal verbringen möchte, ist häufig mit einer Unterkunft im ruhigeren Alt-Manali oder im geschäftigen Vashisht besser beraten als in der Neustadt. Beide Dörfer sind von ausländischen Touristen stark frequentiert. Es dominieren Hotels der Mittelklasse (Restaurants meist angeschlossen).

Die besten Hotels befinden sich in den Außenbezirken von Manali, vorwiegend zwischen der Neustadt und Alt-Manal (insbesondere in der Umgebung des Hadimba-Tempels). Diese werden fast ausschließlich von wohlhabenden Indern oder von Reisebüros gebucht.

Die seit vielen Jahren große Anzahl europäischer Urlauber hat dafür gesorgt, dass sich sowohl in Manali als auch in Alt-Manali und Vashisht Cafés, die sogenannten »German Bakerys« (Kaffee und Kuchen sowie weitere Speisen und Getränke), etabliert haben.

Manali
Kullu-Tal

Unterkünfte/Verpflegung
- 🍴 A German Bakery
- ✗ B Kyber
- 🍴 C Kunzam
- ✗ D Mayur
- ✗ E Mount View's Noodles

Trekkingagentur
- 🥾 1 Himal. Adventurers

Sonstiges
- ★ 4 Gurudwara
- ★ 5 Nehru-Park
- ★ 6 Lady Willingdon Hospital
- 🚕 7 Taxistand, Sammeltaxis nach Leh und Padum
- 🚗 8 Railway Booking Off.

- ⓘ 9 Tourist Information
- ⓘ 10 Himachal Tourism
- 🚌 11 Busstand (ISBT)
- ✉ 12 Post
- ▲ 13 Buddhist. Kloster

Hinweis: Es existieren mehrere Geldautomaten.

Legende

Position
  N 32.2442°
  O 77.1899°

Höhe
  1.900 m

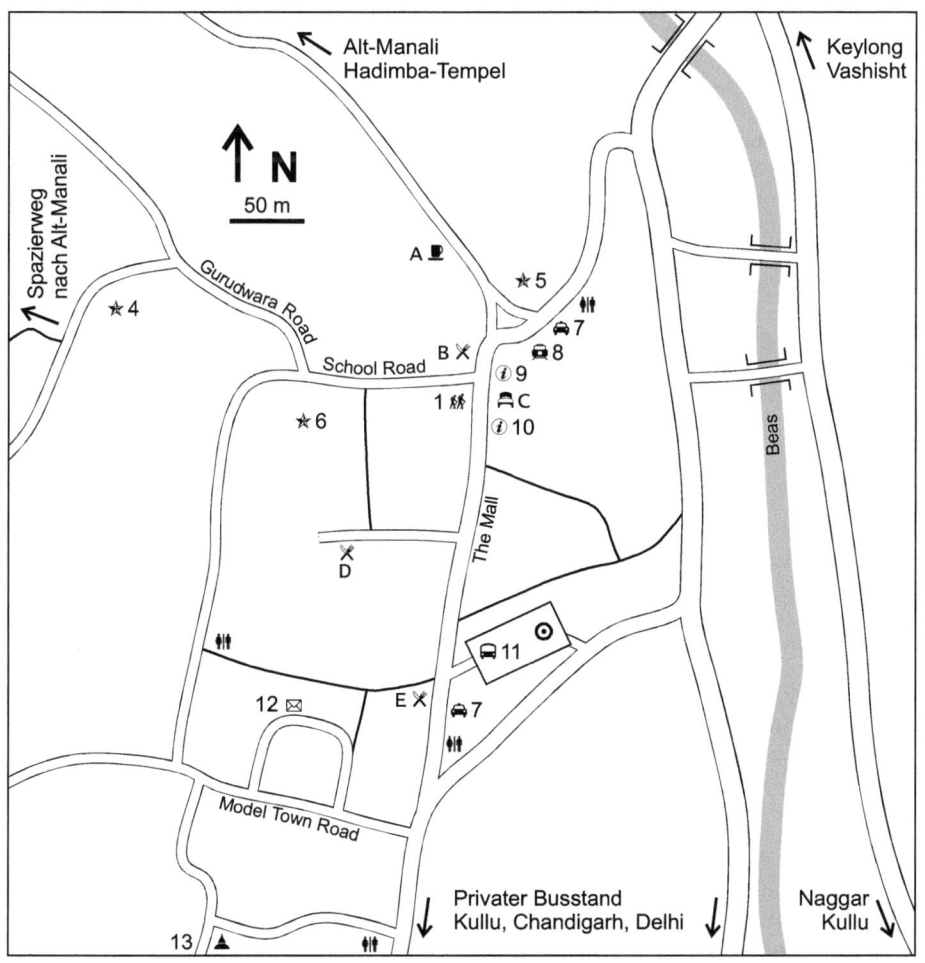

Manali und Umgebung

Vashisht

Das Dorf Vashisht liegt annähernd drei Kilometer nördlich von Manali, oberhalb der Manali-Leh-Straße. Aufgrund des inzwischen hohen Verkehrsaufkommens empfiehlt es sich nicht mehr, dorthin zu laufen. Es ist jedoch problemlos möglich, in Manali bzw. für die Rückfahrt in Vashisht eine Motorrikscha zu buchen.

Bedeutung

In den siebziger Jahren des vergangenen Jahrhunderts entwickelte sich in Vashisht eine Art Aussteigerszene, die sich bis heute in Teilen erhalten hat. Seine ursprüngliche

Sulfatquelle

Berühmtheit erlangte Vashisht durch die ca. 50 °C heiße Sulfatquelle, die sich mitten im Dorfzentrum befindet. Sie ist inzwischen als einfache Badeanstalt ausgebaut.

Vashishta-Rishi-Tempel

Über das Eingangstor des Badekomplexes erreicht man den angeblich viertausend Jahre alten Vashishta-Rishi-Tempel. Das Tempelinnere, das eine schwarze Statue von Vashishta beherbergt, darf nur zu besonderen Anlässen von Gläubigen betreten werden.

Rama-Tempel

Der nur wenige Meter entfernte Rama-Tempel hingegen ist tagsüber fast immer geöffnet.

Alt-Manali

Vom Flair, das ehemals Alt-Manali auszeichnete, ist leider nicht mehr viel übrig geblieben. Früher wohnten die Touristen mehr oder weniger in der Gemeinschaft mit den Einheimischen. So konnte man das eigentliche Dorfleben hautnah miterleben.
Heute prägen touristische Bauten das Ortsbild. Die alten Häuser mit ihren Steindächern und Holzbalkonen werden immer mehr zur Rarität. Manche verfallen, andere werden durch zweckmäßige Anbauten verschandelt.

Wanderung nach Alt-Manali

Der Fahrweg nach Alt-Manali führt am oberen Ende der Mall links am Nehru-Park vorbei talaufwärts und durchquert anschließend lichte Waldgebiete mit vereinzelter Bebauung. Am frühen Morgen bzw. in der Nebensaison, wenn nicht zu viele Fahrzeuge unterwegs sind, ist es schön, dorthin zu wandern. Nach einer Viertelstunde gelangt man an eine Stahlbrücke über den Manaslu-Fluss. Jenseits liegt bereits das Dorf Manali. Hinter der Brücke passiert man unzählige Verkaufsstände und Hotels. Danach kommt man ins alte Dorf mit seinen historischen Bauernhäusern. Folgt man immer der Hauptstraße, so erreicht man (rund zehn Minuten nach der Flussquerung) den am Dorfausgang gelegenen Manu-Tempel.

Manu-Tempel

Das Tempelgebäude selbst ist relativ neu und wenig sehenswert. Im Inneren befinden sich allerdings noch Überreste der deutlich kleineren historischen Tempelanlage mit Statuen von Ganesha (links), Manu (mittig) und Vishnu (rechts).

Rückweg nach Manali

Von Alt-Manali zurück nach Manali lassen sich befahrene Straßen weitgehend vermeiden, indem man an der Manaslu-Brücke die Treppen hangaufwärts geht. Der Pfad erreicht schon nach knapp 100 Metern eine Nebenstraße.
Die Route ins Zentrum überquert diese Nebenstraße und führt als Fußweg vorbei an einer mit Buddhas verzierten Felswand. Anfangs an einem Zaun entlang wandert man kontinuierlich leicht bergab zu einer Straße, die Manali mit dem Hadimba-Tempel verbindet. Dieser folgt man ein paar Meter nach rechts und verlässt sie so früh wie möglich nach links. Auf einem schmalen Fahrweg geht es weiter bergab. Wenn man stets abwärts läuft und auf dem Hauptweg bleibt, gelangt man – an einem Sikh-Tempel vorbei – über die Gurudwara Road und die School Road ans obere Ende der Mall.

Der Hadimba-Tempel liegt zwischen Manali und Alt-Manali oberhalb der Verbindungs-
straße etwas versteckt im Wald. Ausgeschildert ist der Tempel von Manali aus.

*Hadimba-
Tempel*

Da diese Strecke jedoch stark befahren ist, besuchen Fußgänger den Tempel am besten
über den an der Manaslu-Brücke bei Alt-Manali beginnenden Fußweg. Sie folgen der
nach 100 Metern erreichten Nebenstraße nach rechts und passieren zunächst einige
Hotels und Restaurants. Schon bald endet die Straße und geht in einen Fußweg über,
der direkt zum Hadimba-Tempel leitet.

Spazierweg

Der im Jahre 1553 im Pagodenstil errichtete Hadimba-Tempel (auch Dhungri-Tempel
genannt) ist etwa 20 Meter hoch. Das Dach der fast umlaufenden Veranda wird von
Holzpfeilern getragen. Im Eingangsbereich können herrliche alte Geweihe und Holzschnitzereien bestaunt werden. Die Arbeiten stellen Götter wie Shiva, Vishnu und
Brahma dar.

Architektur

An der dem Eingang gegenüberliegenden Wand lehnt im Tempel eine rund einen
halben Meter hohe Steinstatue, die Hadimba symbolisiert. Hadimba war die Gattin von
Bhim, einem der aus dem Mahabharata bekannten Pandavas. Sie wird hier als lokale
Gottheit verehrt. Die Göttin soll einst in einer winzigen Höhle im Inneren des heutigen
Tempels meditiert haben. Diese Stelle ist an ihren steinernen Fußabdrücken zu erken-
nen. Auf einem Stein mit einem augenfälligen Loch fanden bis zuletzt Opferzeremo-
nien statt. Man glaubt, dass das Blut, das darin verschwindet, direkt im Munde von
Hadimba ankommt.

Hadimba

Gleich oberhalb des Tempelkomplexes liegt ein ruhiger, ungefähr drei Quadratkilometer großer Picknickplatz. Das umzäunte Gelände, das man gegen eine geringe Gebühr
betreten darf, eignet sich vorzüglich dafür, ein paar ruhige Stunden im Wald zu verbringen.

*Erhohlungs-
gebiet*

Himachal Tourism (HPTDC) bietet einige geführte Ausfahrten in das Umland von
Manali an. Neben der Runde über den Rohtang-Pass nach Lahaul (und wieder zurück)
ist die wohl interessanteste Tour ein Tagesausflug nach Manikaran (180 km).

*HPTDC-
Ausfahrten*

Unterwegs macht der Bus Halt am Vaishno-Devi-Tempel, in der Nähe von Kullu. Der
mehrstöckige, von Marmor- und Holzkonstruktionen geprägte Tempelkomplex wurde
um die letzte Jahrhundertwende herum vollkommen neu hergerichtet. In ihm befinden
sich mehrere kleine Tempel für verschiedene Gottheiten. Relativ schnell erreicht man
das wichtigste Heiligtum, eine Höhle, die der Gottheit Vaishno Devi geweiht ist. Der
Rundgang ist so angelegt, dass man jeden Tempel im Uhrzeigersinn umschreitet. Zum
Schluss gelangt man im obersten Stockwerk zu einem weiteren Höhlentempel, in dem
vor allem Shiva verehrt wird.

*Busfahrt nach
Manikaran*

*Vaishno-
Devi-Tempel*

Das im engen und felsigen Parvati-Tal gelegene Manikaran ist ein wichtiger Pilgerort für
Hindus und Sikhs. Seine besondere Bedeutung erlangte der Ort durch mehrere heiße
Quellen (ca. 90 °C). Die markanteste, schon von weitem an ihren Dampfwolken zu
erkennende, liegt direkt am Shiva-Tempel. Die einzige kalte Quelle im Ort sprudelt in
der Nähe des pyramidenförmigen Ragunath-Tempels. Über einige Treppen erreicht man
den kunstvoll verzierten Rama-Tempel-Komplex. Einen guten Blick auf den Gurudwara
(Sikh-Tempel) hat man von der Hauptstraße aus.

Manikaran

Rohtang-Pass

Manali Nördlich von Manali führt die Straße rechts neben dem Beas-Fluss talaufwärts, um Kurs auf den knapp viertausend Meter hohen Rohtang-Pass zu nehmen.

Bei Palchan erkennt man linker Hand das Solang-Tal, das inzwischen gerne für wintersportliche Aktivitäten genutzt wird. Hier verlässt man die Hauptstraße, die zum Atal-Tunnel leitet. Es beginnt der steile Anstieg zum Pass.

Kothi Bereits wenige Minuten nach dem Abzweig ins Solang-Tal, in der Gegend um Kothi (ca. 2.450 m), ergibt sich ein recht guter Blick über das zurückliegende Tal mit seinen steil abfallenden Wänden und zum Teil dichten Kiefernwäldern.

Marhi Marhi (3.325 m) liegt bereits deutlich über der Baumgrenze. Neben zahlreichen Gasthäusern existiert hier ein buddhistischer Tempel, der Palden Lhamo geweiht ist. Aufgrund seiner exponierten Lage über einem Steilhang wird Marhi sowohl von Ausflüglern als auch von Reisenden in den Transhimalaja gerne für einen Zwischenstopp genutzt. Des Häufigeren sind in der Gegend auch Gleitschirmflieger aktiv.

Beas-Quelle Ein weiterer kleiner Tempel mit ungewöhnlichem kuppelförmigen Aussehen rechts der Straße markiert die Quelle des Beas. Er kündigt den nahenden Pass an.

Rohtang-Pass Die Aussicht vom Rothang-Pass ist spektakulär: Man blickt auf schneebedeckte Bergketten, steile Felswände, enge Täler und nahegelegene Gletscher. Tief unten im Tal liegt der Chandra-Fluss, zu dem sich anschließend die Straße hinabschlängelt.

Klima Der Pass (3.975 m) ist Teil einer wichtigen Wetterscheide, die den Monsun bei seinem Vorankommen in Richtung Norden entscheidend schwächt. Die Gegend ist bekannt für ihre heftigen Winde und die damit verbundenen Wetterumschwünge. In früheren Zeiten hat die wechselnde Witterung zu zahlreichen Toten unter den Handelsreisenden geführt. Daraus leitet sich der Name des Passes (»Haufen toter Körper«) ab.

Während Manali noch von hohen Wäldern umgeben ist, wachsen auf der Passhöhe gar keine Bäume mehr. In der Regenzeit ist häufig folgendes Phänomen zu beobachten: Im Kullu-Tal ist es feucht und nebelig. Nur wenige Minuten jenseits des Rohtang-Passes hat sich das Wetter vollkommen geändert: Blauer Himmel mit weiter Sicht auf entfernte, teilweise schneebedeckte Berge prägt das Bild. Doch auch die Landschaft hat sich geändert: Das satte Grün ist kahlen Gebirgszügen mit spärlichem Bewuchs gewichen.

Gramphu Talabwärts führt eine Straße in weiten Bögen hinunter nach Gramphu, das lediglich aus ein paar unscheinbaren Hütten besteht. Hier zweigt eine Piste nach Kaza von der Hauptstraße (in Richtung Keylong) ab.

Chandra-Tal Das Chandra-Tal, dem die Route nun abwärts folgt, ist auf seiner linken Seite bis hin nach Gondla stark abschüssig und kahl. Weiße Gletscher hoch über den Dörfern und riesige Wasserfälle beeindrucken die Touristen. Wer mit dem Bus unterwegs ist und dies genau in Augenschein nehmen will, sollte sich um einen Fensterplatz auf der linken Fahrzeugseite bemühen.

Rechts der Straße hingegen öffnet sich das Tal oft schon auf Fahrbahnhöhe und bietet so den Menschen Weidegründe für ihre Tiere.

Die erste Ortschaft in Lahaul ist das *Khoksar* ungefähr dreihundert Einwohner zählende Khoksar. Es liegt am Fuße des Rohtang-Passes und erstreckt sich auf beiden Seiten des Chandra-Flusses. Khoksar zählt zu den kältesten Orten in Lahaul. Im Winter ist der Wasserlauf zugefroren, und hohe Schneeberge prägen die Landschaft. Im Sommer zeigt sich Khoksar meist von einer besseren Seite: Blauer Himmel, strahlende Sonne und wohlige Wärme bereiten den Reisenden einen angenehmen Empfang in Lahaul und lassen den häufigen Regen und die dichten Wolken auf der Manali-Seite schnell vergessen.

Für ausländische Touristen finden hier *Passkontrolle* eine Passkontrolle sowie eine Registrierung statt. Die meisten Fahrer nutzen dies für eine längere Pause. Nach der – wegen der schlechten Straße – strapaziösen Abfahrt vom Pass wird diese von den meisten Insassen förmlich herbeigesehnt. Nahe der Kontrollstation gibt es mehrere Verpflegungsmöglichkeiten.

Noch im Ort wechselt die Straße die Talseite und erreicht recht bald die in den Atal-Tun- *Atal-Tunnel* nel verschwindende Hauptroute nach Manali.

Nach zehn Minuten Fahrt verlässt man den Tunnel schon wieder. Das breite Solang-Tal *Solang-Tal* mit prächtigem Baumbestand und Ausblicken auf mehrere Gletscher, die alle den Beas-Fluss speisen, verwöhnt die Augen. Während des Monsuns zeigen sich aber auch tief hängende Wolken, aus denen es oftmals regnet. Wohl deshalb wurde die abwärts führende Straße (für indische Verhältnisse) außergewöhnlich gut befestigt. An einer Stelle ist sie sogar überdacht, so dass abgehendes Geröll über sie hinwegrutscht.

Das erste Dorf in Kullu ist Solang, das dem Tal seinen Namen gibt. Neben den alten *Solang* Häusern an der Fahrbahn trifft man hier schon auf neuere Ferienkomplexe. Auf den Schildern am Straßenrand werden allerlei Aktivitäten intensiv beworben.

Knapp 15 Kilometer hinter dem Tunnel ist das Beas-Tal in Palchan erreicht. Es geht *Beas-Tal* zurück nach Manali.

Reiseinformationen zu Lahaul

Allgemeines

Nach wie vor gibt es sehr wenige Touristen, deren eigentliches Urlaubsziel Lahaul ist. Die meisten sind Durchreisende auf der Manali-Leh-Route.
Wer diese Strecke mit einem Luxusbus zurücklegt, lernt Lahaul lediglich vom Busfenster aus kennen.

Anreise
nach Keylong
Weiterfahrt
nach Leh

Davon abweichend besteht die Möglichkeit, einen von ungefähr fünf Bussen am Tag zu nutzen, die von Manali nach Keylong (2-2½ Std.) unterwegs sind.
Am frühen Morgen fährt täglich ein Anschlussbus nach Leh (13-15 Std.). Allerdings handelt es sich dabei jeweils um ganz normale indische Linienbusse, die für europäische Verhältnisse sehr unbequem sind. Diese Variante bietet aber den Vorteil, tatsächlich ein paar Tage in Lahaul bleiben zu können und so diesen Landstrich etwas kennenzulernen.

Abreise
über Chamba

Für die Abreise aus Lahaul existiert seit ein paar Jahren eine besonders interessante Route über Chamba. Sie erfordert jedoch etwas Zeit und Geduld sowie eine Menge Standhaftigkeit im Wegstecken des ewigen Geschüttels, das durch die behelfsmäßigen Straßen verursacht wird. Ein Teil der Strecke über den Sach-Pass galt vor kurzem noch als reizvolle Trekkingtour. Entsprechend dünn ist das öffentliche Verkehrsnetz. Auch Touristen sind hier kaum unterwegs, schon gar keine aus Europa.

Udaipur

Wer dieses Abenteuer auf sich nehmen will, muss zunächst durch das Pattan-Tal von Keylong nach Udaipur (2-2½ Std.) reisen. Dorthin starten täglich mehrere Busse. Die Straße ist nicht schlecht ausgebaut.

Killar

Dann beginnt das Geholper nach Killar (5-6 Std.) auf einer Jeepstraße, entlang der immerhin noch zwei Busse am Tag verkehren.
In Killar muss man die Nacht verbringen (nur einfache Unterkünfte an der »Mall«) und sich dann am nächsten Morgen um einen Sitzplatz im Bus nach Chamba (8-9 Std.) bemühen.

Chamba

Chamba ist sehr gut an das Verkehrsnetz von Himachal Pradesh und Punjab angebunden. Es gibt sogar jeden Tag Direktbusse nach Delhi.

Abreise
über Kaza

Ebenfalls recht abenteuerlich ist die Abreise über Kaza und Reckong Peo nach Shimla (siehe Spiti-Teil). Obwohl Keylong und Kaza die beiden wichtigsten Städte des Distriktes Lahaul & Spiti sind, existiert keine durchgängige Verbindung.

Manali

Es ist sinnvoll, zunächst von Keylong nach Manali zu fahren, dort zu übernachten und am nächsten Morgen den Bus nach Kaza zu nehmen.

Atal-Tunnel

Wer in Zeitnot ist, kann auch in Keylong den ersten Manali-Bus nutzen und vor dem Atal-Tunnel (einige Imbissstände vorhanden) auf den Kaza-Bus aus Manali hoffen (Ankunft planmäßig ca. 7.00 Uhr).

Anreise
aus Kaza

In umgekehrter Richtung ist die Lage etwas entspannter, da es am Tunnel mehrere öffentliche Busse täglich nach Keylong gibt.

Die Manali-Keylong-Route

Ab Manali verläuft die Straße rechts des Beas-Flusses und nimmt so den ersten ernst- *Beas-Tal*
zunehmenden Himalaja-Kamm ins Visier.
In Palchan existieren zwei Wegalternativen: Die neue Route (mittlerweile von allen *Palchan*
Linienbussen befahren) folgt dem Solang-Tal aufwärts zum 2020 eröffneten Rohtang-Tun- *Weg-*
nel (offiziell Atal-Tunnel), die alte Straße steigt an auf den 3.975 Meter hohen Rohtang- *verzweigung*
Pass.
Für Reisende nach Keylong ist die Fahrt durch den neun Kilometer langen Tunnel nicht *Rohtang-Tunnel*
nur die mit Abstand schnellste Verbindung, sondern auch eine kleine Attraktion. Das
Bauwerk, dessen Grundsteinlegung bereits im Jahre 2002 erfolgte, ist nämlich immerhin der längste über dreitausend Meter gelegene Tunnel der Erde.
Nach nur zehn Minuten Fahrt durch den Tunnel findet man sich in einer scheinbar *Lahaul*
vollkommen anderen Welt wieder: Die vertrauten Wälder sind einer kargen Landschaft
gewichen. Steile, kahle Hänge sowie Wiesenflächen mit vereinzeltem Baumbestand
prägen die Region nördlich der zum Pir Panjal gehörenden Gebirgskette. Im Gegenzug
wird man aber mit weniger Wolken und mehr Sonne entschädigt.

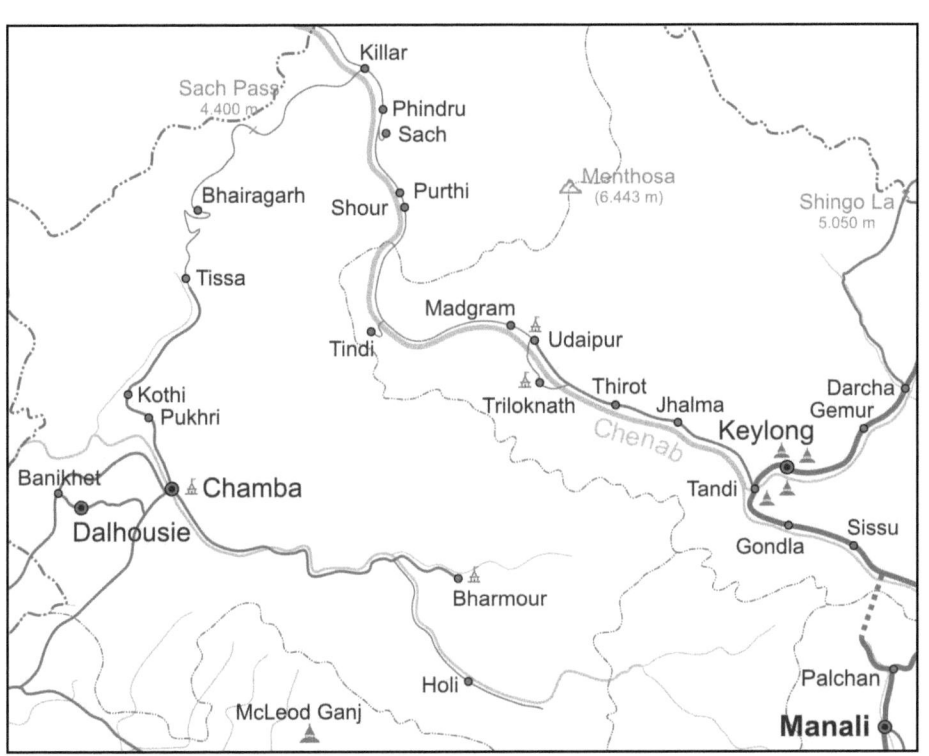

Chandra-Tal	Zunächst ist das Chandra-Tal noch sehr eng. Rechts und links der Fahrbahn ragen mächtige Felswände in den Himmel.
Sissu	Doch langsam verbreitert sich der Talgrund. Durch die zunehmenden ebenen Flächen und die verstärkte Sonneneinstrahlung haben die Einheimischen die Möglichkeit, größere und ertragreichere Felder anzulegen. Diese bilden die Grundlage für die Existenz des – für hiesige Verhältnisse – ausgedehnten Dorfes Sissu. Vielfach erspäht man Terrassenfelder, auf denen Kartoffeln, Gerste, Weizen oder verschiedenes Gemüse angebaut werden. Dazwischen gibt es zahlreiche Weiden und Pappeln sowie Wildrosen und mehrere Blumenarten.
Gyephang	Über dem Dorf thront der Berg Gyephang, benannt nach dem Schutzgott von Lahaul. Diesem ist auch der wichtigste örtliche Tempel geweiht, welcher allerdings nicht für Besucher geöffnet ist.
Flussaue	Zum Fluss hin, in dem sogar Forellen leben sollen, existiert neben einem künstlichen Teich (Tretbootfahren möglich) ein flaches Sumpfgebiet, auf dem im Frühjahr und im Herbst Wildenten und Wildgänse zu beobachten sind, die auf ihrer Reise zwischen Sibirien und dem indischen Subkontinent eine Rast einlegen.
Unterkünfte	In den letzten Jahren entstanden in Sissu einige Unterkünfte, die helfen sollen, diese herrliche Region auch Touristen schmackhaft zu machen.
	Es folgen nun mehrere kleine Siedlungen an oder etwas abseits der Straße.
Gondla	Das nächste bedeutende Dorf ist Gondla mit einer Poststation, einem neueren buddhistischen Kloster, der ehemals bedeutenden Turmfestung sowie einigen Unterkünften und Läden. Die Gegend ist ähnlich fruchtbar wie das Umland von Sissu und weist daher vergleichbare Strukturen auf.
Turmfestung	Das »Haus des Thakur« (Thakur: regionaler Herrscher), im Englischen auch »Gondla Castle« oder »Gondla Fort« genannt, gilt als ein Prunkstück lokaler Architektur. Leider ist diese frühere Turmfestung inzwischen so verfallen, dass eine Besichtigung von innen nicht mehr möglich ist. Man plant aber, das Gebäude wieder herzurichten und den Besuchern als Museum zugänglich zu machen.
Weg-beschreibung	In jedem Fall lohnt ein Abstecher. Dafür muss man an der Post (übliche Haltestelle im Ort) den Bus verlassen und einen Fußweg ins Tal hinunterlaufen. Schon nach kurzer Zeit kann man den Turm deutlich sehen und rechts am Kloster vorbei zu ihm absteigen.
Gründung	Das siebenstöckige Gebäude wurde um 1700 von Radscha Man Singh, einem Herrscher von Kullu, in Auftrag gegeben. Sein Einflussbereich reichte damals sogar über den Baralacha-Pass hinaus, bis an die heutige Grenze zu Ladakh.
Architektur	Der schlanke Turm besteht vorwiegend aus Steinen und Holz. Das oberste, siebte Stockwerk ist nach allen vier Seiten hin von einer hölzernen Veranda umgeben. Vom Balkon im fünften Stockwerk aus soll früher der Thakur seine Audienzen abgehalten und seine Urteile gesprochen haben. Auf dieser Etage befand sich auch sein privater Gebetsraum.
Einrichtung	Ansonsten konnte man vor der Schließung des Gebäudes im Turm alte Waffen (wie Pfeile, Bögen, Katapulte und Gewehre), historische Kleidungsstücke, antike Möbel sowie diverse Statuen besichtigen. Außerdem lag hier das »Schwert der Freiheit«, das angeblich einer der hiesigen Regenten vom damaligen Dalai Lama als Geschenk erhielt.
Unteres Chandra-Tal	Hinter Gondla verbreitert sich das Tal auf der linken Seite des Chandra-Flusses, und die Dörfer verlagern sich dorthin.

Eine Tankstelle von Indian Oil kündigt den Zusammenfluss von Chandra und Bhaga   *Chandrabhaga*
zum Chenab (in dieser Gegend auch Chandrabhaga genannt) an.

Hier zweigt nach rechts eine kaum befahrene Jeepstraße ab, die über Tupchilling und   *Nebenstraße*
Khardong bis hin zum Dorf Peokar führt und so die Ortschaften auf der linken Seite des   *nach Peokar*
Bhaga verbindet.

Kurz darauf quert die Straße eine Brücke (»Tandi Bridge«) und leitet links vom Bhaga-   *Tandi-Brücke*
Fluss (rechte Talseite) hinauf in Richtung Keylong.

Das Bhaga-Tal ist kürzer und insgesamt enger als das des Chandra-Flusses. Trotzdem   *Bhaga-Tal*
existieren bis weit über Keylong hinaus auf beiden Seiten des Wasserlaufes zahlreiche
Siedlungen.

Keylong

Bedeutung   Keylong ist die Hauptstadt von Lahaul & Spiti, einem von zwölf Distrikten in Himachal Pradesh. Mit seinen ungefähr zweitausend Einwohnern stellt es ein wichtiges Verwaltungs- und Versorgungszentrum dar. Keylong verfügt neben einer langen Marktstraße und einem großen Krankenhaus auch über zahlreiche Hotels (viele mit angeschlossenem Restaurant).

Lage   Unter touristischen Gesichtspunkten lohnt es sich durchaus, ein paar Tage in Keylong zu verbringen. Die Stadt liegt inmitten einer typischen Himalaja-Landschaft, umgeben von steilen Berghängen und mit Ausblicken auf ganzjährig schneebedeckte Gipfel.

Umgebung   Der Ort selbst ist nicht nur von Feldern, sondern auch einzelnen Baumgrüppchen, ja sogar kleinen Wäldern umgeben. Dies verleiht, zusammen mit den vielen Sonnenstunden, die man im Sommer hier genießen kann, Keylong eine einladende Atmosphäre. Man kann gemütlich durch den Ort schlendern oder einen Ausflug zu nahegelegenen Klöstern unternehmen.

Akklimatisierung   Weiterreisende nach Ladakh haben dabei den Vorteil, dass sie sich für ihre Fahrt dorthin hervorragend akklimatisieren und so die über fünftausend Meter hohen Pässe besser verkraften können.

Unterkünfte/ Verpflegung   Gleich oberhalb des Busstandes findet man ein paar einfache Hotels (meist mit Verpflegungsmöglichkeit) sowie einige Imbissstände.

Keylong
Lahaul

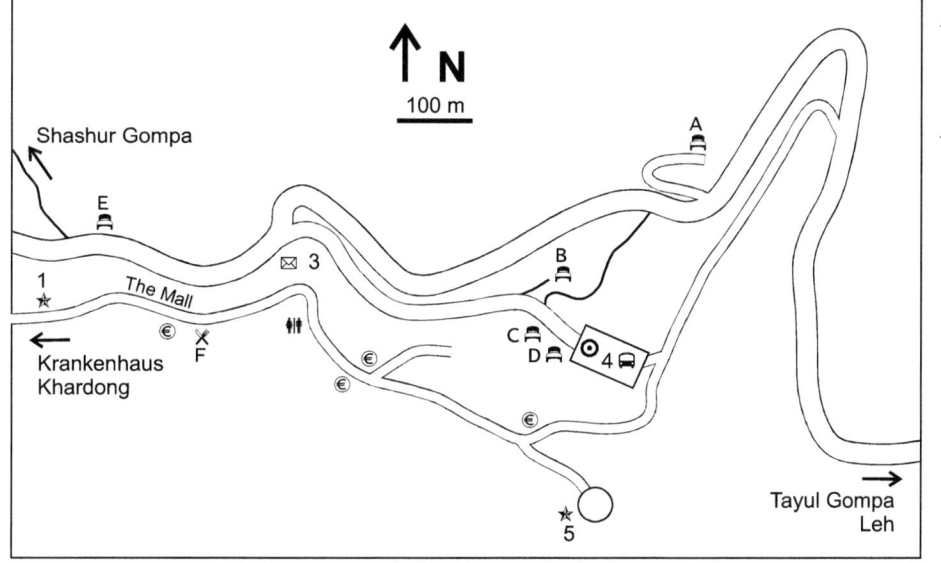

Position
N 32.5708°
O 77.0347°

Höhe
3.100 m

Die Keylong-Leh-Route

Bhaga-Tal   Hinter Keylong bleibt die Route links vom Bhaga-Fluss und passiert mehrere Dörfer. Hervorzuheben sind Jispa und Gemur, die sich durch zahlreiche Ferienanlagen, Hotels und Restaurants auszeichnen.

Darcha   Eine Stunde nach Keylong erreicht der Bus Darcha. Ein kurzer Halt ist hier fast obligatorisch. Etwas oberhalb des Dorfes zweigt ein Fahrweg nach Padum ab. Anschließend verlässt die Straße zeitweilig das Bhaga-Tal und windet sich in weiten Serpentinen hinauf zum Baralacha-Pass (4.900 m). An dieser Stelle wird der Hauptkamm der Himalaja-Kette überquert.

Sarchu   Im sich anschließenden Yunam-Tal folgen mehrere Zelt- und Hüttensiedlungen, die auch zur Übernachtung genutzt werden können. Eine davon liegt in Sarchu.

Ladakh   Kurz darauf ist Ladakh erreicht. Der Lachalung-Pass (5.050 m) ist bereits über fünftausend Meter hoch.

Pang   Nördlich dieses Passes befinden sich in Pang ein Armee-Camp sowie eine größere Ansammlung von Imbissständen. Die Umgebung des Ortes reizt durch sehenswerte Sandsteinformationen.

More-Hochebene   Nach einem steilen Anstieg durchquert man die ausgedehnte More-Hochebene. Ihr spärliches Grün wird von Nomaden zum Weiden ihrer Ziegen und Schafe genutzt. In diesem Gebiet zweigt eine Straße in die an Tibet grenzende Region Changthang ab.

Taglang-Pass   Auf der Hauptstrecke bleibend, erreicht man schließlich den höchsten Pass der Manali-Leh-Route: Der Taglang La (5.325 m) gilt momentan als der zwölfthöchste befahrbare Pass der Welt. Der angeblich höchste, der Khardung La (5.350 m), führt nördlich von Leh ins Nubra-Tal. Wohl kein Touristenbusfahrer lässt es sich nehmen, auf dem Taglang-Pass eine kurze Pause einzulegen. Bereits ein kleiner Spaziergang lässt die ungewöhnliche Höhe spürbar werden.

Indus-Tal   In großen Bögen schwingt sich die Straße vom Pass hinab. Nach einigen kleinen Ortschaften ist in Upshi endlich das Indus-Tal erreicht. Auf der rechten Flussseite nimmt der Bus Kurs auf Leh. Die Besiedlung wird zunehmend dichter. Die Route führt unterhalb des berühmten Klosters von Thikse und der Kristallburg zu Shey entlang. Auf der gegenüberliegenden Indus-Seite wird die schneebedeckte Stok-Kangri-Gruppe sichtbar.

Ankunft in Leh   Kurz vor dem Ziel biegt der Bus in ein breites Seitental ab, um in die dort gelegene Hauptstadt von Ladakh zu gelangen.

Entfernungstabellen für Keylong

Von Keylong nach ...	Darcha	28 km	*Keylong-Leh-Route*
	Sarchu	108 km	
	Pang	183 km	
	Leh	358 km	
Von Keylong nach	Manali (über Rothang-Tunnel)	70 km	*Manali-Keylong-Route*
	Manali (über Rothang-Pass)	116 km	

Die Keylong-Chamba-Route (bis Udaipur)

Der Bus nach Udaipur nimmt bis zur Tandi-Brücke die übliche Route nach Manali. *Tandi-Brücke*
Dort kehrt er um und zweigt in das Tal des Chenab-Flusses ab, der sich aus der Vereinigung von Chandra und Bhaga ergibt.

In Lahaul wird dieser Strom meist Chandrabhaga genannt, und sein Tal heißt Pattan-Tal. *Pattan-Tal*
Die Region ist der am dichtesten besiedelte Teil von Lahaul, da er wärmer und grüner ist als das restliche Land. Überall wachsen Bäume, deren Blätter Futter für die Tiere und deren Stämme Hölzer für die Bauwirtschaft liefern. Die Bauern können eine ertragreiche Landwirtschaft betreiben. Sie bauen Getreide (Weizen, Gerste), Obst (Äpfel, Aprikosen), Gemüse und Kartoffeln sowie allerlei andere Dinge (Hopfen, Amarant, Walnüsse etc.) an.

Im Bereich des Zusammenflusses von Chandra und Bhaga ist das Pattan-Tal verhältnis- *Tandi*
mäßig breit. Insbesondere die rechte Seite, auf der die Hauptstraße verläuft, weist zahlreiche kleine Dörfer im Uferbereich auf. Das erste Dorf ist Tandi, das der wichtigen Brücke unterhalb seinen Namen verleiht. Die Ortsbezeichnung, um die sich verschiedene Legenden ranken, könnte auf den Raja Chand Ram zurückgehen, der hier eine Siedlung unter dem Namen »Chandi« gegründet haben soll.

Mit der Zeit wird die Gegend immer waldreicher. Hin und wieder führt eine Brücke *Triloknath*
hinüber auf die andere Flussseite. Eine davon leitet zum Triloknath Mandir, einem außerordentlich heiligen Tempel. Einige Linienbusse nehmen diesen Abstecher mit, obwohl er insgesamt fast eine Fahrstunde kostet.

Später, ein paar Kilometer vor Udaipur, hat man von der Hauptstraße aus einen schö- *Udaipur*
nen Blick auf diesen Tempel und sieht, wie er oberhalb einer steilen Felswand thront.

Legenden um Tandi

Eine schöne mythologische Erzählung nimmt Bezug auf Lahaul und Tandi: Chandra, die Tochter des Mondes, und Bhaga, der Sohn der Sonne, liebten sich und wollten heiraten. Um zu prüfen, ob die Ehe recht ist, beschlossen sie, auf den Baralacha-Pass zu steigen und in verschiedene Richtungen auseinanderzugehen. Sollten sie wieder zusammenfinden, würden sie heiraten. Diese Hoffnung erfüllte sich dann auch, und beide trafen sich in Tandi wieder. Zumindest geographisch stimmt diese Legende: Die Flüsse Chandra und Bhaga entspringen am Baralacha-Pass und vereinigen sich bei Tandi.

Eine andere Legende gibt Auskunft über die Namensgebung des Ortes. Tandi soll von »Tan Dehi« herrühren, was so viel heißt, wie »den Körper aufgeben«. Manche meinen, dass hiermit der Körper von Draupadi, der Gattin der aus dem hinduistischen Mahabharata-Epos bekannten Pandava-Brüder, gemeint ist. Diese soll hier ausgerutscht und gestorben sein. Andere glauben, dass Vashishta (Rishi aus Vashisht bei Manali) hier verbrannt worden ist. Beide Bezüge weisen auf das hinduistische Kullu-Tal hin, was sich insofern erklären lässt, dass Tandi in der Vergangenheit mehrmals zu Kullu gehörte.

Udaipur

Lage

Landschaftlich liegt Udaipur sehr schön. Die Stadt breitet sich auf einem flachen Talgrund an der rechten Seite des Chenab-Flusses aus, der von stark abschüssigen, bewaldeten Abhängen begrenzt wird.

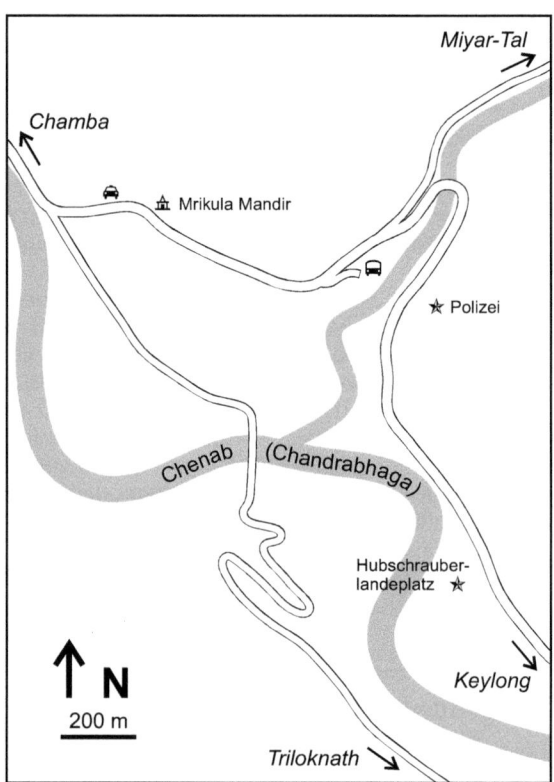

Sowohl von Westen als auch von Osten her blicken schneebedeckte Bergketten hinunter auf den Ort. Nach Norden zweigt das Miyar-Tal ab, das zum Kang-Pass leitet, über den man – entlang einer anspruchsvollen Trekkingroute – Zanskar erreichen kann.

Klima

Im Sommer hat man den Eindruck, dass das Klima in Udaipur ungewöhnlich mild ist. Doch das täuscht. Nicht selten liegt im Winter der Schnee zwei Meter hoch. Dann ist der Ort von der Außenwelt abgeschnitten, so dass die Versorgung über Hubschrauber erfolgen muss.

Geschichte

Die Ursprünge der Siedlung, die einstmals »Markul« hieß, liegen weitgehend im Dunkeln. Man weiß aber, dass der Ort schon sehr alt ist und um 1695 von Raja Udai Singh aus Chamba umbenannt wurde. Der Name des örtlichen Tempels weist heute noch auf die alte Bezeichnung von Udaipur hin.

Bedeutung

Udaipur ist eine verschlafene Provinzstadt, in der der Tempel die einzige Sehenswürdigkeit ist. Es gibt nur wenige Touristen, die sich hierher verirren.

Orientierung

Am Ortseingang (aus Richtung Keylong) trifft man auf Militäranlagen, verschiedene Verwaltungsgebäude und den Busstand. An diesen schließt sich die (mehr oder weniger) einzige Straße durch Udaipur an, die kurz nach dem Tempel (rechts der Straße) am Taxistand vorbeiführt.

*Unterkünfte/
Verpflegung*

Entlang der Hauptstraße findet man diverse Läden sowie einige einfache (teils auch sehr einfache) Hotels. Restaurants im engeren Sinne gibt es gar nicht, lediglich ein paar Dhabas beim Busstand und in Tempelnähe, die allerdings durchaus schmackhaftes Essen (auch nichtvegetarisch) anbieten.

Die Keylong-Chamba-Route (ab Udaipur)

Am Ortsausgang von Udaipur öffnet sich der Blick auf hohe weiße Berge. Wenig später *Udaipur – Killar* kommt man zu einem idyllisch gelegenen Waldgebiet direkt am Ufer des Chenab, das gerne als Picknickplatz genutzt wird. (Wer Lust hat, kann von Udaipur aus auch bequem dorthin spazieren.)

Mit Madgram erreicht der Bus den vorerst letzten größeren Ort. Daran schließt sich *Madgram* eine enge Schlucht an, die von steilen Felswänden begrenzt wird. Auf der anderen Talseite ist ein verführerischer Wanderweg zu erkennen. Der Pfad ist aber leider an einigen Stellen derart zerstört, dass er nicht mehr benutzbar ist.

Erst kurz vor Tindi weitet sich das Tal wieder und macht Platz für ein paar Häuser und *Landschaft* etwas Wirtschaftsfläche. Dieses Prinzip, der Wechsel von engen Tälern und kleinen Siedlungen (sobald der Talgrund etwas breiter wird), setzt sich bis Killar fort. Dabei verläuft die Straße überwiegend in unmittelbarer Nähe des Chenab, aber meist beachtlich über dem Flussniveau.

Das nächste größere Dorf ist Tindi auf der anderen Talseite. Öffentliche Busse machen *Tindi* normalerweise einen Abstecher dorthin. Sie wenden am Dorfende und kehren nach einem kurzen Aufenthalt wieder zurück zur Hauptstraße.

In der Gegend um Shour verbreitert sich das Tal merklich. Das Dorf befindet sich schon *Pangi-Tal* außerhalb von Lahaul. Es gehört zum Distrikt Chamba. Obwohl es noch immer am Chenab liegt, spricht man in dieser Gegend nicht mehr vom Pattan-Tal, sondern vom Pangi-Tal. Es folgen die Dörfer Purthi und Phindru. Beide sind unmittelbar an der Strecke. Dazwischen geht eine Nebenstraße hinauf nach Sach ab, einem der wichtigeren Dörfer in diesem Gebiet.

Ein besonders imposanter Abschnitt folgt nach Phindru: Hier gilt es zunächst, eine *Talenge* besonders eindrucksvolle Schlucht zu nehmen. Im Anschluss verläuft die Straße weit oben am Hang. Man kann tief unten den Chenab erkennen, wie er sich durch eine felsige Engstelle zwängt.

Die Straße bleibt nun erkennbar über dem Talgrund, der sich fortan deutlich weitet, *Killar* und erreicht schon bald Killar.

Killar ist kein richtiges Dorf mehr, aber auch bei weitem keine Stadt. Im Wesentlichen *Unterkünfte/* besteht es aus einer Einkaufsstraße, die hier großspurig »Mall« genannt wird, an der *Verpflegung* sich neben einigen Läden auch ein paar einfache Hotels und Gaststätten befinden.

Kurz vor Beginn der Mall wurde ein kleines Wartehäuschen gebaut, das gleichzeitig als *Weiterreise* Bushaltestelle dient. In der Nähe fahren auch Sammeltaxis nach Gulabgarh (Kaschmir). Dafür ist es am besten, wenn man gleich nach Sonnenaufgang vor Ort ist und sich durchfragt.

Nur wenige Kilometer hinter Killar zweigt von der Hauptstraße der Fahrweg in Richtung *Abzweig* Gulabgarh und Kishtwar ab. Dieser wird recht selten genutzt. Er stellt allerdings auch *nach Kaschmir* eine äußerst interessante Reisemöglichkeit dar, sofern es die Sicherheitslage in Kaschmir zulässt. Ob die momentane Situation aber tatsächlich gefahrlos ist, kann in Killar zuverlässig wohl kaum jemand sagen. Da die Region um Kishtwar in der Vergangenheit schon häufiger nicht unkritisch war, muss man diesbezüglich äußerst vorsichtig sein.

Killar – Chamba	Die Straße nach Chamba windet sich hinab zum Talgrund und überquert dort den Chenab. Gleich im Anschluss biegt sie in ein enges Seitental ab, das zunächst bewaldet ist und schroffe Felswände aufweist, vor allem links vom Nebenfluss.
Sach-Pass *Auffahrt*	Die Piste bleibt bis kurz unter den Sach-Pass rechts des Wasserlaufes. Mit der Zeit verbreitert sich das Tal, ist aber immer noch verhältnismäßig schmal und von rauer Natur. Es dauert gar nicht lange, bis (selbst im Sommer) die ersten Schneefelder neben der Straße auftauchen.
Verpflegung	Im gesamten Nebental existiert lediglich eine saisonale Siedlung, die auch nur aus ein paar Hütten besteht. Hier gibt es die Möglichkeit, etwas Tee zu trinken und einfache Gerichte zu essen.
Passhöhe	Fortan schlängelt sich die Straße weiter hinauf zum Sach-Pass. Aufgrund seiner Höhe wird es merklich kühler.
Aussicht	Jenseits des Passes blickt man auf eine ganz andere, viel sanftere Landschaft: Stark abfallende, wilde Felswände sowie Schnee- und Eisreste weichen grünen, bewaldeten Hängen und harmonisch geformten Bergrücken, die breite Täler einschließen.
Abfahrt	Der Fahrweg verläuft in weiten Bögen, um die ersten Höhenmeter zu verlieren. Dann wechselt er die Talseite und taucht in ein ausgedehntes Waldgebiet ein. Schnell wird die Straße breiter, und die zuvor zeitraubenden Ausweichmanöver bei Gegenverkehr erfolgen nun deutlich schneller. Man erkennt die ersten Siedlungen, sowohl neben der Fahrbahn als auch am gegenüberliegenden Berghang.
Bhairagarh	Die erste »richtige« Ortschaft an der Straße ist Bhairagarh. Hier existieren mehrere einfache Unterkünfte und Verpflegungsmöglichkeiten.
Landschaft	Fortan geht es durch ein Gebiet, wie es typisch ist für die Himalaja-Ausläufer: Unzählige Dörfer, deren Bewohner sich vorwiegend von der Landwirtschaft ernähren, sind relativ dicht gestaffelt und verteilen sich auf die welligen Hügel des Vorhimalajas. Dazwischen gibt es natürlich auch immer wieder enge Seitentäler und schroffe Felspassagen.
Tissa	Ein gutes Stück hinter Tissa, dem ersten Ort, den man schon fast als Stadt bezeichnen kann, wird das Haupttal wieder schmaler und die Gegend verlassener.
Baira	Doch mit einem Schlag weitet sich der Talgrund beträchtlich. Der Baira-Fluss verzweigt sich in mehrere Arme. Bei Kothi verlässt die Hauptstraße diesen Wasserlauf, nimmt ein paar Hügel und erreicht schließlich kurz vor Chamba den Ravi, den mächtigsten Fluss der Umgebung.
Ravi	Dieser Strom muss nun zweimal kurz hintereinander gequert werden. Dann geht es hinauf nach Chamba, der Distriktshauptstadt, die sich in schöner Lage am Hang ein ganzes Stück über dem Talgrund erstreckt.
Chamba	Wenngleich Chamba noch recht entlegen ist, existieren zahlreiche Busverbindungen in alle möglichen Regionen Nordindiens (Delhi, Manali, Shimla, Chandigarh, Dehradun, Haridwar etc.).
Pathankot	Die wichtigste Route führt nach Pathankot (Rajasthan). Die Stadt ist sogar an das Eisenbahnnetz angeschlossen. Darüber hinaus gibt es von dort aus häufige Busverbindungen nach ganz Rajasthan (z.B. Amritsar, Jalandhar, Ludhiana) sowie Delhi und in die umliegenden Bundesstaaten.

Guru Ghantal Gompa

Der Ausflug zum Guru-Ghantal-Kloster lohnt sich vor allem wegen der damit verbun- *Lage* denen Wanderung und seiner Lage weit über dem Zusammenfluss von Chandra und Bhaga.

Die Tour beginnt an der Tankstelle von Indian Oil unweit der Tandi-Brücke. Die dort *Tupchilling* von der Hauptstraße abzweigende Jeeppiste führt nach ungefähr einem Kilometer am *Gompa* Tupchilling-Kloster rechts vorbei.

Dieses fällt durch seine grauen Außenmauern aus Natursteinen etwas aus dem übli- *Architektur* chen Rahmen. Ungewöhnlich ist auch das Innere des Hauptgebäudes: Es verfügt seitlich über ein zweites begehbares Stockwerk. Dies erinnert ein wenig an Kirchenbauten im europäischen Kulturkreis. Vermutlich aber wollten die Bauherren mit dieser baulichen Besonderheit das nahe Guru-Ghantal-Kloster nachahmen.

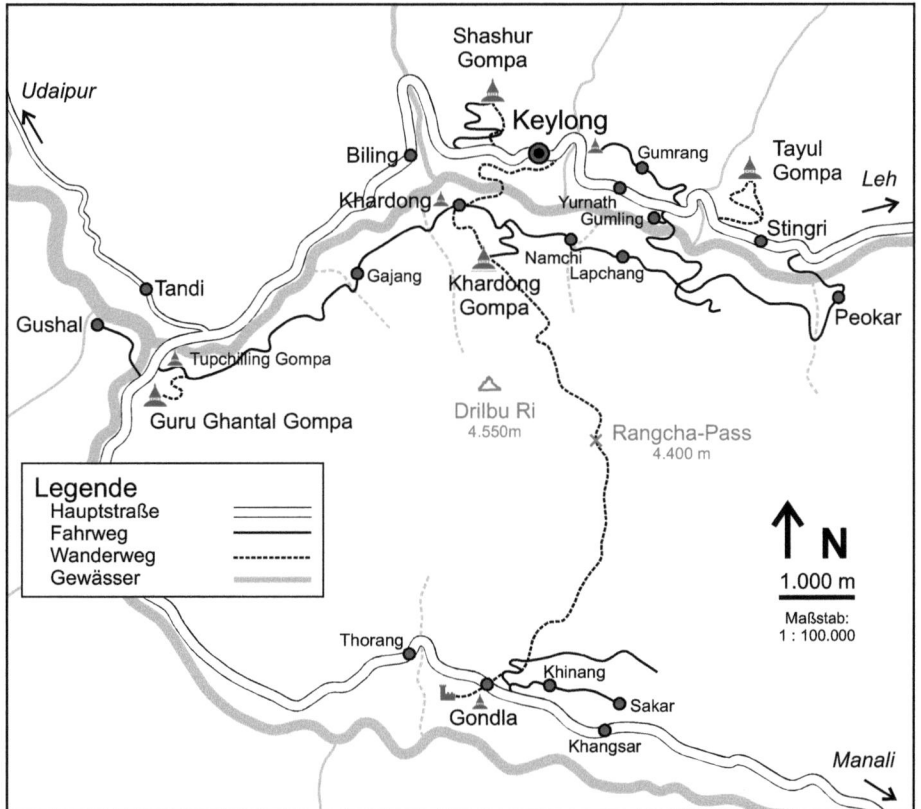

Innen-ausstattung	Gegenüber dem Eingang sitzt zentral ein goldfarbener Buddha auf einem zwei Meter hohen Thron. Er ist rechts und links von kleineren Figuren umgeben, die in jeweils einer Vitrine untergebracht sind. Ansonsten wirkt der Raum relativ schlicht, was nicht zuletzt an den kahlen, weißen Wänden liegt.
Wanderung zum Guru Ghantal Gompa	Nachdem die Straße das Tupchilling Gompa passiert hat, erreicht sie das erste Seitental mit einer durch Gebetsfahnen geschmückten Höhle oberhalb der Piste. Noch vor dieser Stelle zweigt ein Gehweg rechts von der Fahrbahn ab. Die Wegführung ist bis zum Kloster eindeutig, obwohl der Pfad zwischendurch ein Stück lang steil und staubig ist. Je weiter man sich nach oben arbeitet, umso eindrucksvoller wirkt die Landschaft.
Aussicht	Am Kloster ist die Aussicht dann wirklich grandios: Man blickt direkt auf den Chenab, der geradewegs auf schneebedeckte Berge in der Ferne zufließt. Im Talgrund liegen rechts Tandi und auf der anderen Flussseite Gushal, das durch seine ausgedehnten Feldanlagen imponiert. Linker Hand ist das Chandra-Tal zu erahnen, und rechts erkennt man den Bhaga auf seinem Weg zum Zusammenfluss.
Guru Ghantal Gompa	Eine Klosterbesichtigung der Innenräume scheitert meist daran, dass man vor verschlossenen Türen steht.
Architektur	Wer das seltene Glück hat, einen Blick in den Tempel werfen zu können, erkennt einen teilweise zweistöckigen Bau. Zu ebener Erde befinden sich der Altar und einige Kultgegenstände.
Innen-ausstattung	An allen vier Seiten existiert ein zweites Geschoss, das von schmuckvollen Säulen getragen wird. Diese setzen sich dann in der oberen Etage ohne Versatz fort.
	Früher haben sich im Kloster noch weitere Idole befunden, die man zur Sicherheit mittlerweile ins Tupchilling Gompa überführt hat.
Bedeutung	Seine herausragende Bedeutung bezieht das Kloster aus seiner Historie. Es wurde nämlich bereits im achten Jahrhundert gegründet, angeblich von Padmasambhava. Damit ist es eines der ältesten Klöster – viele meinen sogar das älteste Kloster – in Lahaul. Über Jahrhunderte hinweg war es sowohl für Hindus als auch für Buddhisten ein heiliger Ort.
Legende	Einer Legende zufolge hauste in der Gegend einst der schlimme Dämon Tsedak. Dieser verwüstete zahlreiche Häuser und Felder. Als er endlich gefangen werden konnte, wurde er getötet, sein Gesicht hier in einen luftleeren Raum gesperrt und dieser anschließend versiegelt.
Wanderung nach Keylong	Nach dem Klosterbesuch geht es auf gleichem Weg wieder hinab zur Straße. Man folgt dieser talaufwärts. Bis hin nach Keylong bieten sich nun häufig schöne Bergpanoramen als Fotomotive an. Nach einiger Zeit erreicht man das Dorf Gajang und wenig später Khardong. Am Ende von Khardong, kurz vor den letzten Häusern, leitet ein Fußweg nach links hinunter zum Bhaga-Fluss, überquert diesen und führt hinauf nach Keylong.

Zeitplanung   Für die gesamte Tour südlich des Bhaga muss man mindestens 4 Stunden einplanen:

Manali-Leh-Straße – Tupchilling Gompa:	¼ Std.	1,1 km	
Tupchilling – Guru Ghantal Gompa (Abzweig):	¼ Std.	+ 0,8 km =	1,9 km
Abstecher zum Guru Ghantal Gompa:	1 Std.	+ 1,8 km =	3,7 km
Guru Ghantal Gompa (Abzweig) – Khardong:	1½ Std.	+ 5,1 km =	8,8 km
Khardong – Keylong (Busstand):	1 Std.	+ 2,8 km =	11,6 km

Khardong Gompa

Am gegenüberliegenden Hang von Keylong sieht man das gelbe Dach des Khardong *Lage* Gompa leuchten. Der unansehnliche Betonbau unterhalb ist für das Kloster eine Art Terrasse, die einerseits den Klosterhof ersetzt und andererseits einen wunderschönen Ausblick auf Keylong sowie das höher liegende Shashur Gompa ermöglicht.

Der Weg auf die andere Flussseite beginnt am Krankenhaus, etwas unter der Marktstra- *Wanderung* ße in Keylong. Durch Feldanlagen und vorbei an uralten Weiden geht es hinab zu einer *zum Khardong* Fußgängerbrücke. Der Bhaga ist hier nur wenige Meter breit und zwängt sich stark *Gompa* aufbrausend durch eng stehende Felswände. Jenseits schlängelt sich der Pfad den steilen Hang hinauf.

Unmittelbar am Ortsrand des kleinen Dörfchens Khardong erreicht er eine Jeepstraße. *Khardong* Der ausgesprochen schön gelegene Ort mit seiner alten, aber gut erhaltenen Bausubstanz war die erste Hauptstadt von Lahaul. Die Ortschaft ist insofern günstig gelegen, weil sie praktisch ganztägig von der Sonne beschienen wird. So verwundert es kaum, dass im Dorf auch ertragreiche Obstbäume gedeihen.

Ungefähr in der Mitte von Khardong findet man rechts des Weges das unscheinbare örtliche Kloster, das Jabjes Gompa.

Der Weg zum Khardong Gompa zweigt aber schon ein Stück vorher, an einem ungefähr *Aufstieg* drei Meter hohen Chörten nach links von der Straße ab. Schnell erreicht man die *zum Kloster* Feldanlagen und biegt dort an der ersten Gabelung rechts ab. Nun leitet ein unverfehlbarer Pfad direkt hinauf zum Kloster. Unterwegs hat man immer wieder schöne Rückblicke auf das Dorf Khardong sowie ein Höhlenkloster, das am Gegenhang links der Ortschaft zu sehen ist.

Vom Busstand in Keylong bis zum Kloster benötigt man insgesamt ungefähr 1½ Stun- *Zeitplanung* den:

Busstand – Bhaga-Brücke:	½ Std.	1,8 km		
Bhaga-Brücke – Khardong:	½ Std.	+ 1,0 km	=	2,8 km
Khardong – Khardong Gompa:	½ Std.	+ 0,7 km	=	3,5 km

Das 900 Jahre alte Kloster zählt zum Drukpa-Orden. Da es im Laufe der Zeit immer *Khardong* mehr verfiel, wurde es 1912 gänzlich renoviert. Ihm gehören lediglich eine Handvoll *Gompa* Mönche und etwa ebenso viele Nonnen an.

Die Fresken im Inneren wurden teilweise erst kürzlich erneuert. Gegenüber dem *Innen-* Eingang des ungefähr quadratischen Tempels sitzt zentral auf dem Altar ein goldener *ausstattung* Buddha. Links und rechts davon sind Vitrinen mit weiteren, kleineren Statuen und darüber Bücherregale positioniert.

In einem gesonderten Haus rechts des Hauptgebäudes kann man eine riesige Gebets- *Gebetsmühle* mühle erkennen, die angeblich eine Million Papierstreifen mit Gebeten enthält.

Oberhalb des Tempels gruppieren sich mehrere Wohnhäuser. Dort endet auch eine *Rückweg* Fahrstraße, die man für den Rückweg nutzen kann. Sie bietet außergewöhnlich gute *nach Keylong* Blicke auf Keylong, ist allerdings annähernd drei Kilometer länger als der Fußweg. Man läuft auf dieser Route fast zwei Stunden bis zurück nach Keylong.

Shashur Gompa

Lage

Das Shashur Gompa liegt ca. 350 Höhenmeter über Keylong und ist mit der Stadt durch eine Nebenstraße verbunden.

Wanderung zum Shashur Gompa

Doch wer sich einen Nachmittag Zeit nimmt, kann auch bequem zum Kloster laufen. Nutzt man für den Aufstieg die praktisch unbefahrene Straße (nur anfangs asphaltiert), so sind kaum ernsthafte Steigungen zu bewältigen. Sie führt in derart weiten Bögen hinauf zum Kloster, dass selbst Unakklimatisierte gut zurechtkommen.
Vom Busbahnhof in Keylong geht man zunächst zur Manali-Leh-Straße und folgt ihr in Richtung Manali. An der Post vorbei hat man schnell den alten Busstand erreicht (beim Himalayan Greenland Restaurant & Guest House). Wenig später erkennt man am Straßenrand den Kilometerstein »115«. Kurz danach zweigt nach rechts ein Fahrweg zum Shashur-Kloster ab. Im Anfangsbereich existieren mehrere Abkürzungen, die die weitläufigen Umwege der Straße abschneiden. Doch Vorsicht, nicht alle Pfade führen zum Ziel. Ungefähr 1½ Stunden nach dem Abzweig von der Manali-Leh-Straße hat man das Gompa erreicht.

Am Ende der Straße betritt man das Kloster über eine unscheinbare Türe. Durch einen *Shashur Gompa* Gang und vorbei an zahlreichen kleinen Gebetsmühlen umrundet man den unteren Tempel zur Hälfte und steht dann im Klosterhof.

Im Gompa existieren drei Gebetsräume, die direkt übereinander angeordnet sind: *Gebetsräume* Den unteren (Deva Gyatso Lhakhang) erreicht man vom Hof aus, die anderen beiden (Kanjur Lhakhang in der ersten Etage, darüber den Demchog Lhakhang) über Gänge innerhalb des Gebäudes, das auch Wohn- und Nutzräume für die Mönche und Nonnen enthält.

In der hinteren linken Ecke des Klosterhofes befindet sich ein abgetrennter Raum, in *Raum der* dem zahlreiche Butterlampen »ewig« brennen. Davor steht eine geschätzt zwei Meter *Butterlampen* hohe bronzefarbene Gebetsmühle.

Über dem Hof gibt es einen Gang, der beidseitig durch ein Geländer gesichert ist, *Aussicht* welcher hervorragende Ausblicke in das Umland bietet.

Von dort aus kann man auch die farbenfrohen Verzierungen an der zweistöckigen *Holzveranda* Holzveranda gut erkennen, die die beiden oberen Gebetsräume verbindet.

Direkt unterhalb davon befindet sich der Eingang zum Deva Gyatso Lhakhang. Der *Deva Gyatso* Raum wird durch zwei mal drei Säulen gestützt und enthält religiöse Wandbilder. *Lhakhang* Diese sind jedoch nicht wie in vielen anderen Klöstern auf den Putz gemalt, sondern auf Tapeten, die an den Außenwänden befestigt sind. Die komplette Altarseite ist verglast, um die dahinter aufgestellten Statuen zu schützen.

Die anderen Tempel sind ähnlich ausgestaltet, wirken aber durch die zusätzlich einge- *Weitere* bauten Fenster freundlicher. *Tempel*

Beim Verlassen des Klosters wird deutlich, dass sich in seiner Umgebung zahlreiche *Geschichte* Blaupinien befinden. Daher hat das Gompa auch seinen Namen bekommen (Shashur: inmitten von Blaupinien). Es wurde im 17. Jahrhundert von Deva Gyatso, einem Lama aus Zanskar, als Rotmützen-Kloster gegründet. Diesen hat angeblich der bhutanische König Ngawang Namgyal als Missionar hierher geschickt.

Eine Legende berichtet, dass der Gründer bis zu seinem Tode im Kloster verweilte. Das *Legende* Herz von Deva Gyatso wurde dann nicht (wie üblich) mit eingeäschert, sondern in eine schwarze Statue integriert, die ihn selbst darstellt.

Für den Rückweg kann man eine Abkürzung laufen: Sie beginnt an vier nebeneinan- *Rückweg* derstehenden weißen Chörten unweit des Klosters. Diese sind vom Gang oberhalb des *nach Keylong* Klosterhofes aus gut zu sehen, wenn man talaufwärts blickt.

Der hinabführende Pfad ist zum Teil sehr steil, dafür aber gut ausgebaut, streckenweise sogar asphaltiert. Er kreuzt mehrfach die Straße und wird manchmal von Bäumen beschattet.

Bereits nach einer knappen halben Stunde hat man die Manali-Leh-Straße direkt neben dem Himalayan Greenland Restaurant & Guest House am alten Busstand erreicht.

Die Wanderung dauert ca. 2½ Stunden (ohne Abkürzungen beim Aufstieg): *Zeitplanung*

Keylong (Busstand) – Keylong (»km 115«):	¼ Std.	1,1 km			
Keylong (»km 115«) – Shashur Gompa (Fahrweg):	1½ Std.	+ 5,5 km	=	6,6 km	
Shashur Gompa – Manali-Leh-Straße (Fußweg):	½ Std.	+ 1,4 km	=	8,0 km	
Manali-Leh-Straße – Keylong (Busstand):	¼ Std.	+ 0,7 km	=	8,7 km	

Tayul Gompa

Gründung
Das Tayul Gompa wurde am Anfang des 17. Jahrhunderts von dem aus Tibet stammen-den Serzang Rinchen gegründet. Der Name des Klosters stammt aus dem Tibetischen und bedeutet »ausgewählter Platz«.

Gebetsmühle
Angeblich soll es hier eine Gebetsmühle gegeben haben, die sich bis 1986 von selbst gedreht hat.

Lage
Das Rotmützen-Kloster befindet sich oberhalb des Dorfes Stingri, etwas nördlich von Keylong. Trotz der Nähe zur Hauptstadt ist es bis heute nicht ans Straßennetz ange-schlossen. Diesem Umstand ist es geschuldet, dass sich zu diesem Kloster nur sehr wenige Touristen verirren.

Wanderung zum Tayul Gompa
Man hat natürlich die Möglichkeit, bis nach Stingri zu fahren und dort die außerordent-lich reizvolle Wanderung zu beginnen. Allerdings ist die Manali-Leh-Straße in diesem Bereich so verkehrsarm, dass man sie problemlos auch als Gehweg nutzen kann:
Man verlässt Keylong in Richtung Leh. Nach rund drei Kilometern, hinter dem Dorf Yurnath und kurz nach dem Kilometerstein »119«, überquert die Straße einen wasser-reichen Nebenfluss. Wenig später tauchen die ersten Häuser von Stingri rechts der Fahrbahn auf. Hier zweigt links ein klarer Weg von der Straße ab. Dieser führt direkt an einem (auch von der Straße aus sichtbaren) weißen Chörten den Hang hinauf. Nach einer Viertelstunde erreicht der Pfad eine Siedlung mit vereinzelten Häusern und ausgedehnten Nutzflächen, die teilweise von einer Mauer umgeben sind. Zunächst geht es an der unteren Begrenzungsmauer entlang und später am rechten Rand nach oben.
An einem betonierten Wassersammelbecken ergeben sich zwei Optionen:
Der übliche Weg führt am Becken weiter bergan und knickt kurz darauf nach links in Richtung Kloster ab. Hier gilt es aufzupassen, da sich der breitere (falsche) Weg zu weit rechts hält. Hat man diese Stelle gemeistert, ist die Route eindeutig und leitet direkt zum (in Gehrichtung) rechten unteren Ende der Anlage, die aus dem Kloster selbst und einigen Steinhütten für die Mönche besteht.
Wer es etwas uriger mag, folgt dem Wasserkanal nach links. Der Pfad bleibt für 5-10 Minuten ungefähr auf gleicher Höhe. Schließlich passieren Kanal und Weg einen Bergrücken und machen dabei einen scharfen Rechtsknick. Gleich im Anschluss nimmt der Pfad Kurs in Richtung Kloster und führt in engen Serpentinen den steilen Hang hinauf. In diesem Bereich muss man achtgeben, den schlecht erkennbaren Weg nicht zu verlieren. Letztlich erreicht man den Klosterkomplex an seinem linken unte-ren Ende, in unmittelbarer Nähe des wichtigsten Tempels.

Hauptgebäude
Dieses Hauptgebäude ist – im Gegensatz zu den meisten anderen Häusern hier oben – relativ neu, keinesfalls aus dem 17. Jahrhundert. Sein Grundriss misst innen ungefähr zwölf mal zwölf Meter.

Innen-ausstattung
Durch die Fensterfronten und den weißen Marmorboden wirkt der Raum hell, und die farbenfrohen Wandgemälde kommen dadurch gut zur Geltung. Gegenüber dem Eingang ist Padmasambhava die zentrale Gestalt der Figurengruppe, die links und rechts von Bücherregalen flankiert wird.

Nach knapp 30 Minuten Abstieg (kürzester Weg) hat man die Manali-Leh-Straße wieder   *Rückweg*
erreicht und geht diese zurück nach Keylong (¾ Std.).   *nach Keylong*

Für den gesamten Ausflug muss man (mit einer kurzen Besichtigung) rund 3 Stunden   *Zeitplanung*
rechnen:

Keylong (Busstand) – Stingri:	1 Std.	3,7 km		
Stingri – Tayul Gompa:	¾ Std.	+ 1,5 km	=	5,2 km
Tayul Gompa – Stingri:	½ Std.	+ 1,3 km	=	6,5 km
Stingri – Keylong (Busstand):	¾ Std.	+ 3,7 km	=	10,2 km

Reiseinformationen zu Spiti

Allgemeines

Das Spiti-Tal ist nach wie vor eine sehr entlegene Himalaja-Region, in die derzeit lediglich zwei Straßen führen. Eine dritte, über den Baba-Pass von Kinnaur ins Pin-Tal und weiter nach Kaza, ist geplant.

Anreise über Shimla

Die Straße von Shimla, vorbei an Reckong Peo, Puh und Nako (alle Orte im Distrikt Kinnaur) nach Tabo und Kaza, ist theoretisch ganzjährig geöffnet, praktisch vor allem während der Monsunzeit, aber häufig aufgrund von Erdrutschen nicht befahrbar. Zudem benötigen Touristen ein Innerline Permit, das in Reckong Peo beantragt werden muss und dort einen Zwischenstopp erfordert.

Abreise über Shimla

Aus praktischen Gründen empfiehlt es sich (wenn überhaupt) eher, diese Route (derzeit planmäßig täglich ein Bus) für die Rückreise zu nutzen. Von Kaza nach Shimla braucht man zwei Tage (mit Übernachtung in Reckong Peo).

Anreise über Manali

Ohne umständliche Formalitäten kann man von Manali aus über Lahaul und den Kunzum-Pass anreisen (9-11 Std.). Diese Strecke (zurzeit planmäßig eine Busverbindung zwischen Kullu über Manali nach Kaza) hat allerdings den Nachteil, dass sie nur von Juli bis Oktober befahrbar ist (was für die meisten Touristen ausreicht). Auch hier fallen jedoch die Busse öfter wegen witterungsbedingter Straßensperrungen aus. Sollte dieser Fall eintreten, kann man versuchen, mit Allradfahrzeugen voranzukommen, notfalls auch Abschnitt für Abschnitt. Man muss also einplanen, kurze Bereiche zwischendurch zu Fuß zurückzulegen.

Die Manali-Kaza-Route

Die traditionelle Route von Manali nach Kaza führt über den Rohtang-Pass. Da der Pass *Rohtang-Pass*
aber nur eingeschränkt befahrbar ist, wurde der Atal-Tunnel erbaut. Er ermöglicht eine *Atal-Tunnel*
sichere Umgehung und ist inzwischen die übliche Verbindung aus dem Kullu-Tal nach
Lahaul und Spiti.
So startet der aus der Distriktshauptstadt Kullu kommende öffentliche Kaza-Bus am *Manali*
ISBT in Manali zunächst in Richtung Keylong.
Erst hinter dem Tunnel, unmittelbar nach der Überquerung des Chandra-Flusses, trennt *Chandra-Fluss*
sich die Kaza-Route von der nach Keylong.
Nach lediglich acht Kilometern ist mit Khoksar das erste Dorf in Lahaul erreicht. Der *Khoksar*
schön gelegene Ort, der über ein kleines Kloster auf der rechten Talseite verfügt, wird
meist für eine ausgedehnte Pause genutzt (zahlreiche einfache Gaststätten vorhanden),
da hier die Pässe ausländischer Touristen kontrolliert werden.
Anschließend geht es leicht bergan zu einer Straßengabelung mit ein paar Steinhütten. *Gramphu*
Hier, in Gramphu, leitet der rechte Abzweig hinauf zum Rohtang-Pass.
Die Piste nach Kaza (zuletzt in erbärmlichem Zustand) hingegen nimmt Kurs auf eine
vergletscherte Bergkette am Horizont.

Das Chandra-Tal, dem man bis nach Batal folgt, ist in dieser Gegend so eng, dass selbst *Chandra-Tal*
die Fahrbahn auf dem Talgrund keinen Platz mehr findet.
Unmittelbar vor Chatru, der ersten kleinen Siedlung nach der Gabelung, wechselt die *Chatru*
Straße die Flussseite. Es besteht die Möglichkeit, sich an einem der Dhabas von den
Strapazen der Fahrt etwas zu erholen. Nun wird das Tal tendenziell ein bisschen
breiter, dafür aber noch kahler. Im Folgenden passiert man ausgedehnte Geröllfelder.
Nur ab und zu existieren kleine Grünflächen, die vereinzelt Hirten oder Wanderer auch
als Lagerplatz nutzen.
Während Chota Dhara nur aus einigen Hütten rechts der Straße ohne Verpflegungsmög- *Batal*
lichkeit besteht, trifft man in Batal, am Fuße des Kunzum-Passes, auf mehrere Dhabas,
die sogar einfache Übernachtungen anbieten.
Kurz nach der Flussquerung in Batal zweigt eine Nebenstraße ab. Sie folgt weiter dem *Chandra-See*
Chandra-Fluss zu einem kleinen See (Chandra Tal). Von dort aus kann man innerhalb
von drei Tagen zum Baralacha-Pass (Manali-Leh-Straße) trekken.

Kunzum-Pass	Der Bus nach Kaza quält sich in weitläufigen Serpentinen hinauf zum Kunzum La, der normalerweise zwischen Juli und Oktober befahrbar ist. Hierfür gibt es zwei Routen, wobei inzwischen meist die rechte der beiden genutzt wird.
Gyephang-Tempel	Links des höchsten Punktes auf dem Weg nach Kaza wurde ein kleiner Tempel errichtet, der schon von weitem an den zahlreichen Gebetsfahnen zu erkennen ist. Eigentlich hält dort fast jeder Einheimische an, um Gyephang, dem Schutzgott von Lahaul, seine Ehre zu erweisen. Es ist üblich, das Heiligtum zu umrunden und ein Geldstück am Schrein zu lassen.
Aussicht	Touristen kommt diese Prozedur gerade recht, da sie die Pause nutzen können, um die schönen Ausblicke zu genießen, beispielsweise auf den nahen Bara-Shigri-Gletscher.
Bedeutung	Der Pass stellt sowohl die Grenze zwischen Lahaul und Spiti als auch die Wasserscheide zwischen dem Chandra- und dem Spiti-Fluss dar. Während der Chandra später in den Indus fließt und in Pakistan (westlich von Indien) ins Meer mündet, nimmt der Spiti Kurs auf Tibet und erreicht den Ozean in Bangladesch, östlich von Indien.

Spiti-Tal	Die Passabfahrt erfolgt ziemlich direkt, mit nur wenigen ausladenden Kurven. Schon bald wird ein kleiner, aus dem Bergmassiv rechter Hand herkommender Nebenfluss gequert. Danach ist auf seiner linken Seite ein Wanderweg gut erkennbar, der vom Pass in Richtung Spiti-Tal leitet. Etwas weiter unten tangiert man zunächst ein leicht grünes Seitental mit vereinzelten ebenen Weideflächen. Das Haupttal hingegen, das von mehreren Flussarmen durchzogen wird, ist sehr steinig.
Losar	Diesem folgt die Straße auf der rechten Seite bis nach Losar, dem ersten Dorf im Spiti-Tal. In seiner Umgebung wachsen sowohl Pappeln und Weiden als auch kultivierte Apfelbäume. Hier werden die Pässe der ausländischen Touristen kontrolliert. Es gibt Hotels und Gasthäuser sowie am Morgen eine zusätzliche Busverbindung nach Kaza.
Kiato	Gleich hinter Losar wird der Spiti-Fluss zum ersten Mal überquert, ein Stück nach dem idyllischen Kiato, in der Umgebung sehenswerter Sandsteingebilde, ein zweites Mal.

Landschaft Fortan prägen enge Schluchten, imposante Sandsteintürme in Flussnähe, steile Uferböschungen und vereinzelte grüne Oasen das Bild der Landschaft. Die wenigen Dörfer, die man jetzt passiert, liegen zumeist auf ebenen Flächen, deutlich über dem Spiti.

Morang In dieser Gegend macht die Straße einen weiten Bogen in ein Seitental, um dort einen mächtigen Nebenfluss zu überqueren, und nimmt anschließend Kurs auf Morang mit seinen Klostergebäuden direkt an der Straße.

Ki Gompa Schon bald rückt auf der anderen Flussseite der an den Hang gekleckste Klosterkomplex von Ki ins Blickfeld.

Ankunft in Kaza Kurz nach Rangrik wechselt man auf die linke Spiti-Seite und erreicht binnen weniger Minuten Kaza, die »Hauptstadt« von Spiti.

Kaza

Kaza (etwa tausend Einwohner) erstreckt sich auf einer relativ großen und verhältnis- *Lage*
mäßig wenig abschüssigen Flussaue. Es ist umgeben von weit aufragenden Bergspitzen
und zerklüfteten Gebirgsketten.

Ein Bach trennt den neuen Stadtteil mit zahlreichen Verwaltungsgebäuden, dem Sakya *Orientierung*
Gompa, der Tankstelle und der Post vom alten Kaza, in dem sich der Busstand, die
meisten Hotels und Gaststätten sowie die Marktstraßen befinden.

Obwohl Kaza schon seit Jahren der einzige Ort in Spiti ist, der über ein nennenswertes *Infra-*
Touristenaufkommen verfügt, haben die Verantwortlichen selbst einfachste Infrastruk- *struktur*
turmaßnahmen bisher noch nicht erfolgreich eingeleitet. So ist es normal, dass es auch
in den Hotels nur stundenweise fließendes Wasser gibt oder dass abends regelmäßig
das Stromnetz zusammenbricht. Tagsüber ist die Versorgung mit Elektrizität sowieso
Glückssache.

Es gibt aber auch Positives zu vermelden: Die Anzahl der Hotels ist ausreichend, so *Unterkünfte/*
dass diesbezüglich im Regelfall keinerlei Engpass besteht. Nahezu alle Unterkünfte *Verpflegung*
verfügen in ihren Sanitärzellen über einen Warmwasserboiler. Zudem existieren
mehrere Gaststätten, die eine recht gute Auswahl sowohl an vegetarischer als auch
nicht vegetarischer Kost servieren.

Das Sakya Gompa, direkt an der Hauptstraße gelegen, ist das mit Abstand wichtigste *Sakya Gompa*
Kloster in Kaza und Umgebung. Es wurde erst 2009 in seiner jetzigen Form fertiggestellt. Wie sein Name nahelegt, gehören die Mönche zum Sakyapa-Orden.

Für Besucher gibt es lediglich einen heiligen Raum zu sehen, der mit hellen Farben *Besichtigung*
modern gestaltet und mit Parkettfußboden ausgelegt ist. Durch die Fensterfronten links
und rechts sowie neben dem Eingang fällt genügend Licht in den Raum, so dass kein
Oberlicht notwendig ist und somit ein Messingkronleuchter an der Decke Platz findet.

Gegenüber dem Eingang erkennt man den Altar mit einem goldfarbenen Buddha *Altar*
Maitreya als zentrale Figur. Die kleineren Statuen links und rechts stellen Sakya
Pandita, einen der fünf Ordensgründer, dar.

Eine etwas ungewöhnliche »Sehenswürdigkeit« findet man gleich unterhalb des *Tankstelle*
Klosters, nämlich die Tankstelle von Indian Oil. Sie hat angeblich die höchstgelegenen
öffentlichen Zapfsäulen weltweit.

Nicht weit davon entfernt liegen zahlreiche Verwaltungsgebäude. In einem kann man *Innerline Pemit*
ein Innerline Permit beantragen, welches beispielsweise für die Fahrt nach Reckong Peo
oder für den Trek zum Tso Moriri erforderlich ist.

Zuletzt war die Genehmigung 14 Tage lang gültig, und man benötigte für die Beantra-
gung, neben einer ganzen Menge Zeit, ein Passbild und eine Fotokopie des Reisepasses.
Beides kann man in Kaza anfertigen lassen. Über das aktuelle Prozedere sollte man sich
aber am besten noch einmal vor Ort informieren.

Kaza
Spiti

Legende

Unterkünfte/Verpflegung
- A Spiti
- B Kesang Homestay
- C Zangchuk
- D Le Karze
- E Raangyul Café
- F Poonam Dhaba
- G Café Zomsa
- H German Bakery
- J Spiti Bakery
- K The Himalayan Café
- L Café Pita
- M Mandala

Sehenswürdigkeit
- ▲ 1 Sakya Gompa

Trekkingagentur
- 2 Ecosphere

Sonstiges
- 3 Health Centre
- 4 Innerline Permits (ADC Office)
- 5 Copy Shop
- 6 Indian Oil
- ⊠ 7 Post

- ★ 8 Passfotos, Kopien
- ★ 9 Minimarket
- ★ 10 Markt
- 🚌 11 Busstand
- 🚗 12 Taxistand

Hinweis: Es existieren einzelne Geldautomaten.

Position
N 32.2235°
O 78.0740°

Höhe
3.650 m

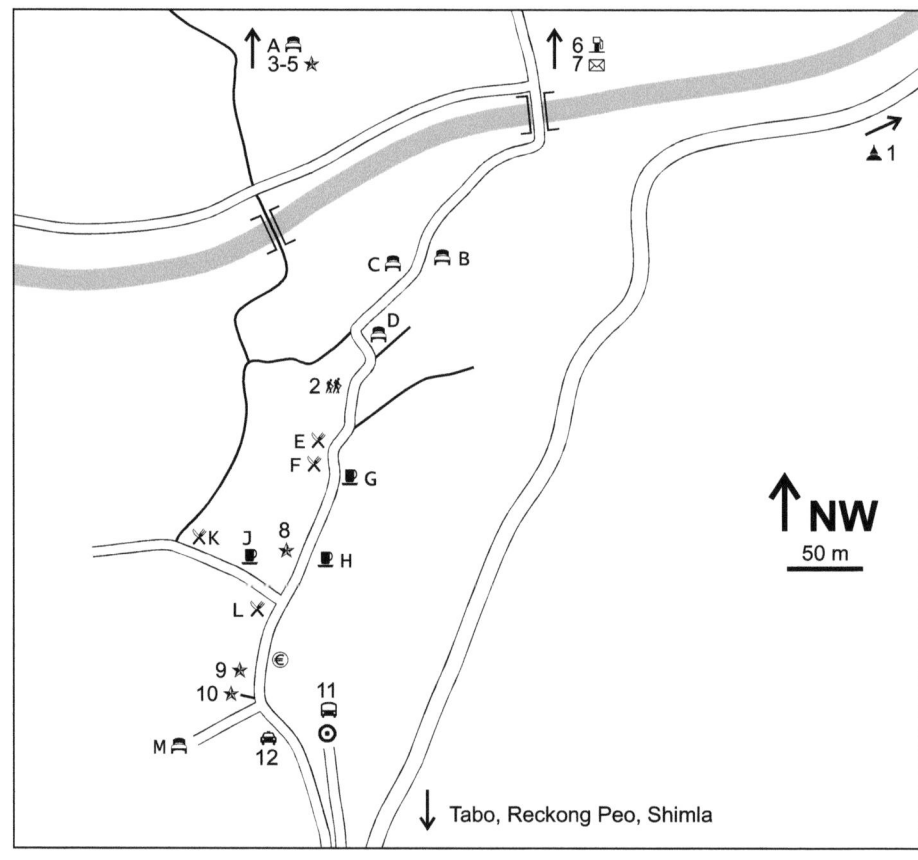

↓ Tabo, Reckong Peo, Shimla

↑ NW
50 m

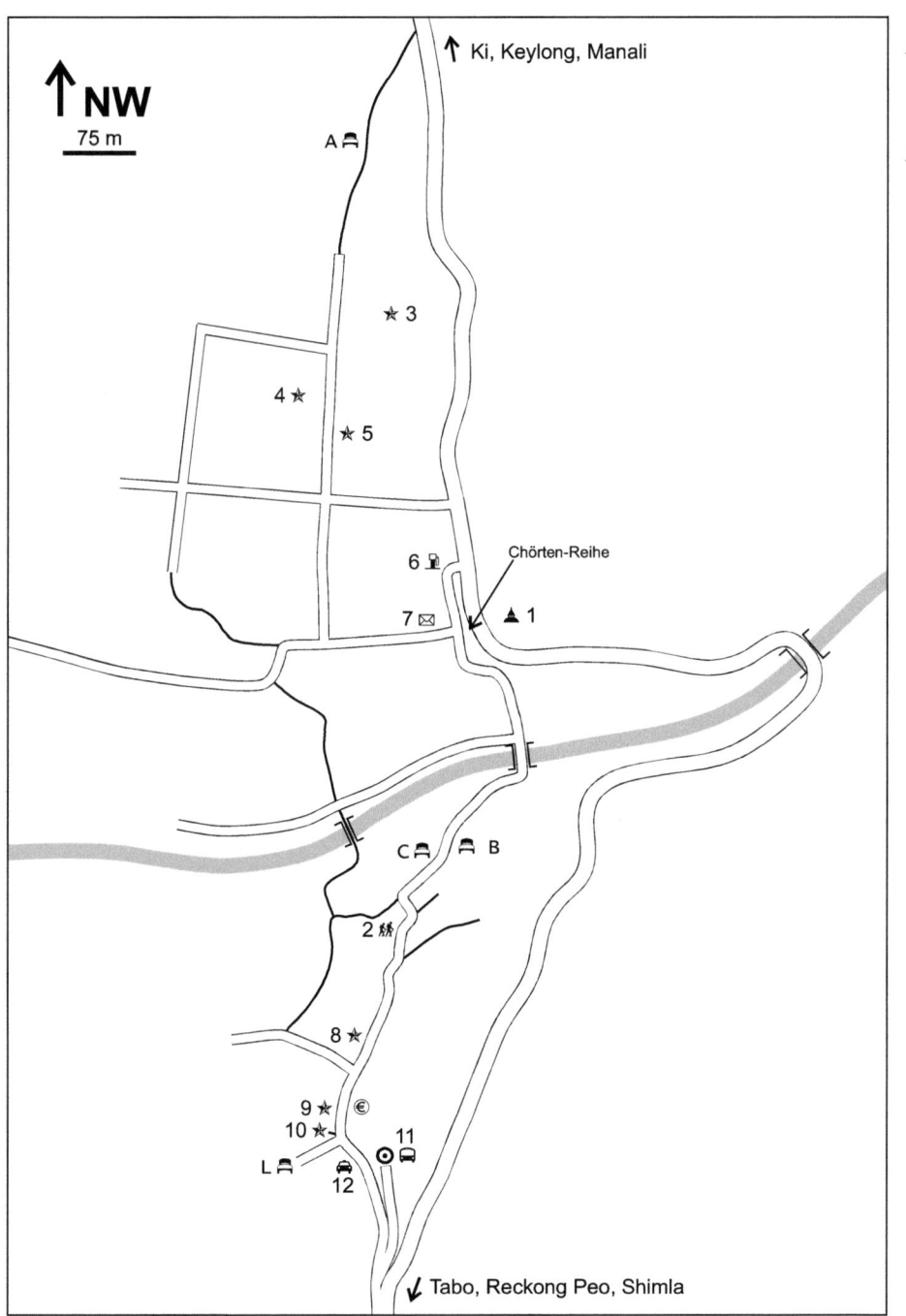

↑ **NW**
75 m

↑ Ki, Keylong, Manali

A 🛏

★ 3

4 ★

★ 5

6 🏛 Chörten-Reihe

7 ✉ ▲ 1

C 🛏 🛏 B

2 🚶

8 ★

9 ★ €

10 ★

11 🚌

L 🛏 🚗

12 ⊙

↓ Tabo, Reckong Peo, Shimla

Position
  N 32.2235°
  O 78.0740°

Höhe
  3.650 m

Die Kaza-Shimla-Route

Abzweig ins Pin-Tal — Das Spiti-Tal ist in der Gegend von Kaza sehr breit. Doch schon bei Lara, einem von mehreren Dörfern, die man in diesem Abschnitt passiert, verengt sich der Talgrund merklich. Bald taucht eine Brücke über den Hauptfluss auf; nebenan stehen ein paar fast schon verfallene Hütten, die Attargu markieren. Hier biegt eine Nebenstraße ab, die das Pin-Tal aufwärts leitet.

Attargu

Mündungsbereich — Nur ein paar Kilometer danach gelangt man bei Lingti zum Mündungsbereich des Pin-Flusses in den Spiti. Beide Wasserläufe fließen hier sehr weit auseinander und verzweigen sich in mehrere Flussarme.

Dhankar — Linker Hand, weit oberhalb der Straße, thront das Kloster zu Dhankar über der Landschaft. Eine Fahrstraße dorthin beginnt in Sichling (auch Schichling geschrieben).

Sichling — Die Nähe zum bekannten Kloster, verbunden mit seiner Lage an der Hauptstraße, verleihen Sichling eine gewisse Bedeutung. Es gibt neben der Poststation auch ein paar Unterkünfte und einfache Gaststätten.

Mane — Kurz nach dem Dorf besteht erneut die Möglichkeit, auf die rechte Talseite zu wechseln. Die dahin führende Straße versorgt jedoch lediglich die Ortschaft Mane und endet daher schon bald.

Poh — Der Spiti macht nun einen markanten Linksknick und erreicht mit Poh das erste Dorf, das klimatisch so günstig gelegen ist, dass es sich hier lohnt, ausgedehnte Apfelplantagen zu bewirtschaften.

Tabo — Jetzt sind es nur noch ein paar Biegungen bis nach Tabo. Auch wenn der Ort bloß rund fünfhundert Einwohner zählt, gilt er neben Kaza als eine von zwei Städten im Spiti-Tal. Gemäß seiner Stellung verfügt Tabo sogar über einen Busstand (am Ende der Ortschaft).

Kloster — Die meisten Touristen verlassen den Bus aber schon im Ortszentrum, da es von dort aus nicht so weit zum Kloster, der Hauptsehenswürdigkeit von Tabo, ist.

Obwohl die Anlage recht unscheinbar zwischen Ortskern und Spiti-Fluss liegt, ist sie sowohl aufgrund ihrer Architektur als auch wegen ihrer religiösen Bedeutung derart herausragend, dass sie sogar zum Weltkulturerbe zählt.

Bis hin nach Sumdo setzt sich das vertraute Bild fort: Die Straße führt nahe dem Fluss, *Tabo – Sumdo*
auf der linken Talseite, durch eine überwiegend kahle Gesteinslandschaft mit vereinzelten Dörfern. Neben der »traditionellen« Landwirtschaft wird in dieser Gegend auffällig
viel Obst angebaut.

In Sumdo, dem letzten Ort im Distrikt Lahaul & Spiti, mündet der aus Tibet kommende *Sumdo*
Pare Chu in den Spiti. Unmittelbar davor werden an einem Armeeposten die Pässe
sowie die Innerline Permits überprüft.

Gleich nach der Kontrolle quert die Straße den Spiti-Fluss und biegt in ein enges, karges
Tal ein. Hier und da mussten sogar Felsen weggesprengt werden, so dass die Fahrbahn
überhaupt Platz findet.

Mit Shialkar wird die erste Siedlung in Kinnaur erreicht. Unmittelbar nach den letzten *Shialkar – Nako*
Nutzflächen kehrt man zurück auf die linke Spiti-Seite und steuert das geschäftige
Chango an. Anschließend windet sich die Straße fast 900 Höhenmeter aufwärts, um
eine enge Schlucht zu umgehen. In Fahrtrichtung ergeben sich Ausblicke auf ganzjährig schneebedeckte Berge.

Der Bus benötigt nahezu eine Stunde, um nach Nako zu gelangen. Im schön gelegenen *Nako*
Dorf gibt es neben der sehenswerten Klosteranlage noch zahlreiche Häuser im traditionellen Baustil. Da in Nako mehrere Unterkünfte existieren, besteht die Möglichkeit,
hier einen oder zwei Tage zu verweilen. Das Nako Gompa liegt unweit eines heiligen *Kloster*
Sees. Es wurde bereits im elften Jahrhundert gegründet und besitzt Wandmalereien, die
an Tabo erinnern.

Hinter Nako verliert die Straße recht schnell an Höhe. Wo der Spiti in den Sutlej *Nako – Puh*
mündet, trifft sie auf eine ehemals bedeutende Handelsroute, die früher über den
Shipki-Pass nach Tibet führte.

Vor einer spektakulären Brücke über den Sutlej findet die nächste Kontrolle statt. *Sutlej*
Anschließend folgt die Route dem Fluss.

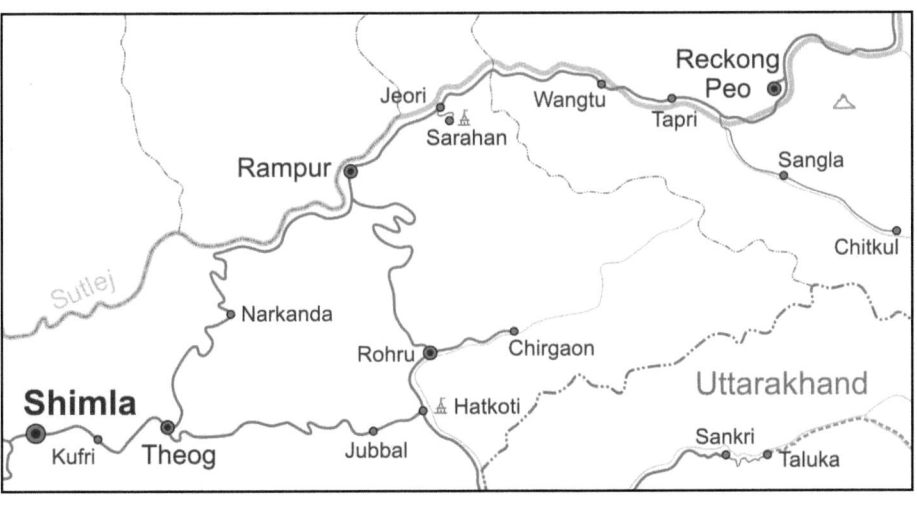

Puh	Puh, das Zentrum eines von drei Verwaltungsgebieten innerhalb Kinnaurs, liegt etwas oberhalb der Straße. Flussabwärts schließt sich eine enge, trockene Schlucht an.
Spillow	Erst kurz vor Spillow, einem Dorf mit ein paar Imbissständen sowie einfachen Hotels und Gaststätten an der Fahrbahn, öffnet sie sich. Die Bäume an den Berghängen mehren sich. Es wird fortan insgesamt grüner.
	Hinter Spillow wechselt die Straße die Flussseite und leitet erneut in ein schmales Tal. Hier sind die Felswände jedoch nicht so hoch wie zuvor, wodurch diese Schlucht nicht ganz so kahl ist. Noch im Bereich der Engstelle geht es zurück auf die rechte Seite. Es häufen sich die Siedlungen, und der Verkehr nimmt deutlich zu. Nun ist es nicht mehr weit bis zum Abzweig hinauf nach Reckong Peo.
Reckong Peo	Reckong Peo, die Hauptstadt des Distriktes Kinnaur, erstreckt sich am Hang ein gutes Stück über dem Talgrund. Trotzdem fährt den Ort praktisch jeder öffentliche Bus an.
Lage	Durch seine Lage hat man von mehreren Punkten der Stadt schöne Ausblicke auf die Berge. Diese sind ganzjährig schneebedeckt und erscheinen faszinierend nah.
Unterkünfte/ Verpflegung	Unweit des Busstandes existieren einige einfache Unterkünfte. Etwas unterhalb gibt es an der Marktstraße weitere Hotels (ebenfalls wenig komfortabel) und ein paar Restaurants mit typisch indischem Menü. Die Weiterfahrt nach Shimla ist vollkommen
Weiterfahrt	problemlos zu organisieren. Es fahren mehrere Busse täglich.
Sutlej	Hinter Reckong Peo folgt die Straße noch ein ganzes Stück dem Sutlej. Wer den Fluss beobachtet, wird feststellen, dass dieser hin und wieder »verschwindet«. In solchen Bereichen wird das Wasser zur Energiegewinnung umgeleitet. Auch die zahlreichen Hochspannungsleitungen deuten auf Elektrizitätswerke hin. Mit einem sehenswerten Straßenabschnitt verabschiedet sich Kinnaur: Die Fahrbahn wurde hier in eine steil abfallende und beeindruckend hohe Felswand gehauen.
Jeori	Die erste größere Ortschaft nach Reckong Peo, Jeori, liegt bereits im Distrikt Shimla. Sie verfügt über eine geschäftige Marktstraße. Jeori gilt als wichtiger Haltepunkt, da hier eine Straße hinauf nach Sarahan abzweigt.
Sarahan	Dort kann man den äußerst sehenswerten hinduistischen Bhimakali-Tempel besichtigen. Dieser ist religiös sehr bedeutsam und zieht erwartungsgemäß viele Touristen an. Daher bestehen hier mehrere, zum Teil recht schöne Unterkünfte. Ein ein- bis zweitägiger Aufenthalt in Sarahan lohnt sich auch wegen der exponierten Lage der Ortschaft. Weil in dieser Gegend nur wenige Fahrzeuge unterwegs sind, eignen sich selbst die Dorfstraßen gut, um Spaziergänge zu unternehmen.

Entfernungstabellen für Kaza

Von Kaza nach ...	Gramphu	138 km	*Kaza-Manali-*
	Rothang-Pass	153 km	*Route*
	Manali (über Rohtang-Pass)	204 km	
Von Kaza nach	Dhankar	32 km	*Kaza-Shimla*
	Tabo	46 km	*Route*

Reckong Peo
Kinnaur

Unterkünfte/Verpflegung
- ✗ A The Cafeteria Roof
- 🛏 B Kunu Dhonkhang
- ✗ C Mid Town Café
- ✗ D Buddiez Space
- ✗ E Mehfil Bar & Rest.
- 🛏 F Apple Resort
- 🛏 G Wanderers Homestay

Trekkingagentur
- ★ 1 Innerline Permits

Sonstiges
- ★ 2 Supermarkt
- 🚌 3 Busse nach Kalpa
- 🚗 4 Taxistand
- ★ 5 Regional Hospital

- ★ 6 Ayurvedic Hospital
- ⊠ 7 Post
- 🚌 8 Busstand (ISBT)
- ★ 9 Polizei

Hinweis: Es existieren
einzelne Geldautomaten.

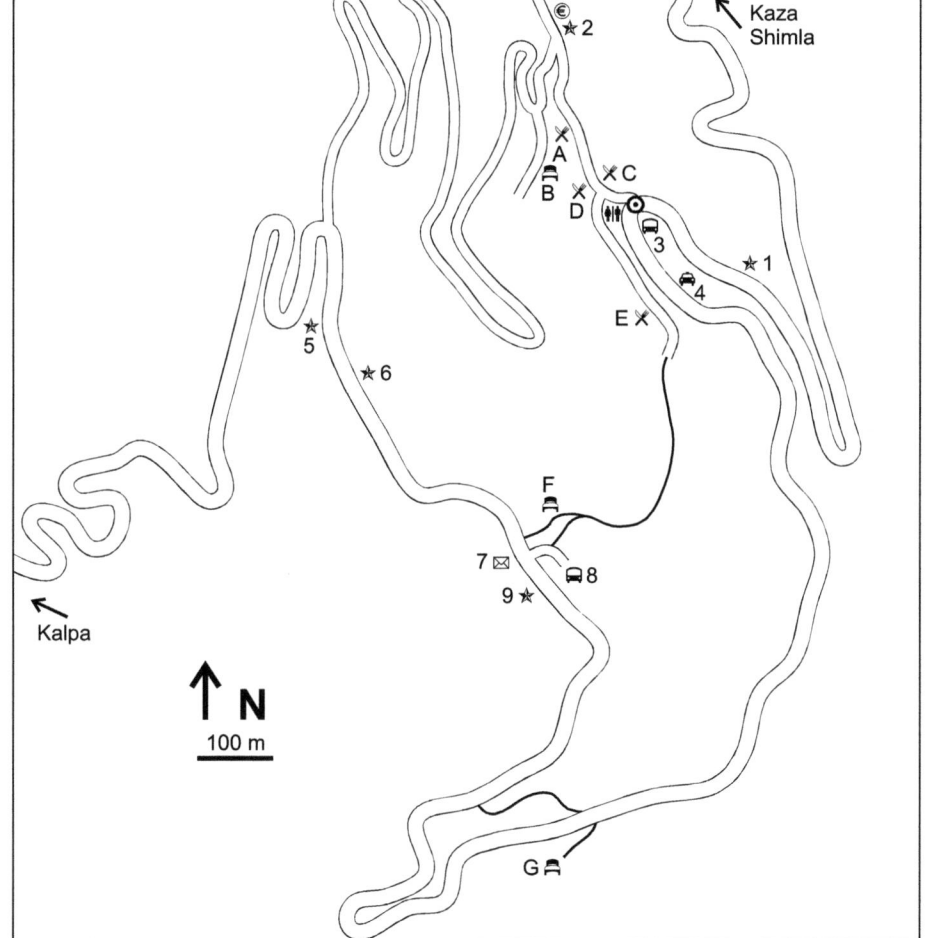

Position
  N 31.5410°
  O 78.2711°

Höhe
  2.300 m

Rampur   Der National Highway steuert von Jeori aus die Stadt Rampur an. Sie war früher die
            Residenz der Radschas von Bushar, wie das Gebiet um Rampur heißt. Neben dem
            Palast gibt es hier einige Tempel zu sehen. Da Rampur nur noch tausend Meter hoch
            liegt, ist es im Sommer ungemütlich heiß.
            Die Gegend nach Rampur ist relativ dicht besiedelt. Die Straße bleibt noch eine Zeit-
            lang nahe dem Sutlej-Fluss und erreicht dort mehrere Dörfer. Gut 30 km (eine Fahrstun-
            de) hinter Rampur verlässt sie den Talgrund und steigt durch eine waldreiche Land-
            schaft auf ins Gebirge.

Narkanda In Narkanda, dem wichtigsten Wintersportgebiet im Shimla-Distrikt, erklimmt die
            Route einen Pass. Danach bleibt sie am Hang und hält sich meist knapp unter dem
            Bergkamm, der sich in Richtung Shimla erstreckt. Dort passiert man mehrere Apfelplan-
            tagen, die zwischen den hier natürlich wachsenden Nadelbäumen angelegt wurden.

Kurz vor Theog verliert die Straße an Höhe. Im wuseligen Ort, dessen Häuser auf und   *Theog*
etwas unterhalb eines Bergkammes erbaut wurden, zweigt eine Route nach Uttarakhand ab. Auf dem weiteren Weg nach Shimla wird die Besiedlung tendenziell dichter.
Kufri, nur noch etwa zehn Kilometer vor Shimla, ist ein wichtiges Touristenzentrum   *Kufri*
mit guter Infrastruktur (zahlreiche Wanderwege mit teils schönen Ausblicken, mehrere
Skigebiete, Zoo, Vergnügungspark etc.).

Shimla zieht sich an einem ausgedehnten Bergrücken entlang. Aufgrund seiner Höhe   *Shimla*
(2.200 m) herrscht hier im Sommerhalbjahr ein sehr angenehmes Klima. Dies ist der
Grund, weshalb bis 1939 die gesamte Regierung Britsch-Indiens im Sommer von Delhi
nach Shimla umzog. Die Kehrseite der besonderen Lage des Ortes ist seine Weitläufigkeit. Wer sich nicht ein paar Tage für Shimla Zeit nehmen will, sollte am besten gleich
in den nächsten Bus umsteigen und weiterfahren. Nur einen Tag hier zu verbringen,
lohnt sich wirklich nicht.
Die sich anbietenden Reisemöglichkeiten ab Shimla sind sehr vielfältig. Nach Chandi-   *Reise-*
garh verkehren tagsüber fast ständig Busse. Auch Delhi wird mehrmals pro Tag direkt   *verbindungen*
angefahren. Darüber hinaus existieren Direktverbindungen beispielsweise nach Manali,
Chamba und Dharamsala.

Dhankar Gompa

Dhankar
Das kleine Dorf Dhankar befindet sich im östlichen Teil des mittleren Spiti-Tales, mehrere hundert Höhenmeter über dem Zusammenfluss von Spiti und Pin.

Bedeutung
Früher war Dhankar der Sitz der Nono-Könige von Spiti. Der Name des Dorfes (dt.: Festung) rührt von dem (inzwischen teils verfallenen und aus Lehmziegeln erbauten) Fort her, das auf einer Bergspitze über der Ortschaft thront. Dieses diente früher auch als Gefängnis sowie in kriegerischen Zeiten als Unterschlupf für die Bevölkerung.

Anreise
Bis vor kurzem gab es lediglich einen schmalen, steilen Pfad, der von der Hauptstraße im Tal hinauf ins Dorf führte. Jetzt existiert zudem ein (immer noch recht selten genutzter) Fahrweg, der in Sichling beginnt.
Wer sich also nicht zu Fuß nach Dhankar aufmachen will, muss in Kaza einen Bus nach Tabo bzw. Reckong Peo nehmen und in Sichling auf ein Taxi nach Dhankar hoffen.

Unterkünfte
Dort kann man entweder in einer der zahlreichen Homestays (teilweise mit hervorragenden Ausblicken) oder im Hotel des neuen Klosters nächtigen.

Neues Kloster
Das neue Kloster von Dhankar, in das mittlerweile einige Kultgegenstände vom alten Gompa überführt wurden, ist das religiöse Zentrum des Ortes. Für den Touristen bietet es jedoch nur wenig Interessantes. Bemerkenswert sind lediglich die Aussicht auf das alte Kloster mit der oberhalb gelegenen Festung und das zwischen beiden Klöstern eingezwängte Dorf.

Dhankar Gompa
Das historische Kloster hingegen gehört zu den Hauptsehenswürdigkeiten in Spiti, allerdings nicht aufgrund seiner religiösen Ausstrahlung. Vielmehr faszinieren das kleine verwinkelte Gebäude, durch dessen niedrige und enge Gänge man sich bis hinauf aufs Dach des Bauwerks schlagen kann, sowie die nahezu unvergleichliche Aussicht auf das Spiti-Tal.
Über sein Alter gibt es sehr widersprüchliche Angaben; es sollte jedoch mindestens 500 Jahre betragen.
Das Gompa ist sowohl über eine Jeepstraße als auch über mehrere Fußwege erreichbar.

Direkt am Eingang zum Komplex wurde vor nicht allzu langer Zeit ein kleines Museum eingerichtet, in dem Kostüme, Instrumente und verschiedene religiöse Gegenstände zu sehen sind. *Orientierung*

Im Erdgeschoss des Haupttraktes befindet sich der kaum beachtenswerte Dukhang. *Dukhang*

Den meist geschlossenen Gonkhang sowie den extrem niedrigen Stupa-Raum, der drei weiße Chörten sowie mehrere Thankas beherbergt, findet man darüber. *Stupa-Raum*

Im Obergeschoss, um einen kleinen Hof herum, existieren weitere Gebetsräume, darunter eine Meditationshöhle und der Zimchung. *Klosterhof*

Keinesfalls versäumen sollte man die Aussicht von der Dachterrasse, die vom oberen Hof aus erreichbar ist. *Dachterrasse*

Es ist schon grandios, wenn man von hier aus hinunter auf den Zusammenfluss von Spiti und Pin schaut: Die zahlreichen Verästelungen des Pin-Flusses, die kleine Inselchen bilden, die zwei grünen Landzungen, die vereinzelten Gehöften mit ihren Ackerflächen die Existenz sichern, die selten vorbeifahrenden Autos, die wie Spielzeuge erscheinen, ... *Aussicht*

All das wirkt fast so weit entfernt, als würde man mit einem Flugzeug darüber hinwegfliegen. Wählt man dazu die flatternden Gebetsfahnen als Rahmen, so ergeben sich prächtige Fotomotive, zumal die gesamte Szenerie von weißen Bergketten begleitet wird. Bei schönem Wetter könnte man Tage hier zubringen, um die vielfältige Schönheit der Landschaft zu genießen.

Ähnlich berauschende Ausblicke bietet der Aufstieg zum Dhankar-See, der immerhin 4.150 Meter hoch liegt. Der Weg dorthin beginnt hinter dem neuen Gompa. Sowohl dieses als auch den Weg hinauf zum heiligen See sieht man vom alten Kloster aus am gegenüberliegenden Berghang sehr gut liegen. Die Tour startet aus dieser Blickrichtung rechts der neuen Klosteranlage. *Dhankar-See*

Ki Gompa

Anreise	Das Ki Gompa liegt etwas oberhalb des gleichnamigen Dorfes, unweit der Straße, die von Kaza nach Kibber führt. Es ist daher problemlos mit einem gemieteten Fahrzeug und sogar mit dem Bus zu erreichen.
Lage	Beeindruckend erscheint vor allem die Lage des Klosters. Aus einigen Perspektiven schaut es so aus, als wären die Gebäude an einem Bergkegel errichtet. So bietet sich ein beeindruckendes Fotomotiv, das es sogar dem Tourismusverband von Himachal Pradesh wert war, es als Poster aufzulegen und für eigene Werbezwecke vielerorts zu verwenden.
Ausblicke	Auch die Ausblicke, die sich vom Dach des Hauptgebäudes bieten, sind nicht zu verachten, wenngleich sie mit denen von Dhankar nicht mithalten können.
Bedeutung	Trotzdem gilt das Kloster als das am meisten besuchte von Spiti, was sicherlich mit seiner Nähe zu Kaza und der leichten Erreichbarkeit zu tun hat. Darüber hinaus ist das Ki Gompa mit mehr als hundert Mönchen und Novizen das größte in Spiti.
Geschichte	Man vermutet, dass die Ursprünge des heutigen Klosters schon vor dem 15. Jahrhundert liegen. Immer wieder wird behauptet, dass bereits Dromton (1008-64), ein Schüler von Atisha, hier ein Kloster gründete. Demnach soll es als kleines Kadampa-Kloster errichtet worden sein. Später gehörte es der Sakyapa-Schule an. Und dann, im Zuge von Kämpfen gegen die Truppen des fünften Dalai Lama im 17. Jahrhundert, wurde es in ein Gelbmützenkloster gewandelt. In den Kriegen zwischen Kullu und Ladakh (1820) und gegen die Dogras (1841) sowie durch ein Feuer (1840) und bei einem Erdbeben (1975) wurden immer wieder Teile der Anlage zerstört. Die heutige Pracht entstand also durch zahlreiche Erneuerungen und Erweiterungen in jedem Fall erst in jüngerer Zeit.
Neuer Tempel	Der Neue Tempel, der vom Dalai Lama am 3. August 2000 eingeweiht wurde, ist der größte im Komplex. Er ist über mehrere Treppen direkt vom Hof aus zugänglich. Der Raum verfügt über sechs Sitzreihen für die Mönche und wird durch zahlreiche Thankas an den Wänden und den Säulen aufgewertet. Auf Wandmalereien hat man hingegen verzichtet. An der Stirnseite befindet sich eine Vitrine, die religiöse Figuren beinhaltet, rechts und links davon stehen Bücherregale. Etwas abgerückt erkennt man den Thron für den Dalai Lama.
Mani Lhakhang	Direkt am Hof liegt mit dem Mani Lhakhang der vermutlich älteste der derzeit zugänglichen Tempel. Es handelt sich um einen kleinen, dunklen und niedrigen Raum, in dem es eine – für die Zimmergröße überdimensionierte – Gebetsmühle gibt. Ansonsten sind die Einrichtungsgegenstände, darunter ein Bücherregal rechts vom Eingang, eng gestaffelt.
Weitere Tempel	Rechts des Neuen Tempels gelangt man zu weiteren Gebetsräumen und auf die Dachterrasse:
Gonkhang	Gleich im Erdgeschoss passiert man den Nakpo-Gursum-Tempel, darüber den Gonkhang. In diesen darf man zwar meistens hineinschauen, ihn aber nicht betreten.
Zimchung	Der Zimchung ist ein kleines Zimmer mit schönem Ausblick auf das Spiti-Tal. An den Wänden gibt es einfache Malereien, davor Thankas, die durch Tücher verhüllt sind.

Daneben liegt der sehr schlicht gehaltene Kudung-Tempel. Er schützt im Wesentlichen einen raumhohen Chörten aus Metall.
Sehenswerter als die Tempel hier oben sind die Dachkonstruktionen, die man auch besteigen kann, um in die reizvolle Bergwelt zu blicken.

Kudung Lhakhang

Am Klosterhof, zwischen dem Aufgang zur Dachterrasse und dem Mani-Tempel beginnt ein Gang zur Küche und anderen Wirtschaftsräumen.
Außerdem existiert eine Klosterherberge, die es den Touristen problemlos ermöglicht, an der meist gut besuchten Puja am Morgen teilzunehmen. Im Preis für ein Bett ist das Abendessen bereits inbegriffen.

Wirtschaftsräume

Fährt man die Straße, die am Kloster vorbeileitet, weiter talaufwärts, erreicht man Kibber, eine einstmals durchaus bedeutende Ortschaft.
Sie lag früher an einer wichtigen Handelsroute von Spiti nach Ladakh (über den Tso Moriri). Als letztes Dorf in Spiti am Fuße des bereits über 5.300 Meter hohen Parang La erlangte es als Zwischenstopp für die Händler einen gewissen »Reichtum«. So wurden hier die Häuser bereits aus Stein gebaut, als anderswo in der Gegend überwiegend Holzhütten üblich waren.
Im letzten Jahrhundert galt Kibber lange Zeit als das höchstgelegene Dorf, das mit einer Straße verbunden war und über Wasser und Strom verfügte. Dieser Umstand, die traditionellen Häuser und seine schöne Lage machten Kibber zu einem beliebten Ausflugsziel für Touristen. Die zahlreichen Gasthäuser und Unterkünfte zeugen noch heute davon.
Inzwischen führt die Straße weiter durch das Kibber-Gete-Reservat bis hin nach Tashigong. Wandert man durch dieses Schutzgebiet, hat man gute Chancen, Tiere zu beobachten. Neben verschiedenen Vogelarten und Blauschafen (Bharal) leben hier vereinzelt auch Schneeleoparden, Moschustiere, Bären und Wölfe.
Im 1.400 Quadratkilometer großen Park liegt das winzige Dörfchen Gete auf fast fünftausend Metern Höhe.

Kibber

Geschichte

Bedeutung

Kibber-Gete-Reservat

Tabo Choskor

Gründung

Gemäß einer Inschrift im Versammlungsraum des Klosters wurde das Gompa, das in Tabo »Choskor« genannt wird, im Jahre 996 gegründet. Damals gehörte das Gebiet zu Guge (Tibet). Man geht fest davon aus, dass die Klostergründung auf Rinchen Zangpo zurückgeht. Daher ist es unstrittig, dass der Komplex das älteste Gompa in Spiti darstellt, laut einer Tafel am Eingang sogar das älteste ununterbrochen genutzte buddhistische Kloster Indiens.

Bedeutung

Ähnlich wie andere religiöse Stätten, die der große Übersetzer errichtet haben soll (Alchi in Ladakh, Sani in Zanskar), befindet sich die Anlage in einem breiten Flussbett in der Ebene. Ansonsten unterscheidet sie sich aber markant von allen anderen Klöstern im indischen Himalaja und wird so zu etwas architektonisch Besonderem. Verbunden mit der faszinierenden Innenausstattung des Haupttempels gilt der Choskor-Komplex zu Tabo als eine der wichtigsten buddhistischen Sehenswürdigkeiten im indischen Himalaja; nicht wenige meinen, es ist die beeindruckendste in dieser Region überhaupt.

Lage

Das Kloster liegt etwas versteckt am Rande der Ortschaft Tabo. Wer mit dem Bus kommt, verlässt diesen an der Hauptstraße im Zentrum (erkennbar an mehreren Hotels und Gaststätten am Straßenrand). Von dort aus führen mehrere Fußwege in Richtung Spiti-Fluss. Schon bald erkennt man zumindest die Bauten des 1993 neu errichteten und vom Dalai Lama eingeweihten Klosters, das sich direkt neben der historischen Anlage, dem Choskor (»heilige Enklave«), befindet.

Bauweise

Der alte Klosterteil umfasst insgesamt neun Tempel und 23 Chörten, von denen einige noch aus der Gründungszeit stammen sollen. Er ist vollständig von einer Mauer aus Ziegeln und Lehm umgeben. Sowohl diese Abgrenzung als auch die Gebäude im Inneren sind nicht – wie sonst üblich – weiß angestrichen, sondern haben ihr natürliches bräunliches Aussehen behalten. Dadurch wirkt die gesamte Anlage, die inzwischen zum Weltkulturerbe gehört, sehr witterungsanfällig, und es erscheint dem Besucher fast schon als ein Wunder, dass einige Teile bereits über tausend Jahre alt sein sollen. Neben den oben genannten Werkstoffen verbaute man in den Tempeln, die in mehreren Phasen zwischen dem zehnten und dem 17. Jahrhundert entstanden, Deodar-Hölzer aus Kullu, Kinnaur, der Region um Chamba (HP) und sogar aus Kaschmir.

Wandgemälde Herstellung

Für die farbenfrohen Wandgemälde im Haupttempel wurde eine ganz besondere Technik angewendet: Zunächst haben die Baumeister einen mehrschichtigen Untergrund aus Kalk und Yakfell geschaffen. Dieser wurde dann mit tierischen Fetten und Butter geglättet. Zur Bildgestaltung vermischten die Maler Farbstoffe aus Pflanzen und Steinen mit Dzo-Milch und Yak-Urin.

Farbgebung

Bei den älteren Gemälden im indischen Stil dominieren rote und gelbe Farben, bei den späteren, im tibetisch-chinesischen Stil, kommt Ultramarin verstärkt zum Einsatz. Die Landschaften wurden im Laufe der Zeit immer lebendiger. Es erscheinen Felsen und Wolkenwirbel sowie Pflanzen und Tiere.

Ajanta

Das Gompa beherbergt mit die wertvollsten religiösen Gemälde im indischen Himalaja. Einige erinnern an die weltbekannten Kunstwerke aus Ajanta (in der Region um Bombay/Mumbai), was Tabo auch den Beinamen »Ajanta des Himalajas« einbrachte.

Bei all der Begeisterung für die Architektur des Klosters sollte man nicht vergessen, *Religiöse*
dass im Laufe seiner tausendjährigen Geschichte auch zahlreiche wichtige buddhisti- *Bedeutung*
sche Lehrmeister im Kloster weilten und Tabo dadurch eine außergewöhnliche religiöse Bedeutung erlangte. Obwohl heute nur noch ein paar Dutzend Mönche hier leben,
zählen viele (aufgrund seiner Historie) das Gompa zu den herausragendsten buddhistischen Heiligtümern im Transhimalaja.
Wer Interesse am Buddhismus zeigt, sollte sich die Puja nach Sonnenaufgang nicht *Puja am Morgen*
entgehen lassen. Sie ist meist gut besucht, auch von Touristen.

Der älteste und zugleich bedeutungsvollste Tempel der Anlage, der Tsug Lhakhang, *Orientierung*
stammt aus dem zehnten Jahrhundert und liegt fast gegenüber dem Haupteingang, im
rechten Teil des zentralen Gebäudekomplexes. Er ist ausschließlich über den Zhalma
Lhakhang erreichbar, in dem es ebenfalls eine Türe gibt, die zum Gonkhang führt.
Die weiteren Tempel gruppieren sich (mit Ausnahme des Weißen Tempels) in der Mitte
der Anlage. Da sie allesamt beschriftet sind (tibetisch und englisch), fällt die Orientierung sehr leicht.

Betritt man den Zhalma-Tempel, muss man sich erst einmal an die Dunkelheit inner- *Zhalma-Tempel*
halb der Gebäude gewöhnen. Es dauert ein paar Minuten, bis es gelingt, die Schönheit
der im tibetischen Stil geschaffenen Wandgemälde richtig zu erfassen.
Bei genauem Hinsehen erkennt man auch eine Türe, die zum Tempel der Schutzgott- *Gonkhang*
heiten führt. Dieser ist den Besuchern allerdings nicht zugänglich. Hinter dem verschlossenen Eingang finden sich neben den üblichen Gottheiten auch alte Waffen
sowie Masken und weitere rituelle Gegenstände.
Über den Zhalma Lhakhang gelangt man in einen Zwischenraum mit alten Wandgemäl- *Zwischenraum*
den. Bemerkenswert erscheinen die Darstellungen über dem Eingang zum sich anschließenden Tsug Lhakhang: Hier zeigen sich Figuren, die an mittelalterliche Mönche
erinnern. Rechts und links des Durchganges steht jeweils eine fremdartig wirkende
Statue. Beide Verkörperungen weisen hinduistische Züge auf. Hinzu kommt eine
Skulptur, die offensichtlich dem Hindu-Gott Ganesha zuzuordnen ist.

Tsug-Tempel

Stuckstatuen

Ajanta-Stil

Seitenwände

Vairocana

Der Haupttempel ist ein stimmungsvoller Raum mit vier mal vier Säulen und einem mittigen Oberlicht. Seitlich und im Eingangsbereich erkennt man zweimal (links und rechts) 15 sitzende Stuckstatuen in Lebensgröße. Sie sind deutlich feiner gearbeitet als die im Zwischenraum und unterscheiden sich u.a. durch ihre symbolischen Handgesten (Mudras). Sie sind eingerahmt von Blumendekoren im Ajanta-Stil sowie weiteren exquisiten Wandmalereien.

Die Seitenwände kann man in drei Ebenen unterteilen: Im unteren Bereich erkennt man Darstellungen aus den Lebzeiten von Buddha Shakyamuni sowie vorherigen Inkarnationen. In der Mitte sind die o.g. Stuckarbeiten angeordnet und darüber wurden meditierende Buddhas positioniert.

Gegenüber dem Eingang, im hinteren Bereich des Hauptraumes, findet man einen übermannsgroßen, ungefähr zwei Meter über dem Boden sitzenden vierseitigen Vairocana. Diesem kommt im tibetischen Buddhismus als einem der fünf spirituellen Söhne des Adi-Buddhas eine besondere Bedeutung zu.

Die neun Tempel im Choskor-Komplex

Der im Text verwendete Name der Tempel ergibt sich aus den üblichen Transliterierungsregeln.
In dieser Übersicht sind zusätzlich die Beschriftungen der Tempel vor Ort (tibetisch und englisch) aufgelistet.

Zhalma-Tempel
    Z´al-ma Lha-khang   The Picture Treasure

Gonkhang
    Gon-khang   The Mahakala Vajrabhairava Temple

Tsug-Tempel
    gTsug Lha-khang   The Temple of Enlightened Gods

Großer-Dromton-Tempel
    Brom-ston Lha-khang C´enpo   The Large Temple of Dromton

Serkhang
    gSer-khang   The Golden Temple

Mystischer-Mandala-Tempel
    dKyil-hKhor-khang   The Mystic Mandala Temple

Maitreya-Tempel
    Byams-Pa Chen-po Lha-khang   The Bodhisattva Maitreya Temple

Dromton-Tempel
    Brom-ston Lha-khang   The Temple of Dromton

Weißer Tempel
    dKar-abyun Lha-khang   The White Temple

Dahinter gibt es eine Nische mit dem Amithaba-Buddha, dem Buddha der umfassenden Liebe. Er verbreitet Ruhe und ist um die Erleuchtung aller Wesen bemüht. Hier wird er von zwei kleineren Bodhisattvas flankiert. An den Wänden des Rundganges, der die Nische einschließt, dominieren die typischen Buddha-Darstellungen. *Amithaba*

Direkt gegenüber dem Haupteingang der Anlage, also links vom Tsug Lhakhang, steht mit dem Großen-Dromton-Tempel der zweitgrößte Tempel des Komplexes. Seine Ausstattung ist wesentlich schlichter. Zentral im Raum sitzt eine Buddha-Statue, links und rechts davon wurden freistehende Bücherregale aufgestellt und dahinter alte Masken gelagert. Darüber befindet sich ein kleines Oberlicht. *Großer-Dromton-Tempel*
Die Gemälde an den Wänden, die u.a. Buddha Shakyamuni und die acht Medizin-Buddhas darstellen, weisen kaschmirische Züge auf.

Setzt man seinen Rundgang auf die übliche Weise fort, gelangt man als Nächstes (links vom Großen-Dromton-Tempel) zum »Goldenen Tempel«. Sein Name rührt vom Glauben daran her, dass seine Wände einst mit einer Schicht aus Goldstaub überzogen waren, bevor sie dann übermalt wurden. *Serkhang*
Die derzeitigen Gemälde an den Wänden sollen aus dem 17. Jahrhundert stammen und vom ladakhischen König Sengge Namgyal in Auftrag gegeben worden sein. Sie sind zum Teil sehr detailliert gestaltet, leider aber inzwischen schon stark beschädigt (insbesondere an der Decke). *Innengestaltung*
Ansonsten fallen die nur grob bearbeiteten acht Säulen auf, deren Balkenköpfe allerdings kunstvoll geschnitzt und bemalt sind.

Hinter dem Großen-Dromton-Tempel liegt der »Mystische-Mandala-Tempel«, dem ein riesiges Mandala, das es im Inneren gibt, seinen Namen verleiht. Hier finden üblicherweise die Initiationen der Mönche statt. *Weitere Tempel*
Rechts vom Tsug Lhakhang wurde der »Maitreya-Tempel« errichtet, der eine überlebensgroße Statue vom Buddha des künftigen Weltzeitalters beherbergt. Die Malereien an seinen Innenwänden sollen an diejenigen im Potala zu Lhasa erinnern.
Noch weiter rechts stößt man dann auf einen kleineren Tempel, der von Dromton selbst mit erbaut worden sein soll und nach ihm benannt ist. Er gehört zu den ältesten Gebäuden im Kloster.
Den jüngsten Tempel hingegen findet man etwas abseits, am hinteren Rand der Anlage. Er wird häufig als »Weißer Tempel« bezeichnet.
Unweit davon, in der Nordwestecke des Geländes, wächst ein uralter, heiliger Baum. Einstmals soll es vier davon gegeben haben, in jeder Ecke der Anlage einen. *Heiliger Baum*

Außerhalb der Choskor-Mauer befinden sich noch weitere historische Heiligtümer: *Sonstige Heiligtümer*
Im Norden, oberhalb der Hauptstraße, gibt es Felshöhlen, die früher religiösen Zwecken dienten. Eine weist sogar alte Wandmalereien im indischen Stil auf.
Östlich der Anlage, auf offenem Grund, existieren obendrein noch vorbuddhistische Gesteinszeichnungen. Sie zeigen sowohl hinduistische Symbole als auch Tiere (Steinböcke, Panther, Pferde) und Menschen.

Das Pin-Tal

Reise-
informationen

Neben dem Spiti-Tal ist das Pin-Tal die wichtigste Siedlungsregion in Spiti. Daher gibt es auch – sofern es die Witterung zulässt – planmäßig täglich einen Bus, der die einzelnen Dörfer des Pin-Tales bedient. Er startet am Busstand von Kaza in Richtung Tabo und zweigt in Attargu von der Hauptstraße ab.

Unteres Pin-Tal
Gulling

Auf den ersten Kilometern ist das Pin-Tal ziemlich karg.
Das ändert sich in der Gegend von Gulling, dem ersten nennenswerten Ort im Tal. Wer beispielsweise das Kungri Gompa besichtigen will, hat hier die Möglichkeit, in einem einfachen Hotel zu nächtigen und sich zu verpflegen.

Kungri

Unmittelbar hinter Gulling biegt rechter Hand eine Nebenstraße nach Kungri ab, die am dortigen Kloster endet. Kungri ist ein unscheinbares, entlegenes Dorf im Pin-Tal, das seine (eher regional begrenzte) Bekanntheit sowohl dem hiesigen Kloster als auch seiner Pferdezucht verdankt.

Das Kloster, dessen Alter überwiegend auf 600 bis 700 Jahre geschätzt wird, gehört der *Kungri Gompa* Nyingmapa-Sekte an. Diese orientiert sich noch weitgehend an den Lehren von Padmasambhava. Allerdings sollen hier im Kloster auch noch vorbuddhistische Rituale aus der Bön-Zeit praktiziert werden.

Der Komplex besteht im Wesentlichen aus dem von Mönchszellen umbauten Kloster- *Orientierung* hof und dem Haupttempel in dessen Mitte.

Sein Eingang ist hinter einer Glasfassade verborgen, die dem Gebäude ein unschönes Aussehen verleiht. Besucher können nur die untere Etage besichtigen, die hauptsächlich der Lhakhang einnimmt.

Im Inneren befinden sich an der linken Außenwand tausend Buddha-Figuren, an der *Innen-* rechten tausend Padmasambhava-Idole, jeweils hinter mehreren Glastüren. Der Altar *ausstattung* an der Stirnseite wird von drei Statuen dominiert, die Padmasambhava (links), Buddha (mittig) und die Weiße Tara (rechts) symbolisieren. Davor wurden zwei Throne positioniert sowie rechter Hand ein silberner Chörten. Auffällig sind außerdem zwei große Trommeln im Eingangsbereich.

Verlässt man den Klosterhof über das Hauptportal, so erkennt man rechter Hand die *Unterkünfte/* relativ neue Klosterherberge. Verpflegungsmöglichkeiten außerhalb des Klosters gibt es *Verpflegung* im Dorf derzeit nicht.

Die Hauptstraße führt weiter talaufwärts: Vorbei an ein paar kleinen Ortschaften mit *Mittleres Pin-Tal* Terrassenfeldern links und rechts des Flusses und vereinzelten Brücken über den Pin fährt der Bus bis nach Mudh, dem letzten Dorf rechts des Flusses.

Dort existieren mehrere Unterkünfte, da der Ort unter Touristen ein beliebtes Ausflugs- *Mudh* ziel ist. Einige kommen nur aus Kaza, um eine Ausfahrt zu machen. Sie spazieren ein wenig in der Gegend umher und fahren am nächsten Tag zurück. Dies ist gar keine schlechte Idee, da man in Mudh einen wesentlich tieferen Eindruck von der Bergwelt Spitis bekommt als in Kaza. Andere nehmen Mudh als Ausgangspunkt für einen Trek über den Baba-Pass nach Kinnaur oder den wesentlich anspruchsvolleren Pin-Parvati-Pass nach Kullu.

Folgt man dem Pin-Fluss entlang einer der Trekkingrouten weiter talaufwärts, gelangt *Oberes Pin-Tal* man in den »Pin Valley National Park«.

Er gilt als »Land des Steinbockes und der Schneeleoparden«. Außerdem sind hier u.a. *Tiere* folgende Tierarten heimisch: Bharal, Thar, Rotfuchs, Wiesel, Lämmergeier, Himalaja-Geier, Goldadler. Besucher des Parks (weder Eintrittsgebühr noch Kontrollstellen) brauchen allerdings keine »Angst« zu haben, von einem der Tiere (böswillig) überrascht zu werden. Allesamt sind sehr selten, und man muss großes Glück haben, eines von ihnen zu sehen.

Aufgrund seiner geografischen Lage und der Nähe zu Kinnaur und Kullu, die beide *Pflanzen* vom Monsun erfasst werden, ist es im Park (vor allem im Sommer) feuchter und damit grüner als im restlichen Spiti. Daher gedeihen hier auch (für Spiti) äußerst seltene Pflanzenarten wie Edelweiß, Enzian, Nelken, Geranien, Potentillas, Glockenblumen, Akelei und Primeln.

Der Nationalpark selbst ist nur 675 Quadratkilometer groß. Hinzu kommt allerdings *Nationalpark* noch eine 1.150 Quadratkilometer große Pufferzone, in der es 17 Dörfer gibt (darunter *Indien* alle, die im Pin-Tal liegen).

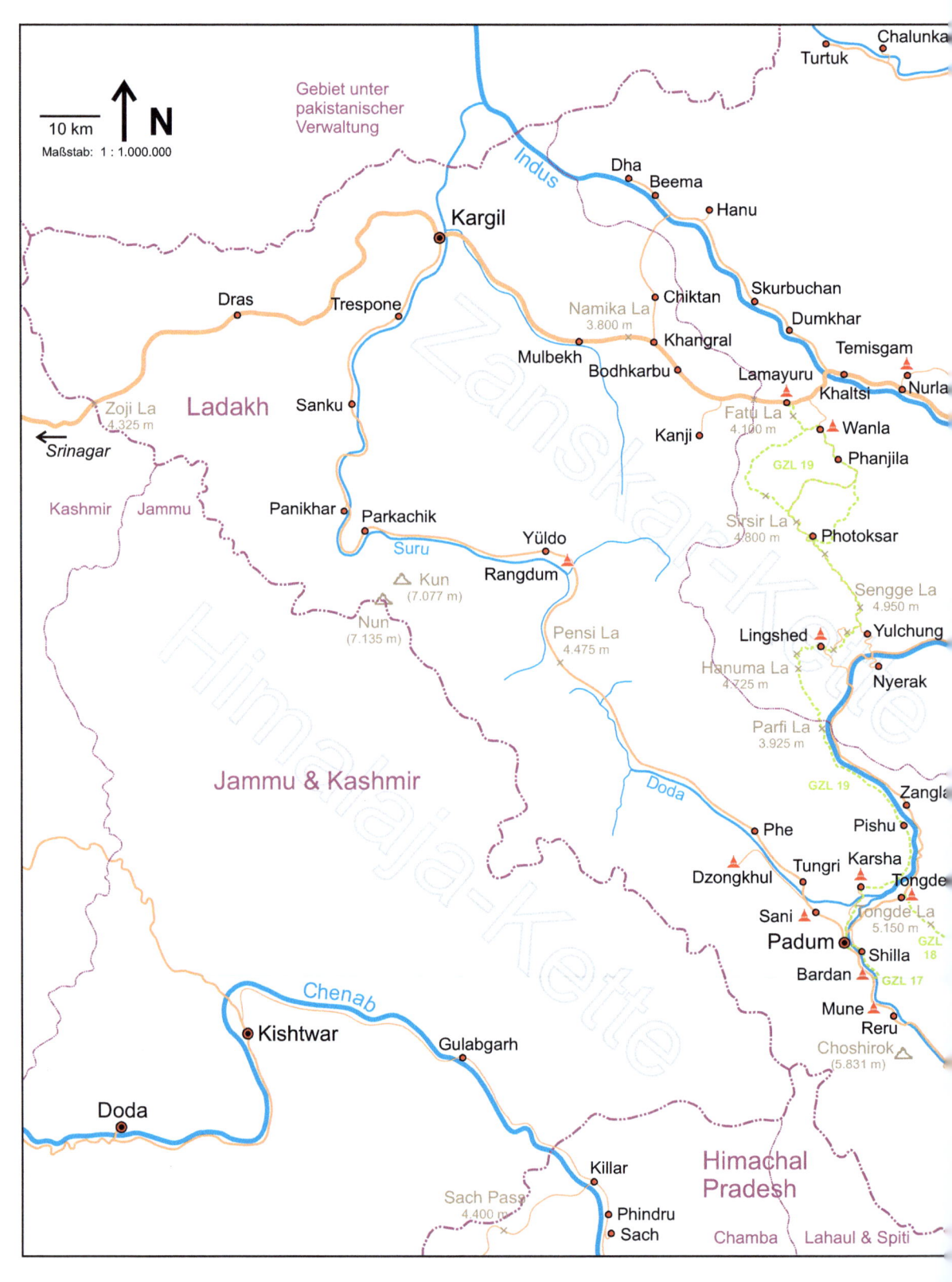

Ladakh
und die angrenzenden Regionen

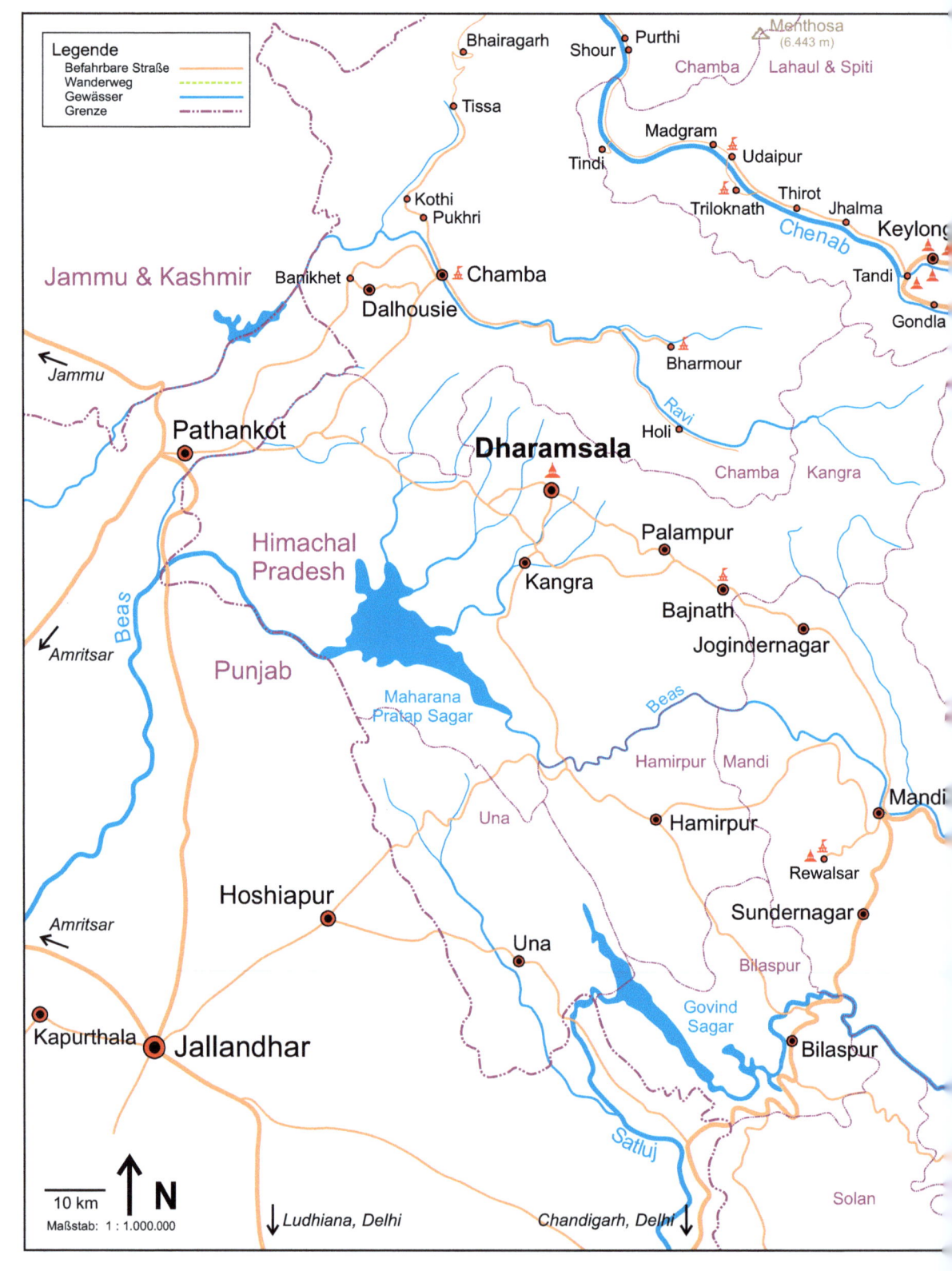

Wanderungen und Trekkingtouren

Die auf der Übersichtskarte »Ladakh und die angrenzenden Regionen« eingetragenen Wanderwege (GZL 16 bis GZL 27) sind dem Rother Wanderführer »Garhwal, Zanskar & Ladakh« (zweite Auflage) entnommen. Dort werden die Hauptrouten (z.B. Tour 16) sehr ausführlich beschrieben, die zugehörigen Varianten (z.B. Tour 16v) hingegen deutlich kürzer. Da aber sowohl für die Hauptrouten als auch zu den Varianten genaue GPS-Tracks bereitgestellt werden, gilt in beiden Fällen die Wegfindung (zumindest bei den leichten und mittleren Touren) als unproblematisch.

16   Sarchu – Tanze – Purni
     Tourenprofil: Mittel
     Dauer, Länge: 6 Tage, 68 km

16v Sarchu – Tanze – Purni – Tongde
     Tourenprofil: Schwierig
     Dauer, Länge: 10 Tage, 129 km

17   Bardan Gompa – Padum
     Tourenprofil: Leicht
     Dauer, Länge: 1 Tag, 14 km

18   Tongde – Tongde La – Tongde
     Tourenprofil: Mittel
     Dauer, Länge: 1 Tag, 16 km

19   Padum – Phanjila – Lamayuru
     Tourenprofil: Mittel
     Dauer, Länge: 10 Tage, 160 km

19v Padum – Nigutse La – Lamayuru
     Tourenprofil: Schwierig
     Dauer, Länge: 11 Tage, 152 km

20   Pang – Nimaling – Karu
     Tourenprofil: Schwierig
     Dauer, Länge: 10 Tage, 142 km

21   Leh
     Tourenprofil: Leicht
     Dauer, Länge: 1 Tag, 8 km

22   Phyang – Leh
     Tourenprofil: Mittel
     Dauer, Länge: 1 Tag, 18 km

23   Thikse – Shey
     Tourenprofil: Leicht
     Dauer, Länge: ½ Tag, 6 km

24   Sabu – Leh
     Tourenprofil: Leicht
     Dauer, Länge: 1 Tag, 9 km

25   Chilling – Skiu – Rumbak – Stok
     Tourenprofil: Mittel
     Dauer, Länge: 4 Tage, 46 km

25v Chilling – Skiu – Nimaling – Karu
     Tourenprofil: Mittel
     Dauer, Länge: 6 Tage, 77 km

25v Chilling – Skiu – Rumbak – Spituk
     Tourenprofil: Mittel
     Dauer, Länge: 4 Tage, 50 km

26   Karu – Shang Sumdo – Matho Phu – Stok
     Tourenprofil: Mittel
     Dauer, Länge: 4 Tage, 51 km

26v Karu – Hemis – Matho Phu – Stok
     Tourenprofil: Mittel
     Dauer, Länge: 4 Tage, 48 km

26v Karu – Shang Sumdo – Matho Phu – Matho
     Tourenprofil: Mittel
     Dauer, Länge: 4 Tage, 42 km

27   Stok – Stok Kangri – Stok
     Tourenprofil: Schwierig
     Dauer, Länge: 4 Tage, 34 km

Literaturhinweise

Kultur, Geschichte und Religion
Francke, August Hermann: Antiquities of Indian Tibet. Kalkutta 1926 [*]
Jansen, Eva Rudy: The Book of Buddhas. Holland 1990, Neu-Delhi 2002 (Nachdruck)
Kaul, H. N.: Rediscovery of Ladakh. Neu-Delhi 1998
Keilhauer, Anneliese und Peter: Ladakh und Zanskar – Lamaistische Klosterkultur im Land zwischen Indien und Tibet (DuMont Kunst-Reiseführer). Köln 1999 (letzte Auflage)
Norberg-Hodge, Helena: Faszination Ladakh. Freiburg 2004 (letzte deutsche Auflage)
Om Chand Handa: Buddhist Western Himalaya – A Politico-Religious History. Neu-Delhi 2001
Waddell, Laurence Austine: The Buddhism of Tibet. London 1895 [*]

Reiseführer
Banerjee, Partha S.: Ladakh with Kashmir and Manali – The Essential Guide. Kalkutta 2008
Dubey, Manjulika und Sinclair, Toby: West-Himalaya (APA Guides, deutsche Ausgabe). München 1994 (letzte deutsche Auflage)
Gibbons, Bob und Pritchard-Jones, Sian: Ladakh – Land of Magical Monasteries. Varanasi 2006
Hellwich, Ralf: Garhwal – Zanskar & Ladakh: Trekking im indischen Himalaya (Rother Wanderführer). München 2023 (zweite Auflage)
Hellwich, Ralf: Garhwal – Zanskar & Ladakh: Reiseführer für Trekkingfreunde. Aachen 2010
Lonely Planet India. Melbourne 2022
[*] Von diesem Buch sind verschiedene Nachdrucke erhältlich.

Literaturempfehlungen

Garhwal – Zanskar & Ladakh: Rother Wanderführer
Der Rother Wanderführer beschreibt alleine in Zanskar und Ladakh zwölf Wander- bzw. Trekkingtouren (mit zahlreichen Varianten). Die Routen sind so zusammengestellt, dass für jeden Geschmack etwas dabei ist. Es werden sowohl einfache Tagestouren als auch anspruchsvolle mehrtägige Treks sowie die Besteigung des über sechstausend Meter hohen Berges Stok Kangri geschildert. Auch kulturell interessierte Wanderer kommen nicht zu kurz, da sich auf mehreren Touren Möglichkeiten zur Besichtigung sehenswerter buddhistischer Klöster ergeben. Neben fast allen gängigen Wanderrouten der Zielgebiete informiert das Büchlein auch über einige eher selten benutzte Pfade.
Die vom Autor für die Gegend ungewöhnlich detailliert erstellten Wanderkärtchen und GPS-Tracks sowie ausdrucksstarke Tourenprofile erleichtern die Orientierung vor Ort. Umfangreiche Trekkinghinweise, Tipps zur Anreise sowie präzise Streckenbeschreibungen gewährleisten die eigenständige Durchführung der Touren.

Lonely Planet: India – Ausgabe 2022
Dieser Reiseführer (in englischer Sprache) ergänzt LADAKH plus in idealer Weise:
Das Buch enthält unzählige Adressen zu allem Möglichen, was Individualtouristen interessieren könnte (Hotels, Restaurants, Reisebüros, Krankenhäuser usw.). Die Sehenswürdigkeiten vor Ort sind hingegen überwiegend eher knapp beschrieben. Diesbezüglich bietet LADAKH plus deutlich mehr.
Hinweis: Die aktuelle Ausgabe 2024 wurde stark gekürzt. Sie kann daher nicht mehr empfohlen werden.

Abbildungsverzeichnis

13 Leh, Busstand.
Die abgebildeten TATA-Busse wurden Jahrzehnte lang insbesondere für überregionale Fahrten einge-
setzt. Ihre Ausstattung ist wenig luxuriös, dafür sind sie robust und meistern auch harte Einsätze im
Hochgebirge mit Bravour.
Zwischen der Häuserzeile und dem Hügel im Hintergrund führt eine Straße in die Innenstadt.

16 Matho Gompa, Blick talaufwärts in Richtung der Stok-Kette.
Im Hauptgebäude (rechts) sind neben Tempeln auch die Bibliothek und ein kleines Museum untergebracht.

19 Leh, Tourist Information.
Die staatliche Touristeninformation befindet sich im Stadtzentrum und kann beispielsweise zur Sicherheitslage in Kaschmir verlässliche Angaben machen.

29 Bardan Gompa, buddhistischer Mönch.
Der Mönch sitzt vor einem typischen Gebetstisch (wie er in jedem Kloster zu finden ist) und
schlürft eine Tasse Buttertee (ladakhische Spezialität).

30 Indischer Himalaja, Straßenneubau.
Ein Lkw transportiert die Arbeiter zur Baustelle. Sie »wohnen« meist ein paar Kilometer davon entfernt in behelfsmäßigen Zelten. Links vorn stehen die benötigten Teerfässer.

32 Dha, Frau bei der Arbeit.
Die meisten Bauern hier haben Aprikosenbäume. Ihre Früchte werden u.a. auf den Dächern in der
Sonne getrocknet. Die Frau sitzt auf dem Dach ihres Hauses und liest Aprikosen aus.

39 Leh, Fort Road.
In den Sommermonaten bieten unzählige Händler aus Kaschmir Waren in Leh zum Verkauf. Ihre
Läden sind vollgestopft mit Produkten aus Paschmina-Wolle und diversen alten Gegenständen. Doch
Vorsicht, die meisten von ihnen sind »Schlitzohren« und wollen astronomische Preise realisieren.
Handeln ist hier eine Pflicht!

40 Ladakh, typisches Gehöft.
Die Leiter (links im Bild) führt hinauf zum Dach, das auch hier als Lager genutzt wird.

42 Manikaran, Hindu-Tempel.
Die meisten hinduistischen Tempel sind klein und bieten nur wenigen Menschen gleichzeitig Platz.
Große Räume sind allerdings auch nicht notwendig, da es keine festen Zeiten für Gottesdienste gibt.
Vielmehr besuchen die Hindus ihre Tempel individuell.

44 Kangra, Vajreshwari-Tempel.
Der Tempel ist Vajreshwari, einer Form der Göttin Durga, geweiht und zählt zu den wichtigsten der
Region.

51 Padum, Jama Masjid.
Die Moschee liegt etwas isoliert zwischen altem und neuem Zentrum der Stadt.

55 Grüne Tara, traditionelle Darstellung.

57 Thikse Gompa, Puja.
Die Mönche sitzen auf den niedrigen »Sitzbänken« vor ihren markanten Tischen. Etwas bequemer wird es durch die ausgelegten Teppiche.

59 Thikse Gompa, Blick auf den Parkplatz und die Klosteranlage.
Die Nebenstraße, die unten im Dorf von der Manali-Leh-Straße abzweigt, endet mit einem Parkplatz am Klostereingang.

61 Dehli, Indira Gandhi International Airport.
Nachdem man die Pass- und Zollkontrolle hinter sich gelassen hat, erreicht man die Ankunftshalle. Hier finden sich neben Imbissständen zahllose Schalter für Touristen. Der »Prepaid Taxi Service« ist für die meisten Neuankömmlinge ein wichtiger Anlaufpunkt.

63 Delhi, New Delhi Railway Station.
Der Bahnhof von Neu-Delhi liegt am östlichen Ende der Marktstraße von Paharganj. Von hier aus kann man über die Chelmsford Road zum Connaught Place gelangen.

68 Delhi, Humayun´s Tomb.
Das elegante Gebäude strahlt wohltuende Ruhe aus.

69 Delhi, Jantar Mantar.
Die historische Sternwarte befindet sich mitten im Zentrum von Neu-Delhi.

70 Delhi, Birla-Tempel.
Der Komplex beherbergt mehrere Tempel für verschiedene Götter. Er gehört zu den großen Heiligtümern in Delhi.

73 Leh, Chörten am Königspalast.
In unmittelbarer Nähe zu diesem Chörten findet man den Guru Lhakhang.

81 Leh, die alte Burg.
Die Ruinen der Burganlage (jahrelang wegen Baufälligkeit gesperrt) sind inzwischen gut gesichert und teilweise sogar wieder etwas hergerichtet. Seit einiger Zeit kann man sie sogar betreten und vom Turm aus eine grandiose Aussicht über Leh genießen.

82 Leh, Königspalast.
Zentral erkennt man den Eingang des schlichten Gebäudes, das Löwenportal.

84 Leh, Shanti Stupa.
Das niedrige Gebäude im Vordergrund (rechts) ist das Shanti Gompa. Links davon ragt die Spitze vom Shanti Stupa in den Himmel.

86 Leh, Sankar Gompa.
Der grüne Klosterhof vermittelt Ruhe und Gemütlichkeit. Die Treppen (rechts) führen zum Dukhang.

88 Leh, Chokhang Vihara.
Das prachtvolle Gebäude liegt direkt im Zentrum von Leh, ist allerdings vom Bazar aus kaum sichtbar.

90 Leh, Bazar Road.
Die Außenstelle der Post (Bildmitte) wird von Touristen gerne genutzt, um Briefmarken zu kaufen und Postkarten nach Hause zu schicken.

94 Chemre Gompa, Innenansicht.
Teilweise ist die Anlage etwas verwinkelt.

95 Chemre Gompa, Blick von der Zufahrtsstraße.
Das Kloster selbst liegt auf der Spitze eines Hügels. Darunter befinden sich die Häuser, in denen die Mönche wohnen.

96 Hemis Gompa, Eintrittskarte.
In den meisten Klöstern von Ladakh ist eine Eintrittsgebühr zu entrichten. Das Ticket zeigt einen Grundriss der Anlage mit allen wichtigen Räumen.

97 Hemis Gompa, Klosterhof.
Hier finden die berühmten Maskentänze statt, zu denen jedes Jahr zahllose Besucher, auch Touristen aus Europa, eintreffen. Die Bauweise der Gebäude ermöglicht den Gästen eine gute Sicht auf die Zeremonien.

98 Hemis Gompa, Museum.
Das Museum liegt an einer Ecke des Klosterhofes und ist somit nicht zu übersehen.

100 Matho Gompa, Klosterhof.
Das zentrale Gebäude beherbergt Tempel, die erst kürzlich neu ausgestaltet wurden.

102 Phyang Gompa, Blick auf den Dukhang.
Den Dukhang erreicht man über den Klosterhof, der verhältnismäßig klein ist.

104 Trakthok Gompa, Klosterhof.
Die Treppen leiten zur Höhle des Padmasambhava. Rechts wird deutlich, dass das Kloster direkt an eine Felswand gebaut wurde.

106 Trakthok Gompa, Klosterhof.
Linker Hand, unter dem Dach, haben während des Klosterfestes die Zuschauer ihren Platz. Das rechte Gebäude beherbergt den Photang.

141   Ladakh, Nomadenzelt.
      In Changthang, aber auch in den angrenzenden Gebieten von Zanskar und Ladakh begegnet man
      selbst heute noch hin und wieder Halbnomaden. Sie ziehen mit Ihren Familien und ihren Yaks den
      ganzen Sommer durch die Weite des Himalajas und verbringen die Nacht oft in kleinen Zelten.

146   Samstang Ling Gompa, Klosterhof.
      Der weitläufige Klosterhof ist nicht, wie in Ladakh üblich, an allen Seiten von Gebäuden umgeben.

150   Hundar, Chörten und Manimauer.
      Die Blechschilder im Vordergrund sind Werbetafeln für Hotelanlagen.

152   Diskit, Marktstraße.
      Einfache Buden dienen in Diskit als Verkaufsstände.

153   Hundar, Kamel.
      Das Tier wartet am Ortsrand von Hundar (notgedrungen) auf einen Reiter.

156   Kargil, Gemüsemarkt.
      Das bunte Markttreiben ist gut zu erahnen.

167   Padum, Hauptstraße.
      Die Straße, die den neuen und den alten Ortsteil verbindet, war jahrelang nicht asphaltiert. Jetzt
      wird eine Teerdecke aufgezogen: Menschen mit Schaufeln verteilen den heißen Teer auf der Straße,
      so dass ihn später die Walze glatt machen kann.

174   Karsha Gompa, Klosterhof.
      Die Treppen führen hinauf zum Dukhang.

175   Karsha, Dorfzentrum.
      Am Chörten (links) beginnt der Fußweg hinauf zum Kloster. Fahrzeuge folgen der Straße in Blick-
      richtung.

176   Lingshed Gompa, Ausblick vom Zeltplatz.
      Vom Kloster zum Zeltplatz sind es nur wenige Minuten Fußweg.

179   Phuktal Gompa, auf dem Weg aus Richtung Purni.
      Im Vordergrund erkennt man die Wohnungen der Mönche, oben die religiösen Teile der Anlage. Die
      heilige Höhle ist nur zu erahnen.

181   Randum Gompa, Dukhang.
      Eine große Trommel steht prominent im Raum, durchaus typisch für ladakhische Klöster.

182   Sani Gompa, neuer Klosterteil.
      Im Gebäude sind sowohl der Dukhang als auch der Gonkhang untergebracht. Links beginnt der Wan-
      delgang.

184 Stagrimo Gompa, Gebetsmühle am unteren Eingang.
Vom Kloster aus bietet sich ein weiter Blick ins zentrale Zanskar-Tal.

186 Tongde Gompa, Chokhang.
Der Chokhang ist im wohl auffälligsten Gebäude des Klosters untergebracht, als interessantester Raum gilt hingegen der Gongkhang.

189 Manali, Hadimba-Tempel.
Etwas versteckt in einem Wäldchen liegt der bedeutendste Tempel von Manali. Seine Bauweise weicht doch deutlich von der heute üblichen Form eines Hindu-Tempels ab.

190 Manali, Busstand (ISBT).
Im überdachten Wartebereich des zentralen Busplatzes ist tagsüber viel los. Hier kann man auch die Busfahrkarten kaufen.

194 Vashisht, Dorfzentrum.
An der Badeanstalt (Bildmitte) warten Sammeltaxis nach Manali (in der Abbildung nicht zu sehen). Rechts erkennt man noch einen Teil des Rama-Tempels.

195 Rewalsar, Padmasambhava.
Die fast 38 Meter hohe Padmasambhava-Statue blickt hinab auf den Rewalsar-See, der sich ungefähr eine Fahrstunde von Mandi entfernt befindet.

196 Manali, Hadimba-Tempel.
Die Arbeiter reinigen die Holzschnitzereien.

201 Rohtang-Pass, der mühsame Aufstieg.
Bis zur Fertigstellung des Atal-Tunnels war folgende Situation am Rohtang-Pass vollkommen normal: Der heftige Monsun spült einen Straßenabschnitt weg, die Fahrzeuge warten am Straßenrand, bis der Schaden behoben ist, und der Wanderer macht sich zu Fuß auf den Weg. Sein Bus steht nämlich ebenfalls im Stau. Er hofft, hinter der Gefahrenstelle einen Anschlussbus nach Keylong zu erreichen.

205 Gondla, Turmfestung.
Der alte Herrschersitz ist eine der Hauptsehenswürdigkeiten in Lahaul.

206 Keylong, Busstand.
Fahrzeuge, wie der kleine Transporter im Vordergrund, sind in Indien sehr beliebt. Sie werden auch gerne als Taxis eingesetzt.

216 Keylong, Shashur Gompa.
Die Fahrstraße endet direkt am Kloster.

219 Padmasambhava, traditionelle Darstellung.

220 Kunzum Pass, Heiligtum auf der Passhöhe.
Nicht nur praktisch jeder Bus macht hier eine kurze Pause, auch die Fahrer von »Indian Oil« (Tank-
fahrzeug links im Bild) beten am Heiligtum.

222 Kaza, Tankstelle.
Indian Oil unterhält in Kaza die angeblich höchstgelegene zivile Tankstelle der Welt.

230 Umgebung von Shimla, Kleinbahn.
Eine Kleinbahn (noch aus britischer Zeit) verbindet Shimla und Kalka. Da sich die Züge imposant
den Berg entlang schlängeln, wird sie heute überwiegend von Touristen genutzt. Wer viel Zeit hat,
kann damit aber auch von Shimla hinunter nach Kalka fahren und dort z.B. in einen überregionalen
Zug nach Delhi umsteigen.

232 Dhankar, neues Kloster.
Blickt man zwischen den Gebäuden hindurch (Bildmitte), kann man (vor Ort) das Dorf Dhankar mit
seinem darüber liegenden alten Kloster erkennen.

233 Spiti, Homestay.
Im Spiti-Tal vermieten viele Menschen Teile ihres Hauses an Touristen. Hier wohnen die Gäste in
der ersten Etage (Fenster links). Die Toilette liegt außerhalb des Wohntraktes (rechts vorne).

235 Ki Gompa, Tempel auf der Dachterrasse.
Von hier oben hat man einen atemberaubenden Ausblick auf das Umland.

237 Tabo Choskor, Tempelanlage.
Der weitläufige Komplex besteht aus mehreren Tempeln, teilweise in räumlich getrennten Gebäuden.

240 Pin-Tal, Mudh.
Das letzte Dorf im Pin-Tal, Mudh, ist bei Touristen recht beliebt. Einige kommen einfach hierher, um
ein paar Tage die Ruhe der Bergwelt in sich aufzusaugen. Andere beginnen dort eine Trekkingtour.
Das Bild zeigt ein Hotel im Ort.

Übersichten

Landestypische Begriffe und Tipps zur Aussprache

Jule: allgemeine Formel zur Begrüßung und Verabschiedung; wird auch verwendet, wenn man eine Bitte oder einen Dank ausdrücken will
Room: umgangssprachlicher Begriff für Unterkunft oder Schlafgelegenheit; »hotel«, »accommodation« o.Ä. werden unterwegs eventuell nicht verstanden
Gompa: Kloster
La: Pass
Tso: See

Tipps zur Aussprache bei der Verwendung landestypischer Begriffe:
a, e, i, o, u: vergleichbar mit dem Deutschen (am Wortende: »e« länger sprechen)
h: »h« wird ausgesprochen oder zumindest angedeutet (kein Dehnungszeichen)

ch: tsch   s: scharfes s   v: w   z: stimmhaftes s
j: dsch   sh: sch   y: j